U0569889

岑港书

来其 陈瑶 孙和军 著

中共舟山市定海区岑港街道工作委员会
舟山市定海区人民政府岑港街道办事处

浙江工商大学出版社·杭州

图书在版编目（CIP）数据

岑港书 / 来其，陈瑶，孙和军著 . -- 杭州 ：浙江
工商大学出版社，2025. 4. -- ISBN 978-7-5178-6128
-7

Ⅰ . K295.55
中国国家版本馆 CIP 数据核字第 2024N6W716 号

岑港书
CEN' GANG SHU

来 其 陈 瑶 孙和军 著

出品人	郑英龙
策划编辑	沈 娴
责任编辑	费一琛
责任校对	孟令远
图片摄影	洛 克 张旭东 陈炳群 刘引华 傅兰兰 迟名海 杨光安 陈 斌 桑伟宏 曾其龙 真 真
封面设计	观止堂 _ 未泯
责任印制	屈 皓
出版发行	浙江工商大学出版社
	（杭州市教工路 198 号 邮政编码 310012）
	（E-mail：zjgsupress@163.com）
	（网址：http://www.zjgsupress.com）
	电话：0571-88904980，88831806（传真）
排 版	浙江大千时代文化传媒有限公司
印 刷	浙江海虹彩色印务有限公司
开 本	880mm×1230mm 1/32
印 张	11.75
字 数	242 千
版 印 次	2025 年 4 月第 1 版 2025 年 4 月第 1 次印刷
书 号	ISBN 978-7-5178-6128-7
定 价	98.00 元

《岑港书》记

浩荡东海上有个舟山岛，岛上有条东海百里文廊。

从空中俯瞰，一条"丝带"蜿蜒伸展，串山连岙，绵延百里，如在大地上画了一个硕大的圆圈。

这条文廊，始于白泉镇摩鼻岭西侧，穿过昌国、盐仓、双桥、岑港、小沙、马岙、干石览等镇、街道，最终又与起点汇接，形成闭环。

沿这条文廊，可观自然风景，可赏文物古迹，可寻历史文脉，可沐浩荡海风，可察古今巨变。

"观、赏、寻、沐、察"，以这5点而论，百里文廊中的岑港段，全都占齐了。

《岑港书》，以东海百里文廊为背景，记述古今岑港。

岑港街道位于舟山岛西北部，东南、东北与双桥街道、小沙街道接壤，西南有西堠门大桥连接金塘镇，北濒灰鳖洋，境内另有岑港大桥、响礁门大桥和桃夭门大桥，为舟山岛连接大陆的交通枢纽。境内还有册子岛、富翅岛、里钓山、中钓山、外钓山、五峙山列岛、大菜花山、小菜花山、老虎山、墨斗山等小岛。其中，册子岛、富翅岛、里钓山、外钓山为住人岛，五峙山列岛为浙江省唯一的省级海洋鸟类自然保护区。

目录

卷三　岑港，邂逅自然之美

卷四　附录

· 卷一 ·

岑港，从历史深处走来

从历史看，明朝的岑港是"黑云压城城欲摧，甲光向日金鳞开"；五代十国、宋元时期的岑港，则是"山空月明一长啸，商船海上迎风闻"。

你是喜欢金戈铁马身披麒麟甲的岑港，还是喜欢古镇成都会、舟车辐辏忙的岑港？

或许，岑港还有一张"脸谱"：一觞一咏，畅叙幽情；亦步亦趋，共探佳境；举首回眸，顾盼生姿。那是生态的岑港、人文的岑港！

——题记

若想快捷地了解岑港历史,就去读康熙《定海县志》里的《岑港岙图说》。

历时 19 年、数易其稿编纂而成的康熙《定海县志》,以天启《舟山志》为蓝本,参以宝庆、大德、延祐、嘉靖等历代方志,是舟山古志中的精品。

志中"舆图",40 多幅地图,以港岙为单位,标明地形、港汊、陆路、公署、庙宇、水利设施等。舆图之配文,更是将状形胜与寓人文融为一体,文采飞扬,警句迭出,如一篇篇美文,为志书中罕见。

《岑港岙图说》曰:

> 岙在邑之西鄙,以两碶夹山,故名岑;以海尾冲入,故名港。旧所谓六国港是也。外即横水洋,口南舟航鳞集于此,故定邑为东浙之门户,而岑岙又为定邑之要冲。其郑思大小岭之际则东界紫薇,青坑马腰岭之间则西界大沙,而青岙摩鼻耸峙于北,则又连乎大小二沙,盖岙形如曲尺。自大岙至碶头为直,其径短;自碶头至烟墩下为横,其径长。南则沿海一带,若双鸦、若小岙、若涨齿、若五条,处皆濒于海。明代置巡司驻岙中,又于响礁门之前特设碇齿隘,以阻岛寇之突入,其防维盖如。此山有双狮,称感应之灵。洞有白龙,沙名虎舍,俨如驯伏之象也。门号桃夭,宛如绰约之女也。传回峰之好句,则古寺存焉。纪献捷之鸿功,则木城列焉。虽厥田

维下，厥土惟中，而里居颇密，渔采资生，固与他岙有
间矣。地本岑港，又呼碇者（岑碇），以碇齿岙亦系要地，
今并合于其中。

《岑港岙图说》连标点共 346 字，篇幅虽短，却信息密集。
读透此文，岑港的地理历史文脉也就了然在胸。

且让我们择文中要点，解读之，欣赏之，探究之。

1."形如曲尺"已不足以形容今日之岑港

盖岙形如曲尺。

《岑港岙图说》开篇讲岑港岙的地理位置、特征和地名来历，
接着又划出边界接壤，以一句"岙形如曲尺"结句。

康熙《定海县志》成书于康熙五十四年（1715），距今 300
多年。如今的岑港街道，其辖区再也不只是"形如曲尺"。

2001 年，马目乡并入岑港街道。10 多年后的 2013 年，册
子岛、富翅岛等 18 个面积大于 500 平方米的小岛，又并入岑港
街道。

岑港面积大了，触角伸进了海里。这些小岛刚并入时，岑港
并无多大变化，10 多年后却发生了许多事。

舟山岛地理，历来有"东到塘头，西到坞丘"之说。原烟墩

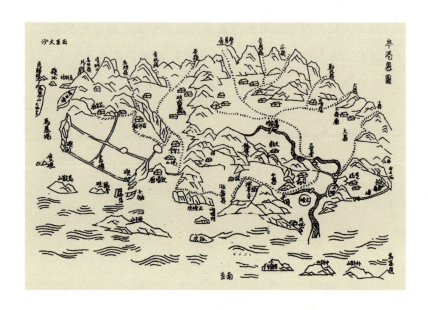

康熙《定海县志》中的《岑港岙图》

　　康熙《定海县志》成书于康熙五十四年（1715），距今 300 多年。如今的岑港街道，其辖区再也不只是"形如曲尺"。

乡的坞丘村，过去是靠海的山岙，在舟山岛的最西边。

如今去坞丘，却已看不见海，扑入眼帘的是一片绿油油的田野。

当年，先筑一条海塘将坞丘与马目岛相连，接着在塘内围涂造田。这事发生在 1958 年。围起来的滩涂地，后来成了著名的"东海农场"。

围垦前，坞丘与马目岛之间，是一条海沟，宽约 1000 米，两边都已淤积起泥涂，退潮时会露出沟底。那时，坞丘人到马目，马目人到坞丘，都掐着时间等退潮。潮退了，他们就在滩涂上徒步往返。

由此，一种"木桶摆渡"生意应运而生，人蹲在桶里，桶由另一人推着，在滩涂上滑行，犹如摆渡般抵达对岸。

虽说不会有太多人愿意花这笔钱，但也有例外的。比如去对面走亲戚、相亲或远行，那就谁都不愿意把自己弄得泥巴满身，狼狈不堪。这样的话，就只能去照顾"木桶摆渡"生意了。

坞丘与马目岛相连后，这种麻烦一下子没了。不过那只是小事，约半个世纪后，大事来了。马目黄金湾，建起舟山第二大水库。这水库如平地之湖，隔着大坝是大海。坝内是湖，坝外是海，这是世界上离大海最近的湖。关于这事，本书会有专章记述。

马目、册子等小岛的"加盟"，使岑港的话题变得更多。

在康熙《定海县志》里，册子有单独"图说"，览其文，要旨是"其东联岑港，则近内境扼要之地。其西为西堠门港，则直当大洋之冲。其东南又近桃夭门，则樯鸟栖泊之所。相其形势，不可谓无关轻重者矣",地理位置很重要。

那时候的人们还不知道,册子岛与金塘岛之间的灰鳖洋底,埋着众多远古生物化石。它们的打捞出海,足以与当年在马岙土墩发现新石器时代文物相提并论。如果说马岙的发现,让"海岛河姆渡"横空出世,那么,灰鳖洋海底秘密的揭示,又会带来什么呢? 这,本书也将有专章记叙。

"以两碶夹山,故名岑;以海尾冲入,故名港。"岑港地名依旧,地域早已不再只是"两碶夹山""海尾冲入",故事自然更加有意思。

2.读《岑港岙图说》,看岑港人文古迹

任何地方的历史文化景观,如今仍显山露水的,其实都屈指可数。因为历史文化景观既会被遗忘,也会被淘汰。然而,并不是所有被遗忘被淘汰的都没有价值。许多有价值的,由于种种因素,无可奈何地泯灭了。如今的我们,只有在史书中才能找到它们的踪迹。

历史文化需要梳理,需要把最有价值的那部分挖掘出来,活化利用。东海百里文廊的文化价值,其实就在于此。

梳理过程中,探究地方文化景观问世年代很有必要。由此,我们能看清其文脉形成的过程,就像看清一片叶子的纹路。

譬如岑港,查阅古志后我们才知道,最早留在志书中的文化

景观有 3 处。

一是"三姑都巡检"。"指使两员，一治沥港（即沥港），一治岑江（即岑港）"，于岑江、沥港置两指使子寨。

二是岑江潭。"岑江潭（即白龙潭），在西小岑江上。遇祷而应，蜥蜴必出。"

三是回峰寺。"回峰院，县西。皇朝建隆元年建。"古志中的回峰院，现在叫外回峰禅寺。

这些是宋宝庆《四明志·昌国县志》已有的记载，凭这几条线索，我们已大致能想象得出岑港在宋朝时的情形。

元朝志书中对岑港有了新说法，那说法一直流行至今，成为东海百里文廊岑港段的一处人文景观，即"六国港"。

"六国港"的说法，在现存古志中查找，最早出自元大德《昌国州图志》"叙水"篇：

> 岑江港，去州西北三十里，旧谓之六国港口，南北舟舶辐辏于此，亦海州之一镇云。

就因这一句话，"六国港"至今仍是舟山史学界一个反复讨论的话题。这在本书也有专章记述。

元大德《昌国州图志》"名宦"篇中，还有关于王安石的记述：

> 王安石，往宋皇祐元年（1049），知明州鄞县事，尝

捧郡檄至此，题回峰寺诗云："山势欲压海，禅扃向此开。鱼龙腥不到，日月影先来。树色秋擎出，钟声浪答回。何期乘吏役，暂此拂尘埃。"后熙宁四年（1071）入相，封荆国公。

王安石题诗回峰寺，同样也是舟山史学界争鸣之话题。争议点有二：何人所题？题于何处？

《岑港岙图说》写回峰寺，以"传回峰之好句，则古寺存焉"述之，并未写何人所题，但这很难说是故意回避，而是表达了"寺以诗成名而延续"的意思。

一个地方，若有一些历史文化资料值得反复商榷，并引起学者争鸣，实乃幸事。这些话题，有望成为一个地方的"隐秘之美"。

除了六国港、回峰寺、王安石题诗，岑港的历史人文遗迹还有明朝抗倭留下的烽火墩。

天启《舟山志》，是明朝舟山唯一现存志。明代海禁，迁县移民、设立卫所等，天启《舟山志》所述较详。其中，有倭寇劫掠岑港之记载：

　　岑港岙，冲要。海口贼累登劫。嘉靖丁巳（嘉靖三十六年，1557）冬，倭夷据此，焚掠一空。

岑港因地处要冲，当年乃是抗倭主战场。对此，《岑港岙图说》以一句话概括：

明代置巡司驻岙中，又于响礁门之前特设碇齿隘，
以阻岛寇之突入，其防维盖如。

岑港之烟墩，因"涂浅易登，入犯为易"，"与外港相对，居
民势孤，累被登劫"（天启《舟山志》），故设有碇齿隘，成为海
防要地。碇齿隘在响礁门之前，现教堂处。《岑港岙图说》妙笔
点缀岑港名胜古迹时，写到了烟墩"木城"古迹：

纪献捷之鸿功，则木城列焉。

"纪"，史书的一种体裁，专记帝王历史事迹和一代大事。"献"，
文献。"捷之鸿功"，指战役大捷，立下宏大功勋。这里说的是历
史上著名的岑港平倭大捷。

"木城"，是古代战争中所用的防御工具，用木为之框，肩阔五
尺，高堞五尺，上安滚木二道，大竹钉布于上。可一人负之而行，
在城上则立于堞口，防敌兵夜袭登城；在军中，可负而下营，立
成营盘。

"绰约之女"、回峰古存之后，便有宏伟壮丽的木城展现眼前，
刚烈之气毕露。

《岑港岙图说》中没写到的岑港抗倭地还有马目。马目，原
为悬水小岛，乾隆年间还不属于岑港岙。它与烟墩一样，也是海
防要地。明嘉靖三十五年（1556），明军抗倭于此。郑若增《筹
海图编》载：

八月，官兵败贼于夏盖山、三江海洋。既而又战于金塘、马蟇（马目古称）之间，复大败之，俘斩二百三十余人。

若算上此处，东海百里文廊岑港段的抗倭故地可真不少。

可以说，一篇《岑港岙图说》，以点睛之笔，集纳了岑港人文史实之精华。

3.岑港"定邑之要冲"之地位在当代更加显著

定邑为东浙之门户，而岑岙又为定邑之要冲。

《岑港岙图说》中，如警句般最精彩的一句便是这句。

过去岑港如此，今日岑港更是如此。

岑港港，介于舟山岛和里钓山岛、中钓山岛与外钓山岛之间。它与定海港相距约 12 海里，而与宁波的北仑、镇海分别相距约 11 海里、11.4 海里。从海域看，它距离北仑、镇海较定海港更为接近。因此，在定岑公路通车前，定海道头至岑港有客运航线，而岑港至镇海每日也有航船往来 2 艘次。

岑港的"定邑之要冲"地位，随着 5 座连岛大桥的建成，愈加凸显。大桥起点为岑港庄鸡山嘴，岑港也就成了全天候通往大陆的桥头堡。

回顾舟山的对外开放历史，唐开元年间，宁波、舟山设为明州，舟山成为与日本往来的重要港口。日本船只先在舟山海域锚泊，进行民间交易，而后进入甬江到官府办手续，进行官方贸易。从唐宋起，岑港开始成为海上丝绸之路的重要节点，"南北舟船辐辏于此"。到南宋时，舟山更是空前发展货物贸易，与日本、高丽及其他"化外诸蕃"广泛交易。

这种港口地位，300多年来一直没变。乃至当代，随着老塘山港区建成和江海联运启动，岑港"定邑之要冲"的分量愈加厚重。

老塘山港在岑港街道的西南角，原名老宕山，是个采石场，这里的花岗岩质量特别好，石料被源源不断地运去筑桥建房。在老塘山港举目四望，西有里钓、外钓等小岛，西南屹立着金塘岛，再过去便是北仑港，彼此相距仅约12千米；东南面，并列着大猫山、大榭岛。在这众多岛屿环绕的深水港湾里，即使八九级大风，海面也不过微波荡漾。潮流从东南方向流进来，在这里畅通无阻，带走了大量泥沙，使这里不淤不塞。

从1985年建设1.5吨级件货运码头开始，经30多年来5期工程建设及数次扩建，目前老塘山港区已成为舟山最大的公用综合港区，一艘艘巨轮停泊、起航，全球货物贸易在此汇聚。在老塘山港通用散货减载平台，一侧可靠泊20万吨级散货船1艘或同时靠泊12万吨级和7万吨级散货船各1艘，另一侧可靠泊3.5万吨级散货船2艘。巨量的港口停靠装卸能力，使中国沿海港口的货物，可以通过该港集散，与世界各大港口相联运。这种港通天下、航行四海的格局，古代"六国港"是无法比拟的。

从"六国港"到老塘山港，《岑港岙图说》中岑港"定邑之要冲"的地位再次被放大。

4. "六国港"始于何时成为千古之谜

> 旧所谓六国港是也。

"六国港"现是东海百里文廊岑港段的一处景观。而"六国港"始于何时，现在仍有争论。

《岑港岙图说》中，关于"六国港"，仅以"旧所谓六国港是也"一句带过。

志书上关于"六国港"的记述很多，最早是元大德《昌国州图志》。此志记载：

> 岑江港，去州西北三十里，旧谓之六国港口，南北舟舶辐辏于此，亦海州之一镇云。

此后，历代舟山志一直沿袭此说。

除了古志，古诗中亦有不少岑港"六国港"诗句，最著名的是清代朱绪曾《昌国典咏·岑港岙》，诗中曰："岑江碇齿凿巉巉，六国舟航尾并衔。"

六国港口公园

"六国港"始于何时？这一直是千古之谜。如今，它已是东海百里文廊岑港段的一处景观。

无论古志还是古诗，说来说去，就是没说明白"六国港"始于何朝何代。所谓"旧谓"之"旧"，究竟是何时？让人如坠云雾中。

到了当代，众多学者考证，"六国港"起始年代仍有不同说法。

1994年版《定海县志》，提及岑港"六国港"有3处："建置"篇、"自然环境"篇和"商业"篇。"商业"篇则引旧志，并考证说：

> 元代时，州治（今城关镇）成为浙东沿海商贸中心；西乡岑港，舟航鳞集，亦成商贸重要集散地，有"六国港"之称。后遭禁海、徙民，商业衰落。

这是"六国港"元代说的重要依据。

除了志书，学者持"六国港"元代说的，较早的，有何雷书《岑港"六国港口"掌故》一文。此文先发表于报纸，后被收入中国文史出版社出版的《定海岛礁地名故事》。文章说：

> 岑港称"六国港口"始于元代……
>
> 成宗即位以后，停止了对外战争，忽必烈时期的那些附庸国、朝贡国，逐步恢复为主权国家，免除了元朝强加给他们的纳贡、助军、输粮、设驿等额外负担。并把岑港造的海船、培训的水手，支援他们发展海运事业。据《元史》记载：大德年间（1297~1307年），由海道同

元朝建立关系的有20余国。当时庆元（今宁波）设市舶司（对外贸易机构），在对外战争时期建起来的造船基地，成了卖船市场。曾一度受元朝侵害的高丽、日本、安南、占城、缅甸、爪哇6国，都一度选定岑港作为他们往来船舶驻泊和修造海船的港湾，故称岑港为"六国港口"。到了明朝，由于舟山居民大内迁、废县治，"六国港口"也随之废弃。这就是"六国港口"的兴衰史。

"六国港"元代说问世后，有商榷声起，署名"黄河"的学者，于2007年6月在《舟山晚报》发表《定海岑港"六国港"考》一文，此文开头提道：关于岑港"旧谓之六国港口"之说，有文称是在元代，笔者以为，时间定位存疑。

此文指出，倘若岑港"六国港"元代说成立，即认为其始于元大德年间，那么，成书于大德二年（1298）的《昌国州图志》，又如何说"旧谓之六国港口"。古代曰"旧"，多指"前朝"。对本朝至多称"曩时"，不称"旧"。称"旧"，忌讳之谓也。

想想也是，大德《昌国州图志》，冯福京修、郭荐纂，冯系元朝昌国州判官，郭乃乡贡进士、鄞县教谕，他们都是体制中人，岂敢称"圣朝"为"旧"？那不是形同造反吗？打死他们也不敢这么写。

《定海岑港"六国港"考》提出，岑港"旧谓之六国港口"之说，应推及有宋一代。

自开宝四年（971）歼灭南汉后，宋朝廷便相继在广州、漳州、泉州、杭州、明州、定海（指如今的镇海）设立市舶司。通向日本的航线，至宋代，多取东海南线（由明州、泉州等起航）与东海北线（由明州、温州等起航），以东海北线为主。

至南宋，政治、经济、文化中心南移，明州遂成为贸易大港，而昌国，则成了中外官方贸易和民间贸易集散的必经通道，成为各国通贸船舶的避风港、待泊港和中转站。

宋朝的海外贸易，主要是"金银、缗钱、铅锡、杂色帛、瓷器，市香药、犀象牙、珊瑚、琥珀、珠琲、镔铁"等。而岑港"六国港"的称呼，有可能是高丽、交趾、占城、日本国、蒲甘、阇婆，这些宋史所列"外国"遣使入贡，互市连续不断带来的。

这就有了"六国港"宋代说。

以"段子"写舟山的《舟山有意思》，对岑港"六国港"也有涉笔，把"六国港"的由来，上推到了五代十国时期：

> 到了五代十国时期,不治之地舟山却出现了一个"六国港口"。
>
> 钱镠以杭州为都城建立了吴越国，其疆域约同于现在的浙江省。私盐贩子出身的钱镠喜欢丝瓷贸易，复设翁山县，在偏僻的岑港建立海上贸易基地，南北船舶辐辏于此。岑港史称"六国港口"，这六国分别是后梁、后唐、后晋、后汉、后周、宋。
>
> 后来，吴越国纳土归宋，翁山县又没了。

这是"六国港"五代十国说。

这个"段子"的学术依据，是新编《浙江通史》。

2005年版《浙江通史》第四卷《隋唐五代卷》，引大德《昌国州图志》岑港"六国港"记载。其文小标题为"吴越国与中原王朝的朝贡贸易"，说的是：五代十国时期，吴越国与海内各国各地区的商路，主要分陆路、海路两条贡道。其中，海路贡道自明州出海，沿途经登州、莱州等傍海州县，再辗转至京师。

夏志刚在《舟山群岛的五代吴越国"海上丝绸之路"遗存》中也持此说。此文写道：

> 关于此港口的"六国"之谓来源尚无定论，按《大德昌国州图志》中对宋朝专称"往宋"的语境分析，应为唐至五代形成的。

岑港贸易集市的形成，大抵形成于五代十国时期。当时的舟山群岛属于以钱塘（今杭州）为都城的吴越国，吴越国虽是偏隅小国，但其国君是曾有贩私盐经历的临安人钱镠。他长期受海上丝路贸易的熏陶，熟知丝瓷贸易的巨大利益，深谙造船技术和海上贸易的方法。为保障海上航路的畅通，吴越国于后梁开平三年（909）在舟山群岛复设翁山县。依托鄞县（即后来的明州，宁波）在先秦时期即已形成的海上贸易枢纽港的重要地位和在全国排名第一的航海能力，吴越国继承了先人的贸易传统，重新构建了连通国内各地、外交西洋和东洋各国的海上丝绸（瓷器）贸易线路。

其中，在岑港建立了海内外贸易基地，"南北舟舶辐辏于此"，造就了海上贸易的集镇，誉称"六国港"。

到了南宋和元朝，岑港凭借特殊的海域地理优势，依然还是对内对外开放的港口。至元十五年（1278），朝廷下诏恢复海外贸易："诸蕃国列居东南岛屿者，皆有慕义之心，可因蕃舶诸人宣布朕意。诚能来朝，朕将宠礼之。其往来互市，各从所欲。"并指定高丽、日本、安南、占城、缅甸、爪哇等6国，朝贡后可在岑港自由互市。

当然，在找到确切的历史记载或者可佐证的出土历史文物之前，自大德《昌国州图志》开始，历朝历代志书记载的"旧谓之六国港口"终究肇始何时，只能做合理的历史推断，也必然还会有不同观点的争论。

但无论如何，"六国港"在岑港历史上确实存在，这是毫无疑问的。

5.岑港的3张"脸谱"，你喜欢哪一张

> 此山有双狮，称感应之灵。洞有白龙，沙名虎舍，俨如驯伏之象也。门号桃天，宛如绰约之女也……纪献捷之鸿功，则木城列焉。

历史上的岑港，就像京剧艺术中的"变脸"一样，呈现出不

同的"脸谱"。

从历史看,明朝的岑港是"黑云压城城欲摧,甲光向日金鳞开";五代十国、宋元时期的岑港,则是"山空月明一长啸,商船海上迎风闻"。你是喜欢金戈铁马身披麒麟甲的岑港,还是喜欢古镇成都会、舟车辐辏忙的岑港?或许,岑港还有一张"脸谱":一觞一咏,畅叙幽情;亦步亦趋,共探佳境;举首回眸,顾盼生姿。那是生态的岑港、人文的岑港!

这3张脸谱,如果对应东海百里文廊岑港段的三大主题文化,那便是海防文化、海商文化、海鸟文化。

《岑港岙图说》346字(含标点)的文章中,述史语毕,竟不惜以69字(含标点)来形象生动地妙笔点缀岑港的名胜古迹,这不仅在康熙《定海县志》"图说"诸篇中少见,在一般述而不评的志书编纂中也算是"另类"了。

朝代更迭,风云变幻,古迹最难保存,300多年前的古迹如今所存几许?明天启《舟山志》中有一大串标明"今废""今圮"的公署、坊牌记载,那是宋元时期之辉煌。海禁徙民,使这些古迹一时间消失殆尽。好在这69字所述,有神话传说,有人文历史,自然与人文相融合,大致上还能够找到踪迹。

"纪献捷之鸿功,则木城列焉",上文已做解读。剩下3句"此山有双狮,称感应之灵。洞有白龙,沙名虎含,俨如驯伏之象也。门号桃夭,宛如绰约之女也",糅合了岑港一组景观。

烟墩有双狮山。从远处看,山像一只俯伏的大狮子,头上还依偎着一只小狮子。乡民传说,此山过去是活火山,常要喷火。

岑港民间有"狮象守大门,对面桃夭舞"之说,是因为椗次大涂面原有状似狮子、白象的两块岩石(这岩石,直至后来修筑海塘时才消失不见)。这一狮一象,面对着如绰约之女一样的桃夭门("桃夭门"得名于一则美丽传说,据说有一位容貌清秀的"桃花女"在此照看。而"桃夭"一词,又语出《诗经》,《诗经·周南·桃夭》描绘了一个妙龄少女,美丽娇俏像桃花一般美好)。

山脉地貌,乃风景之极致。龙潭的感应之灵,明天启《舟山志》记载甚详:

> 本岑港有龙洞,其神甚灵异。其出入地方可得而知。竹叶向内,则龙在洞;竹叶向外,则龙在外海。向有一人失足入洞中,云:洞直通响礁门,洞内俱干复得出。万历二十六年,有施姓者因天旱,地方祈祷无雨,施愿舍身为一方请雨,随至龙洞口投下,继而尸即浮起,顷刻大雨如注。龙之灵异洵不虚也。

从宋宝庆《四明志·昌国县志》的"岑江潭,在西小岑江上。遇祷而应,蜥蜴必出"记载,到明天启《舟山志》里的龙洞记载,之后再到官方定例每年六月初一祭拜灌门、桃花、岑港三龙王,说明海岛龙信仰主要是为了祈雨。

海岛干旱,连建造水库都难以有效缓解缺水状况,这种缺水状况直到大陆引水工程和海水淡化工程实施后才得以彻底解决,遑论蓄水设施极端落后的古代,所以祭拜行云布雨的龙王,在那时候是"政府"行为，甚至是政治行为，舍身祈雨之人也就可歌可泣、感天动地，如英雄一般，那是一定要记入志书的。现代人没有设身处地，常常会把祭龙王当作民间风俗，其实在古代，其意义并非"风俗"二字那么简单。

岑港祭龙时还有一习俗，当人们把三牲福礼和糯米团丢入潭中后，还要把随后浮起来的小鱼或水蛇捞上来，放入盛水的面盆，用轿子抬着绕岙走一圈，等到下雨后，才把请来的这些"龙灵"还给"龙潭"。若不下雨呢？不但不还"龙灵"，还要把"龙灵"放在太阳底下晒，名叫"晒龙"，让龙也感受一下干旱之苦，以示薄惩。在其他信仰中，惩罚信仰物是不可思议的，这说明海岛祈雨文化具有很强烈的社会功利性。

如今，不再为缺水而痛苦的人们，不会再为舍身投潭祈雨而感动了，只会觉得古人愚昧。倒是这儿峡谷幽幽、溪水潺潺、鸟鸣声声，满眼是化不开的浓绿，让人流连忘返，美女们也喜欢在此摆拍留念。

数百年前就被写入志书的地方，自然是灵秀之地，而这灵秀之地至今仍基本保持原貌，跟龙潭有关。龙潭有感应之灵，无论今人信与不信，在古代总是有威慑力的，所以历朝历代，往往能免于遭受一些外力的破坏。

龙潭所代表的岑港龙文化，其实与岑港五峙山列岛所代表的海鸟文化一样，都是社会力量中柔软的或者说柔中有刚的东西，对应人性与生态，给人以精神慰藉，给生态以呼吸空间。

五峙山列岛在《岑港岙图说》中没有被提及，或许在那时，

俯瞰白龙潭

　　峡谷幽幽、溪水潺潺、鸟鸣声声，满眼是化不开的浓绿。人们流连忘返之时，可曾想过它所寄寓的人文历史。

它还是人们难以抵达的秘境。又或许，那时岛上海鸟盘旋栖息本就不是稀罕事，惜字如金的图说当然不会记载。

此岛如今虽名扬四海，但极少有人能到此一游，因为规定禁止登岛，除了观察守护员之外，概无例外。

岛上最珍贵的鸟，是黑嘴端凤头燕鸥，又称神话之鸟。世界自然保护联盟（IUCN）将其列为极危物种，我国将其列为国家一级重点保护野生动物。至2000年，人类对它也只有6次确切的观察记录，其中就包含在岑港五峙山列岛的发现记录。本书以专门一章记述五峙山列岛这一秘境。

风景的极致是秘境，最动人的风景总在人迹罕至之处。神话之鸟为何情定五峙山，或许就因为它是一处秘境。

那就站在岑港的山冈上远远眺望秘境，或者，隔空观赏"神鸟来徙"视频。

从经济角度来讲，这是令人遗憾的。如果能上岛，估计鸟岛会被马上挤爆。美女们打卡留影，断断少不了此处。当然，所有人都知道，这是万万不可行的。

就让大自然中的其他生物也有不可侵犯的领地吧。这不仅能够为人类提供一个研究自然生态系统的场所，还能为地球留下生态系统的天然"本底"。

由此，五峙山列岛也就成了整条东海百里文廊上的生态高地。

岑港之风景，还有烽火墩，这在《岑港岙图说》中也没被提及。

双狮山上，烽火墩原有7座。炮台岗和烟墩也因此得名。

烽火墩建于明朝中后期，是抗倭期间传递敌情的军事设施。此处海拔约300米，顺山冈线而立的烽火墩，能遥相呼应。原先在烽火墩旁，还有供士兵避寒暑、住宿、食膳的寨屋。

这是典型的海岛式烽火墩，按光绪《定海厅志》"地图卷"所标，舟山诸岛有31处，但目前尚存的不过三四处，所以岑港的烽火墩遗址尤其珍贵。

现双狮山烽火墩已有一座被修复，由烟墩古道走上山冈，先是一个海防观景台，再向前行走，便能见到那座修复的烽火墩。

追溯历史长河，南宋时舟山已有烽火墩。南宋嘉定七年（1214），舟山设三姑、岑港、猎港（今沥港）、海内、白峰五寨，各驻军士。南宋宝祐六年（1258），舟山时有海盗骚扰，"边声日急，贼谋窥伺海道"，为加强联络，各寨置烽燧，守卒日举烟旗，夜举火号，彼此相应。那烽燧，就是烽火墩的前身。

有如此悠久历史之烽火墩，《岑港岙图说》竟然不着一字。

或许，冷兵器时代，烽火墩不过一寻常之物而已，编纂者觉得不值得在惜墨如金的"图说"中加以叙说。

文物是历史风物，愈稀少愈珍贵，最珍贵的是失去后的纪念、消失后的回眸。从这个意义上讲，双狮山上那座烽火墩的修复，是在重构已看不见的珍贵文化实物。

岑港的"3张脸谱"，留下诸多古迹。

灰鳖洋底隐藏着舟山最古老的史前文明

舟山人从哪里来，似乎以前就有了定论：海岛河姆渡文化。

可想不到，册子岛渔民在金塘海域捞起了改写海岛史前史的一批古动物化石，继而发现了有人工痕迹的木化石，并且尤为重要的是，发现了距今 3 万—2 万年前的"舟山人"上颌骨牙齿化石。这一切都说明，舟山群岛"海上河姆渡"文明史似乎还要改写，延伸到更加遥远的过去。

——题记

自册子岛、富翅岛等小岛并入岑港，岑港已经集黄金港口与黄金水道的双重优势于一身了。

黄金水道，定海境内有灰鳖、崎头、大猫、横水四洋，岑港之外便是横水洋和灰鳖洋。

横水洋上有册子水道，水深 20 米以上，为定海港与南方诸航道行驶船舶出入西堠门、菰茨航门的必经水道。菰茨航门介于舟山、册子两岛之间，北连灰鳖洋，南接册子水道。富翅岛将水道分为东、西两航门，东侧响礁门，西侧桃夭门。桃夭门是驶赴北洋的必经之路。

灰鳖洋古称龟鳖洋。康熙《定海县志》卷三："龟鳖洋（定海）县北。因龟鳖两山得名。"它历来为舟山、宁波、上海间的航行要道。舟山自古有"江浙之门户"之称，古时江南一带的茶叶、丝绸、瓷器，无论是向北运往日本、朝鲜，还是向南运往东南亚、南亚，都必须经过灰鳖洋。

灰鳖洋也是抗倭要地。以前人们只关注陆上，殊不知舟山抗敌，海上更加重要。明郑若曾《筹海图编》卷五：嘉靖三十二年（1553）闰三月，"官兵追捣烈港贼巢，王直败走"，主要战斗发生在海上。嘉靖三十四年六月，"参将卢镗败贼于马鞍山、新林，复追，败于胜山、龟鳖洋"，依赖的更是海战。

位于桃夭门大桥与西堠门大桥之间的册子岛，有个古脊椎动物化石馆。灰鳖洋更深远的历史，藏于这座馆里。

1.册子周围海域沉睡着许多文物

册子岛的开发，至少从宋朝就开始了。

宋宝庆《昌国县志》记载，北宋时册子已有酒坊，也有了寺院寿圣院。那么，在这个岛上，住人肯定还要更早。

"居山者以耕凿为生，濒海者以渔盐为业"，这是定海居民的生活状况，具体到册子岛，就更具典型性了。

自宋至清朝，除了海禁时岛上居民一度外迁，册子人一直过着几乎与世隔绝的生活，岛上大多数人"至老不识乎城市"（清光绪《定海厅志》）。

岛上生活平静，岛屿两侧水道却一直不平静，水流湍急，涡流强烈，暗礁遍布，时有触礁翻船之海难发生。

册子水道，历史上还是兵家必争之地。

明嘉靖三十六年（1557），倭寇盘踞距册子岛约4千米的岑港，浙直总督胡宗宪亲率大军征讨，命俞大猷等封锁岑港南、北二口（册子水道、菰茨航门），戚继光等分三路围攻。倭寇战败，登船欲从南、北二口突围，遭到阻击。

鸦片战争期间，英国侵略军攻占定海后，进犯镇海、乍浦，其舰船均从金塘水道、册子水道等处经过。

1978年8月的一天，在离册子岛不远的外钓山岛，一次大潮汛冲刷掉了海涂上的大片淤泥，露出已锈烂的两门大铁炮、一门九环龙小扛炮。现场清理时，人们还发现了铁弹、锡弹、石磨、锡碗、锡盏、骨簪、孩童爬杆玉饰件、猴形铜锁，以及大批青花瓷器。

这是一艘在海战中受损搁浅的明朝战船。几百年间，海涂淤积把它埋在了淤泥下。

从大铁炮铸文以及铜钱、瓷器等考证，此条战船的沉没年代，上限应晚于崇祯七年（1634），下限在明清之交。

查民国《定海县志》，有如下记载：

> 八月，提督田雄、都统金砺乘潮出海，副都统吴汝玠扬帆先发，阮进集战舰以拒，败之于横水洋……

战船可能就是在这次战役中受损搁浅的。

出土之物中，有3把铜锁，钥匙都插在锁中，说明战船搁浅后，船上官员可能曾打开箱柜，匆匆取走重要公文和贵重物品。

特殊的地理位置，造成册子岛附近水下文物遗存丰富。

舟山海域沉睡着的水下文物遗存，不少于23处。2008年7月，中国国家博物馆在舟山设立水下考古工作站，探索舟山海域的水下文明。这是继广东阳江、山东青岛和浙江宁波之后，中国国家博物馆设立的第四个水下考古工作站。

在这之前的2006年，受中国国家博物馆水下考古研究所委托，宁波考古所对舟山群岛大部分濒海乡镇渔村进行了实地走访调查，目睹了大量的出水实物，如瓷器、陶器、骨角器、金银器、青铜器以及船板木构件等。

但所有这些发现，相比于册子渔民在灰鳖洋发现的古脊椎动物化石，都是小巫见大巫。

2.定海最古老的史前文明在灰鳖洋底

定海最古老的史前文明在哪里？

白泉十字街？马岙土墩？都不是。

在灰鳖洋底！

白泉十字街有新石器时代遗址。更神奇的是遗址中发现了一件鸟形小盏红陶器，赋名为"鸟形盏"，陈列于舟山博物馆。这是一件史前祭祀礼器。远古时代，神州大地有3个部落集团，即华夏、东夷和苗蛮，后来华夏集团的黄帝族战胜了其他集团，一统天下。浙江属东夷集团，以鸟作为图腾崇拜。

河姆渡文化遗址，距今7000—5000年，早于蚩尤率领东夷与华夏的征战。遗址中发掘出一件牙雕，取名"双鸟朝阳"。牙雕上雕有双鸟，昂首相望，双目圆睁，引颈上翘，蕴含双鸟背负太阳运行之意。

白泉"鸟形盏"，虽不如"双鸟朝阳"那般精致，但同样反映了当时岛民以鸟为图腾的崇拜和审美倾向。

马岙土墩主要是新石器时代遗址。它的发现为马岙赢得了"千岛第一村"之誉。

在马岙海积平原上，分布着14万平方米的古文化遗址群。

这些古遗址，属新石器时代的有12处，商周的有8处，文化层厚1.5—2米。出土的500余件文物中，有石器、陶器、青铜器、动物遗骨、稻作、古窑址、陶塑品等10类。遗址距今已有约5000年历史。

一段时期以来，定海乃至舟山的史前文明考古发现，似乎就止步于距今五六千年的新石器时代。

这，却因灰鳖洋底的新发现，大踏步地走进更久远的年代。

3. 3件古动物化石改写舟山历史

册子岛南岙村有个册子海域古动物化石陈列室。

室名很低调，内容很惊人。室里，有2万年前的古菱齿象化石、1.5万年前的四不像化石、复制成功的德氏水牛骨架等，各类古动物化石及复制骨架共有80余件。

2001年9月，册子岛渔民贺伟元把3件从灰鳖洋海底捞上来的舟山古脊椎动物化石送到了舟山博物馆。

经鉴定，这3件动物骨骼化石分别属于额鼻角犀、古菱齿象、德氏水牛。

这是轰动一时的舟山古脊椎动物化石的最早发现。

不过，在贺伟元的回忆中，化石发现的时间还要更早。

贺伟元所在的椅子湾小渔村以捕鮸鱼闻名。渔民常去的洋地，是金塘岛沥港北面的灰鳖洋，那里是鮸鱼的繁衍之地。册子岛渔民捕鮸鱼，多采用流网作业，这种网能深入海底。

贺伟元说，每次拉网上来，总会有一些"海底石头"被带上来。谁也不会想到这些石头是古生物化石，甚至，在专家解说这些化石时，许多渔民仍似懂非懂：古生物怎么会在海底，又怎么会变成石头？他们饶有兴致又一脸疑惑地盯着专家的嘴，发出"嘀嘀嘀"的惊叹声。

"所以，"贺伟元说，"以前大部分石头都是一看到就扔回海里去了。"

贺伟元把"海底石头"留下来纯属偶然，只因那几块"石头"太漂亮了，他觉得放到院子里作为装饰品也不错，就没有按惯例扔回海里。

之后，他的亲戚，一位浙江大学的学生，发现了贺伟元家院子里的那3块"海底石头"，觉得这些石头很像化石，就劝贺伟元把石头送到市博物馆去鉴定一下。"或许还能卖钱呢！"

这一句劝，竟然揭开了潜伏在灰鳖洋底的舟山史前文明的神秘面纱。

额鼻角犀、古菱齿象、德氏水牛，都是生活在更新世晚期的大型哺乳动物。

额鼻角犀是古犀牛之一种，它的鼻端和额顶各有一个角。青海柴达木盆地、山西沁县等地发现过它的化石。1982年，在柳江盆地山羊寨的石灰岩洞穴堆积物中，也发现过它的化石。秦皇岛柳江地学博物馆里，有两头根据生物学特征雕塑的额鼻角犀。

古菱齿象，是迄今为止最大的大象，一头成年古菱齿象的重量在10—14吨。在我国东部地区，古菱齿象曾非常繁盛，后来在更新世晚期绝灭了。北京、山东、内蒙古、河南等地均有其化石出土。

我国迄今发现最早的德氏水牛化石，出土于北京周口店地区，一同出土的还有大量旧石器时代的石器，这说明德氏水牛是北京猿人的猎物之一。而在我国台湾发现的德氏水牛化石，则证实了1万年前，海峡两岸是相连的，动物可以毫无阻碍地来回迁移。后来陕西也发现了德氏水牛化石。浙江舟山是德氏水牛化石的第四个发现地点。

这3件从灰鳖洋底捞上来的古动物化石，改写了舟山历史。

4.菜花山岛附近的海沟是个古淡水湖

贺伟元捞上古动物化石的地点，在灰鳖洋菜花山岛附近海域。根据舟山海图及地形地貌分析，那里是一个海沟，深达100多米，而它的周围海域，只有20多米深。这个海沟，数万年前是一个很大的淡水湖，大量古动物在湖泊周边生活。

也就在这一片海域，2002年夏天，册子渔民又捞上来各类动物化石120余件。

菜花山岛的位置坐标是：东经121°51′6″，北纬30°6′6″。

为准确定位古动物化石的出土地点及明确海底状况，2002年10月，舟山博物馆组织渔船出海打捞。

经GPS测定，在东经121°53′、北纬30°6′34″处，撒下1600米长的流网。该海域水深为90—98米。随后，渔船顺潮水向东推进，在水深600—700米处收网。从撒网到收网，覆盖约1平方千米的搜索范围。结果，打捞到四不像鹿角化石、古菱齿象脊椎骨化石和斑鹿角化石各一件。

四不像化石，是这次的新发现。

四不像是麋鹿的俗称，因为头脸像马、角像鹿、蹄像牛、尾像驴，所以叫四不像。麋鹿起源于 200 多万年前，在距今 1 万年至 3000 年前最为繁盛，数量达到上亿头。然而，直到清朝初年，野生四不像才绝迹。

2003 年夏秋，册子渔民又陆续在同一海域捞获各类动物化石 150 余件。麋鹿、斑鹿、大角鹿、犀牛、野马等古哺乳动物的化石纷纷出世。

2003 年 9 月，舟山博物馆邀请中国科学院古脊椎动物与古人类研究所的祁国琴、中国社会科学院考古研究所的韩康信、台湾自然科学博物馆的何传坤来舟山考察。

3 位研究员都认为，这批古动物化石分别来自古菱齿象、德氏水牛、斑鹿、达维氏四不像鹿、额鼻角犀、野马等动物。其中多件鹿角化石上有古人类加工痕迹。从这批动物化石组合的特征来看，它们与台湾海峡澎湖海沟、福建东山附近海域发现的动物化石组合相似。

这让考古学家很兴奋。他们认为，如果仅仅捞起一两件，还会怀疑是不是从其他地方"漂流"而来的，现在前前后后捞起这么多，特别是德氏水牛、古菱齿象，几乎身体各个部位的化石都捞上来了，可以确信这些古生物，生前就生活在这里，死后也"葬"在这里。

5.木化石上有人工痕迹

清人施鸿保曾言："松木入水历一千年则化为石。"

实际上，木化石的时间远远不止1000年。

就在2003年夏秋捞起的那批化石中，考古工作者发现了一件留有人工痕迹的木化石。

这件木化石，是一截树干，长48.5厘米，直径8.5厘米，重2.7公斤，通体黑褐色，木纹清晰。

化石上半部分有一处疑似人为攀折后留下的树疤节痕迹，下端周圈略呈锯齿状，疑似用石器砍砸后留下的痕迹。化石中间部分有类似古人用石器清除掉树皮时留下的不平整痕迹，还有一条横向3.5厘米长的裂缝，似为打击时用力过猛而引起的折裂痕迹。

初步推断，这是远古人类制作和使用的棍棒化石。

这是中国境内首次发现的旧石器时代木质工具。

为了确定化石的准确年代，舟山博物馆于2002年11月和2003年11月，两次把古菱齿象门齿和木化石标本送到北京，请北京大学第四纪年代测定实验室进行加速器质谱（AMS）碳-14年代测定。结果显示，古菱齿象门齿的年代为距今2.19万年±260年，木化石的年代被认为早于4万年前。

国家文物局专家组成员、中国科学院古脊椎动物与古人类研究所原所长张森水评价，最令人欣喜的是在若干碎骨上观察到人工痕迹，这在对海底化石研究中还是第一次。特别重要的是发现了那根木棒，通过对其上千处人工痕迹观察并结合模拟研究，考古工作者基本上可以确认该木棒可作为舟山在 4 万年前有古人活动的可靠物证。

他还提到，舟山木棒的发现，不仅使我国成为拥有旧石器时代木质工具的第三个国家，而且还有另一层意义：提醒中国旧石器考古工作者应重视木质工具的研究。

按现代人类发展史分类，4 万年前属于中国旧石器时代，相当于地质史上的更新世晚期，人类学家称之为智人阶段。

这时候，氏族组织已广泛分布在黄河流域、长江流域、东北地区和华南地区，摩擦取火技术可能已初步掌握，砍砸器、刮削器、三棱大尖状器和石球等工具已出现并分别被使用。其中刮削器是制作木器的重要工具，可刮削树枝上的树杈、树节和树皮，把树枝刮得平整光滑，还能刮削木料尖端。

这一时期，中国台湾地区的岛屿以及日本周边的岛屿与大陆仍有陆桥相连，中国大陆的气候比较干燥寒冷，自然条件比较恶劣。人类正处于一个在恶劣环境中求生存、锻炼和发展的关键时期，最终人脱离动物界，转变为现代人。

正是这个时候，"舟山人"出现了，留下了"舟山木棒"。

6.两三万年前的"舟山人"上颌骨牙齿化石出土

"舟山木棒"发现后,还不能完全证明远古有"舟山人"的存在。推论的证据链上还缺少最关键的一个证据:"舟山人"的骨骼化石。

当然，马岙土墩文物中也没有发现 5000 年前古马岙人的骨骼化石，同样不能否认其他文物所能得到的推论。但是，如果有，那么就像北京猿人头盖骨一样，肯定具有不容辩驳的价值。

这样的期望还是实现了。

"舟山木棒"出世后 7 年，到了 2010 年 7 月，岱山渔老大王存贤在金塘海域流网作业时，随网捞起了一个上颌骨牙齿化石，上面有 10 颗牙齿。

这一年的 8 月 14 日，曾为古人类上颌骨牙齿化石做初次鉴定的蔡保全教授来到舟山，对这件珍贵的上颌骨牙齿化石进行了研究。经过 3 天的实物分析，蔡保全认为，它的年代为距今 3 万—2 万年，属旧石器时代晚期。

蔡保全提出，从实物看，这件古人类上颌骨化石的石化程度，与此前发现的大量古菱齿象臼齿化石、河套大角鹿头骨化石等古动物化石的石化程度一样，属于同一时期。

蔡保全，这位我国古脊椎动物与古人类研究专家还提到，在福建东山、浙江建德、台湾海峡也曾发现古人类化石，它们分别被称为"东山人""建德人""海峡人"。而在舟山发现的这件古人类上颌骨化石，其主人我们可以称为"舟山人"。

根据蔡保全的分析，这块上颌骨牙齿化石的主人，年龄在26—30 岁，而当时人的寿命，平均为 35—36 岁，长寿的有 50 多岁。这件上颌骨化石，带有 10 颗牙齿，保存得较完整，但 4 颗门牙缺失。缺少的 4 颗牙齿，应该是死亡后埋藏时脱离的，从牙齿的健康状况来看，化石主人很可能是非正常死亡的。

20世纪70年代，人们在浙江建德发现了一颗古人类牙齿化石。而"舟山人"的发现，标志着浙江第二次发现旧石器时代的古人类化石。

20世纪60年代的衢山岛蛤蚆山，20世纪70年代的衢山岛太平乡孙家村、定海白泉十字路，以及定海马岙唐家墩等，先后发现多处新石器时代遗址及遗存，出土了石斧、石锛、石簇、石犁、石纺轮、陶鼎等文物。正是这些考古发现，证明了早在5000年前就有人类在舟山群岛繁衍生息。据此，《舟山市志》介绍，出土的文物表明，早在5000年前，舟山群岛就有人类繁衍生息。

"舟山人"上颌骨牙齿化石的发现，将舟山人类历史一下子推至距今3万—2万年前。今后续编《舟山市志》，是否有必要改写？

这件"舟山人"上颌骨牙齿化石如今收藏在舟山博物馆。

7. 2万多年前的舟山远古生态图

那么，当时的"舟山人"生活在怎样的一个环境中呢？

2003年，中国科学院专家根据舟山博物馆提供的古动物化石实物、经鉴定的古动物种类、化石上发现的"舟山人"砍砸痕迹，绘制了一幅2万多年前的舟山远古生态图。

这张舟山远古生态图绘制完成后，舟山博物馆原馆长胡连荣在《舟山收藏》杂志上发文做解读，介绍了2万年前舟山古人类的生存环境。他指出，在舟山海域水深90—98米处发现的哺乳动物化石、骨角器、木棒，首次揭示了浩瀚的东海海底在 2 万年前是大陆的一部分，也是远古人类从舟山通向福建、台湾及宁绍大陆的坦途。那时的舟山（目前为东海大陆架的一部分）没有惊涛骇浪，没有暗礁浊流，而是一片连绵起伏、高低不平的丘陵以及平原。古长江、古钱塘江（曾是古长江的一个支流）流经舟山。舟山河流纵横，丘陵、湖泊、山涧流水、湿地点缀其间，到处草木茂盛、郁郁葱葱，展现出一派生机勃勃的景象。各种野生动物，如水牛、黄牛、野象、斑鹿、麋鹿、野猪、野马、犀牛……云集于此，构成一幅人与自然相互依赖、和谐共存的画面。

舟山海平面的变化是全球气温"忽冷忽热"造成的。

在距今 2.3 万—1.5 万年前，地球上经历了一次人类诞生以来规模最大的冰期。那时，气温急剧下降，破坏了原生物带的环境，大批寒带动物向冷带转移，冷带动物向温带转移，形成了全球动物的大迁移。远古人类踏着千里冰封，一路追逐成群结队的野兽。追到舟山时，他们和兽群一起住了下来。

有关舟山群岛人的来历，以往旧志仅仅云"往籍荒诞，莫可考信"。至于如何"荒诞"，让古人觉得"莫可考信"，那就不得而知了。

有关山海变迁的传说，舟山自古有之。"塌东京，涨崇明"，古代舟山有一个都城叫"东京城"是一个版本；葛洪初到鄞东时，东海因地震而引发海啸，葛洪见势不妙就背起母亲拔腿逃离又是一个版本（如今定海东海云廊有此塑像）；或许还有更多的版本。这些民间传说是世世代代传下来的，起源于何时已无从知晓，不同版本是一代代流传过程中一次次改写的结果，但版本再多，有一点却是不变的，那就是山海变迁、沧海桑田。

远古"舟山人"也经历过一次沧海桑田。

从哪里来？到哪里去？这是人类永远求索的问题。

站在孤悬东海的舟山群岛，舟山人也在不断探寻：我们从哪里来？

据最早的说法，舟山群岛形成于1万多年前。当时滨海地区地壳断块不断升降，天台山脉北部伸向东海的部分，由于断块上升，山峰岭脊露出海面，形成了千百个岛屿，而断块沉陷部分，便形成了舟山群岛的海域或水道。舟山群岛的人类来源可追溯至河姆渡文化时期，当时先民们从大陆渡海，登岛定居，繁衍生息。

马岙土墩文物出土后，此说更加言之凿凿。

但也有学者反对，认为河姆渡文化遗址距今7000—5000年，它所出土的6支木桨，仅与人类江南水乡生活有关，不能证明当时人类已涉足渡海航行。相传夏朝（约4000年前）才有舟，但那时的"舟"是独木舟，仅能浮于沟浜溪河之上。舟山群岛发现的新石器文化遗址表明，岛上至少在5000年前就有人定居了。显而易见，不能用4000年前的舟，去渡5000年前的人。

最早提出这一观点的是舟山学者章新亚。他认为，舟山群岛最终与大陆分离而形成群岛，是由海侵造成的。更新世晚期后，我国东部沿海确实发生过数次海侵。其中较大的有三次。第一次海侵全盛期，距今11万年，海平面高出今海平面5—7米，舟山首次成岛。第二次海侵全盛期（距今2.5万年），海岸线内移至今东海 20 米等深线一带，这次海侵未影响舟山群岛。第三次海侵全盛期（距今 6800 年），海水溯长江古道和钱塘江而上，浙东海岸线内移，海水直拍山麓。海退初期，海平面仍比今略高，舟山群岛最终与大陆分离成群岛。其后，海平面渐趋稳定。经河流、海流长期搬运沉积补偿，以及人类活动的长期捍卤蓄淡，海岸线渐有后退，舟山群岛陆地面积才渐大如今。这便是舟山群岛形成的始末。

由此，关于舟山岛民的最初来源也有了新的说法：在海侵（渐进）过程中，人及部分动物向高地迁移，部分进入大陆，部分滞留在舟山群岛。这些滞留者，便成了岛人的始祖。

支撑这一观点的有力证据，是舟山群岛各岛发现的新石器时代文化遗址遗存，无论是舟山岛白泉十字路、唐家墩、皋泄、马目，还是岱山岛大舜庙、衢山岛孙家山，或者是泗礁山基湖，自南向北各个遗址遗存的形成过程，并没有出现先近大陆、后济外海，先大岛、后小岛的移民轨迹。各遗址遗存的单独形成，反映了海侵同时分割各岛，以及人类在各岛分别滞留的特征。

还有，衢山岛孙家山遗址出土的许多文物，总体上与河姆渡第一文化层出土的器物相一致，但豆、簋等器，又与马家浜文化出土的器物相同，而附近采集的遗物，又具有明显的良渚文化特征。由此可见，舟山群岛新石器时代文化，不仅与河姆渡有宗亲之缘，也与马家浜文化、良渚文化有血缘之亲。舟山群岛与江浙沿海的经济文化生活联系源远流长，反映了岛人不是河姆渡文化时期登岛定居的繁衍者。

自章新亚提出此说后，关于舟山群岛及岛人来源的探究，以及舟山历史的悠久程度等问题，似乎可以暂告一段落了。

随着此后的考古发现，海侵观又有了一些新佐证。

2000年9月，中国科学技术大学地球和空间科学学院孙立广教授，在舟山群岛朱家尖人迹罕至的海湾潮间带，发现了一处厚度超过3.3米的古木层埋藏，剖面长度超过100米。古木层中含有大量的古树茎干、叶片、果实、种子、孢子花粉和昆虫等遗迹，上部层位中伴生有古陶片及炭屑遗迹。经碳-14测定，古木层包含数十种树木，植被属亚热带常绿落叶阔叶混交林类型。古木层及泥炭堆积时间距今8500—6200年，是在较弱的水动力环境下近距离搬运至潮间带堆积而成的，这一发现为海平面在距今8500年前后迅速抬升提供了直接证据。

舟山人从哪里来，似乎以前就有了定论：海岛河姆渡文化。

可想不到，册子岛渔民在金塘海域捞起了改写海岛史前史的一批古动物化石，继而发现了有人工痕迹的木化石，并且尤为重要的是，发现了距今3万—2万年前的"舟山人"上颌骨牙齿化石。这一切都说明，舟山群岛"海上河姆渡"文明史似乎还要改写，延伸到更加遥远的过去。

舟山人从哪里来？谜团依然待解。

蓦然发现，东海百里文廊岑港段所面对的灰鳖洋深处，隐藏着的正是舟山最古老的史前文明。

烟墩夏氏的祖先恐怕不止源自清初，更可追溯至明朝乃至宋朝。

舟山的人口迁移往往跟舟山在国家政治和战略地位中的重要性有关，包括海防形势、对外贸易。唐宋以来几次县制的设与废，乃至明清两朝海禁徙民政策的多轮实施，使海岛人口的迁移成为舟山历史、社会发展中最具特色的标志性元素。

夏氏在岑港、周边小岛和舟山本岛西部区域的分布，以及流传的故事、遗存的祠堂和家谱等，生动展现了氏族文化与海岛乡情相互交融的深厚情结。

——题记

夏氏家族和海岛迁徙

岑港烟墩村已有 400 多年历史，新编《定海县志》记载，夏氏"国"字辈先祖自明代从宁波镇海夏大（度）岙迁移而来。字辈排行如下：

国大时维在尚德，家和必定继贤良，邦际运怀世传忠，
孝荣开瑞显皆逢，泰嗣裕昌，明正锡祥。

烟墩村以夏姓为大姓（故烟墩又称烟墩夏），夏氏分布在除烟墩、赤坎、坞丘、马目、富翅、里钓、桥头（大庙）、册子（北岙、双螺）等今岑港街道境内的地方外，还有紫微蚂蟥山、里岙、石礁南山村等今双桥街道境内的地方，以及洋岙小碶（今城东街道）、黄土岭（今临城街道）、北蝉村（今白泉镇）、干碶黄沙村等地。

然而，烟墩夏氏的祖先恐怕不止源自清初，更可追溯至明朝乃至宋朝。

1.花岩庙主奉夏言

夏氏是中国极古老的姓氏之一，历史地位首屈一指，最早的夏氏以姒姓夏氏和妫姓夏氏为主，其中姒姓是上古四大姓（姜、姬、姒、嬴）之一，夏后氏为上古四大氏（伏羲氏、神农氏、轩辕氏、夏后氏）之一。

华夏姓氏皆有图腾，夏以猴为图腾得姓。风姓魁隗氏炎帝族

以猴、蛇为图腾，猴为夏族主图腾或分封册氏图腾。所以甲骨文的夏由日、持钺狙人（举父）组成。炎帝第九世夸父以狙猴为图腾，由华山桃林塞（三门峡至潼关）退到甘肃大夏河禹谷地区，夏因禹猴图腾得姓。"夏"字作烈日之下赶路去伐木之农夫解。倾向解"人"之手为战斧，"人"为征战勇士。

夏氏因得姓很早，故随着时代的不断更替，散居各地。夏姓南迁始于汉代，其中，西汉时的夏黄公就是一个典型代表，他已经落户鄞（今宁波）了。魏晋之际，浙江夏姓最为昌盛，故有夏姓会稽郡望之说，其始祖可追溯至西晋高士夏统，此支系亦成为夏姓发展史上的最大望族之一。唐宋以后，夏姓支脉延伸更广，且以江南一带为繁衍望地，广布于今安徽、浙江、湖南、湖北、江苏、福建和广东、广西等省（自治区），今日夏姓分布以江苏、浙江为多，这两省的汉族夏姓人口约占全国汉族夏姓人口的40%。

翻开清康熙《定海县志·岑港岙图说》，图中标注有花岩庙。

2006年重建的花岩庙位于今岑港街道烟墩村烟墩101号，地处双狮山龙头岗山脚，紧邻龙舌水库内侧。土名庄基，占地2400多平方米，红墙黛瓦。

花岩庙重建之前呢？当地曾有两座老的花岩庙。

老花岩庙在烟墩村口今敬老院位置处，也就是庙山脚南向龙舌头水口东侧，占地面积约4700平方米，时称舟山第一大庙。

老庙选材优质，全是红枫、香樟、红木、老柏、红柏，工艺精巧，绘画精准，色泽经年不褪，几百年来无漏裂斜。1954年以后，庙先后成为人民公社武装部、信用社、学校、供销社和大仓库。

1979 年 4 月全部被拆。

老庙在 20 世纪 50 年代被政府占用，70 年代被拆。烟墩夏氏的宗庙怎么办？不能没有啊，于是坞丘的夏家人就在坞丘筹建了花岩庙，以延续和传承夏家的家族精神。不过，夏家人并没有把庙建在他们聚居的小坞丘，而是建在了王家聚居的大坞丘，也许因为在当地人的心里，早已没有了家族的分野，坞丘成了所有人的家园。

所以，如今，烟墩、坞丘各有一座花岩庙。

根据花岩庙碑的介绍，此庙已有 400 多年历史了。之所以叫花岩庙，据说是因为最初建庙时曾挖出一块花纹岩石。这类花纹岩，在双狮山周边有很多。不过，这个说法是禁不起推敲的。家庙不以家族姓氏或祖先名讳命名根本不符合中国人的传统，以一块常见的带纹理的石头为名，显然有言不由衷的隐晦说法。在我们看来，花岩庙其实就是夏岩庙。花、夏，在舟山方言中谐音；岩、言，完全同音。因夏言含冤被杀，夏族后人远遁隐居，以"花岩"隐指"夏言"，是巧妙的选择。

夏言（1482—1548），字公谨，号桂洲，也称夏阁老、桂洲翁，江西贵溪人。明正德十二年（1517），中进士，被任命为行人。正德十五年，擢兵科给事中，以正直敢言自负。嘉靖八年（1529），夏言调任吏科都给事中。疏陈武宗朝弊政，受皇帝赏识。他裁汰亲军及京师卫队冗员三千二百人，出按皇族庄田，悉夺还民产。夏言为人"豪迈有俊才，纵横辨博"。嘉靖十年三月，夏言被提升为少詹事兼翰林学士，掌院事，随之升为礼部左侍郎，仍掌翰林院。一个多月后，代李时为礼部尚书。嘉靖十五年闰十二月，擢武英殿大学士，入参机务，不久又擢为首辅。嘉靖十八年，加太子少师、特进光禄大夫、上柱国。明朝以来，臣子无加上柱国者，唯夏言一人领此衔。

嘉靖二十一年（1542），因"昭圣太后崩，诏问太子服制，言报疏有讹字"，夏言被严嵩排挤去官，回江西，并在家乡贵溪象山书院建"象麓草堂"以自适。

嘉靖二十七年（1548）议收复河套事，为严嵩所害，十月被弃市而死。夏言死时曾有遗训"后世代代勿做官"，也有其金头九九八十一座坟的传说。他的妻子苏氏流放广西，侄儿（时任主事的夏克承）、侄孙（时任尚宝丞的夏朝庆），都被削职为民。

直到明穆宗隆庆（1567—1572）继位，柄政祸国20余年的严氏父子终于败死。夏言家人上书申冤，明穆宗予以昭雪，下诏复其官爵，重祭安葬并追谥"文愍"。

夏言有《桂洲集》《南宫奏稿》传世。他的部分创作能揭露社会矛盾，而一些写景抒情之作技巧也比较纯熟。夏言墓位于江西上饶市郊。

2.夏正死间，为抗倭而死

夏言被严嵩所害，侄子夏克承、侄孙夏朝庆为避祸，逃到舟山烟墩隐居起来。

嘉靖三十一年（1552），夏朝庆化名夏正，参与舟山抗倭，一年后提升为指挥。嘉靖三十七年，英勇就义。明穆宗继位后，随着严嵩倒台，夏言的冤案得以昭雪。经查证，夏正就是夏朝庆，明穆宗赐谥"烈士"。朝廷拨专款在烟墩建花岩庙，设"阁老殿"和"朝庆殿"。为了纪念祖先，夏言的后代在坞丘也为其新建了花岩庙。

夏正何许人？《明史》对他的籍贯和出身并无记载，只提到他的职位是"指挥"。明代各卫的指挥使简称指挥，属于地方军事官员。不过，夏正是通事（翻译）出身，指挥的职位是后来授予的。与嘉靖年间纵横睥睨的风云人物相比，他只是个跑龙套的小人物。

夏正是在剿灭徐海集团时为后人所熟知的。他是胡宗宪的心腹和得力助手，在诱杀徐海的战斗中，有勇有谋，有胆有识。作为胡宗宪的特使，夏正单骑来往周旋于两军之间，口舌便给，机智警觉，功不可没。作为亲信，他完全知道胡宗宪诱杀王直的战略目的，但仍然毫不犹豫地慷慨赴会，以一命换巨寇一命。他的所作所为，堪称一个置生死于度外的豪杰。

王直投降上岸前，要求明朝廷出一官作为人质。胡宗宪便派遣夏正前往王直的义子王滶那里。王直死后，夏正这一回便有死无生了，他肩负的是丢车保帅的瞒天过海之计。为什么"立遣夏正"而不是别人？除了夏正拥有丰富的外交经验外，更重要的是他的忠心不二。

夏正死间，最后的结局是悲壮的，得知王直被处死后，"滶等闻，大恨，支解夏正，焚舟登山，据岑港坚守"。

郑若曾《筹海图编》里有一篇名为《擒获王直》的资料,内载:

> 乃以夏正等为死间,谕直曰:汝欲保全家属,开市求官,可以不降而得之乎?带甲陈兵而称降,又谁信汝?汝有大兵于此,即往见军门,敢留汝邪?况死生有命,当死,战亦死,降亦死,等死耳,死战不若死降,降且万有一生焉。

郑若曾是胡宗宪幕僚,记录当属第一手。此外,采九德在《倭变事略》中也同样毫不含糊地记录道:"而以夏正为死间。"

《孙子兵法》提出"死间"的兵法。"故用间有五:有因间,有内间,有反间,有死间,有生间。"所谓死间,是指制造散布假情报,通过我方间谍将假情报传给敌间,诱使敌人上当,一旦真情败露,我间难免一死。

那些决心为王直报仇的倭寇拥过来,举起沾满了大明子女鲜血的倭刀,一次次落在被横捆竖绑着的夏正瘦弱的身躯上。

男儿到死心如铁。口若悬河的夏正自始至终没有说一句话,甚至他讥诮的表情都没有变过。

是夜,风雨如晦。远处,胡宗宪军门整装待发,督使戚继光和俞大猷的部队猛攻……

史料记载,夏正死讯传来,胡宗宪"亲临海边望祭之,恸哭不已,军将皆堕泪不能仰视"。胡宗宪之所以望祭恸哭,一是痛惜爱将惨死,二是内心有愧:自己没能说服朝廷留住王直的性命,致使夏正断绝了生路。

夏正以血肉之躯，换得海疆平安。直到今天，舟山人民还在深深怀念着夏正。

3. 3个庙台呈"品"字

夏正和夏朝庆是一人，还是借替？花岩庙是朝廷拨款始建，还是夏氏早有营建？其实都仅仅是口头传言，并无标准答案。但在找不到文献依据的前提下，我们尊重民间的说法。

当地老人介绍，原来的烟墩花岩庙的庙台很有特色，一座庙内建有3座大殿、3个庙台，呈"品"字形排列。中殿祭祀儒圣孔夫子和武圣关公，叫文武殿；西首一座殿祭祀花岩菩萨，叫花岩殿；东首一座殿祭明朝宰相夏言，叫尚书殿，又称先祖殿。先祖殿前戏台有4根四方石柱子，镌刻追忆先祖丰功伟绩和铁骨冰心的楹联。每座庙台宽4米，深5米，台基高1.5米，台顶斗拱结构，梁柱彩绘人物花卉，庙门口一排九开间三大门楼房，连接东西厢房看台，围3座戏台于其中，形成一院落，能容纳上千观众。因为花岩庙供奉的夏言在明朝时当过首辅，3个庙台取其"一品当朝"之意。

庙史介绍，进山门有2层楼。一楼为戏子班房，东西两边各4间，二楼为厢房。大殿东首是大开间膳食房，西首3间为庙者管理膳宿房，东进山门有青田石圆桌，大擂鼓1对，约60厘米高。门槛呈凸字形，雕麒麟，围墙南北设有可通行马车之月洞门，夹旗杆 1 对。

烟墩村旧时有 3 对旗杆，一在夏族大祖堂，二在花岩庙，三在雅园。

每年九月初九，烟墩村要举行规模盛大的祭祀活动，其中一项重要内容就是演"重阳戏"，连演 3 日，第一天在东戏台演，开炮戏必演"天官赐福"，接着再演别的戏。第二天在中戏台演，第三天在西戏台演。首场演出时，须由 24 名演员一齐向夏言神像顶礼膜拜，而当天祭神的猪、羊等五牲均用来招待戏班。而且严禁演有严嵩出场的戏，因严嵩和夏言是一对死敌，夏言为严嵩所害。"品"字形庙戏台于 1974 年被拆。

关于夏严两家恩怨在舟山的传说遗存，还涉及大沙乡境内的蟹岵山。鉴于烟墩历史上曾经先后归大沙乡和大狮乡管辖，夏家人在蟹岵山留下活动痕迹也比较合理。传说是这样的。

蟹岵山在大沙（今小沙街道增辉村）。有个风水先生路过原三东自然村的乌岩庙，无意中看到蟹岵山好像两只蟹钳在动。他当即跑过去，仔细观察蟹岵山。蟹岵山好像又没在动。他想，如果这是一个"活茔"就好了，他可以把祖宗的骨灰迁葬到这里来，子孙后代就可以受到祖先的荫庇。但是他眼力有限，把握不准到底是"死茔"还是"活茔"。

于是他叫来一个放牛娃，对放牛娃说："我等会儿去乌岩庙那边，你看见我甩衣服时，你就用脚顿一顿地。"因为如果是"活茔"的话，用脚顿地，它肯定又会有一番反应的。那么，风水先生就可以从乌岩庙的方向看出来。

然而，待风水先生在庙那边甩衣服的时候，放牛娃顽皮，没有用脚顿地，只是蹲了几下，蟹峙山自然是没有任何反应的。于是，风水先生判断蟹峙山为一个"死茔"，悻悻地走了。

后来，原烟墩乡的夏家到蟹峙山做了一座坟，夏家从此发达起来，以至明朝官场出了个夏阁老。那个风水先生才意识到自己当初受了放牛娃的骗。他气愤不过，认为发达的应该是自己家，夏家凭什么要比自己家先发达呀？于是他决心破此"活茔"，每天待在乌岩庙边观察蟹峙山有没有在动，只要一动，他就可以乘机破它。

蟹要喝水，果然，有一天，蟹峙山又在动了。风水先生看得真切，赶忙用事先准备好的铁锹，跑到蟹峙山上，对着蟹的肚脐位置，掘了下去，一直掘到出红水为止。蟹被掘死了，蟹峙山从此成了一个"死茔"，于是改名竹峙山。

后来，明朝官场上出了个严嵩，把夏言整垮了。据说，那个放牛娃就是烟墩夏家的小孩，那个风水先生就姓严。

这个传说告诉我们：恩怨情仇是无休止的，要善于化解，而不是机关算尽做坏人，严嵩专权祸国，天怒人怨，后来不也被人取而代之，没得善终吗？

4.烟墩夏与南山夏之关系

2009 年，我们曾和文友走访过烟墩夏氏祖祠和花岩庙，花岩庙匾落款是 2001 年，戏台上有两副联：

你打天下三尺刀威风惊人
我坐朝堂一桌地善辨忠奸

烟云化雨龙卧清潭夏仕跃三界
墩丰密雾狮吼红涛言传通九州

　　第一联写的是一武一文两个人，文的就是夏言。武的若说兵部尚书夏邵，似也可以，终究略显劲道不足；若说是夏朝庆，似乎不妥，一者打倭寇说成打天下嫌太夸大，二者将夏言的内容放在下联，上联则不可能说夏朝庆。

　　第二联，上下联首字嵌"烟墩"，第九字嵌"夏言"。虽说此联动过脑筋，但"墩丰密雾"可能是误写。

　　2019 年夏，我们再去花岩庙，拍得左右两扇门的两副联分别是：

水塘映月自来自往敬神
青山迎风时聚时集烧香

地天富千年永定乾坤位
干地厚万世长明悠久尊

来到主殿，主殿前也有两副联，分别是：

行善积德花岩庙菩萨代代相传

高山绿水流烟墩施至增福延寿

瑞气贯聚群山八方安泰蒙神佑

福星降临吉地四序康宁托圣护

东殿是先祖殿，供奉大司马夏邵夫妇像、昌国录事参军夏祁夫妇像和夏言圣位牌。

东殿联中第四字嵌有"夏言"二字：

春雨洗夏照见一颗赤丹心

冬雪融言公自大名垂千秋

很明显，烟墩夏既认宋南山夏祁为祖，也认明夏言为祖。

说起大司马夏邵和昌国录事参军夏祁，就不得不提南山夏氏。

根据《瀴洲礼房夏氏南山前中房宗谱》所载，定海南山夏氏，世出越州，而后迁至鄞县之万龄老界，以后又分迁于奉化之禽孝与瀴洲（今舟山）定海西乡南山等处。定海南山夏氏始迁祖夏祁，字晋彦，生于北宋大观三年（1109），是夏氏第五世，夏祁以兄夏邵恩泽授将仕郎，添差明州司理参军（虚衔），后改昌国（今定海）观察录事参军。这大概已是宋高宗赵构在位年间。夏祁因"乐山水之胜",于是便定居于定海西乡双桥南山,即宗谱中所言"瀚洲南山"。据宗谱卷八"世次传"所记,始祖母王氏,早卒,葬奉川畸山(今溪口畸山)。夏祁再娶瀚洲余氏,合葬瀚洲南山之原。夏祁有一子一女,子利吉(字智祥),历仕至将仕郎,同父徙居瀚洲南山,后也葬于瀚洲南山下。

瀚洲,有些书籍作翁州,皆古代舟山之称。不同的文人,喜欢选用不同的写法。我们比较认同明代文人的写法"瀚洲"。

定海南山《夏氏宗谱》,创自南宋咸淳年间(1265—1274),御书颁诰命赐。现保存下来的是清同治七年(1868)六修本。定海岁贡生沈有澜撰写的《夏氏南山重修族谱序》称:

> ……定始祖讳祁公,字晋彦,任昌国观察录事推官,至今遗像犹留,而坵陇事迹几不足征,惟征诸谱而已。

自此,夏祁子孙后裔椒衍瓜绵,"分为四房一后房"。一房,即现今的岑港烟墩下;二房,即今双桥南山下;三房,即今岑港大庙前;四房,即今双桥南山前房;后房,即南山后房。

再看看烟墩198号夏氏祠堂。祠堂祭祖仪式中还有诵读祝文(祭文),以示对先祖的崇敬,《烟墩(上坎、下坎、下围)夏氏宗谱》记录祭文如下:

> 唯我夏氏,肇始禹王。治水救民,光辉神州。侯地会稽,越王复国。宁波渡岙,尚书维疆。昌国参军,南山播种。

绵延烟岑，一派弘扬。

　　此则祭文是夏氏后裔新撰的，祭文把夏氏的来历与演变进行了追根溯源，以激励族人修身进德，光宗耀祖。同时，他们认定：一是其姓奉大禹为始祖，以大禹后裔姒姓夏氏为主；二是岑港烟墩夏氏乃双桥南山夏氏之分支。

　　册子岛也有一本《夏氏宗谱》，谱中表明，夏氏家族的主要聚居地在定海紫微一带，祠堂在石礁桥头施。清康熙年间，族人中有一支迁徙到册子定居。夏家第二十七代孙夏必振所写的祭文中说"爰于原隰，奠宅犰山"。旧时，马目与烟墩合称泗马乡，犰山即泗马，这也佐证了烟墩夏氏与南山夏氏的渊源。

　　岑港烟墩夏氏既是北宋夏祁四房之一房，也是双桥南山迁来的夏氏分支。只是明朝的夏言祖上迁居江西到底是不是与自明洪武年间开始的海禁迁民政策有关？夏言跟双桥南山夏氏有无关系？他是否也是南山夏氏的后人？如果是，那也是相距百年的后裔了。我们并未看到明确的证据。也就是说，现在南山夏氏并无认可夏言为他们一族的可靠依据。

　　再查看清雍正七年（1729）木活字本江西贵溪《夏氏家谱》（夏永年纂修）的介绍：

　　　　始迁祖剑，北宋时自会稽洪源迁至江西贵溪架园。十传至原友，于明初复自架园徙居本邑南乡上清桂洲。存卷载谱序、诰敕、像赞、架园祖系和桂洲支世系等。

南山夏氏"世出越州"，烟墩夏氏"侯地会稽""宁波渡丕"，江西贵溪夏氏亦出"会稽洪源"，说明这几支夏氏主要分布在浙江绍兴会稽山大禹陵一带，夏祁舟山一支与夏岩祖上贵溪一支都源出会稽，且都是北宋年间迁出。

但既然烟墩有供奉夏言的庙，也有其侄孙夏朝庆抗倭的传说，那么只能说明，夏言、夏朝庆跟烟墩夏关系近些，跟南山夏没有直接关系。怪不得《夏氏南山重修族谱序》里没有任何夏言的信息。原来，在过去，他们一直受烟墩夏的影响，误以为自己的祖先是夏言或跟夏言有关。

5.夏氏宗谱规定

狮山私塾原是烟墩夏氏族塾，清咸丰二年（1852）改办义学，聘请族内德才兼优者为教员，教授贫寒子弟。

清初，岑港丕有个夏惟灼，字懋参。此人慷慨好义，屡屡拯人于濒危。而且此人非常熟知家乡掌故。舟山展复之初，县衙上官常常向他咨询，请做参谋。

以册子岛《夏氏宗谱》之描述为例，夏家第二十七代孙夏必振写的一篇序言，把修宗谱的目的意义、宗谱记载的内容做了一番论说：

夫谱系者犹国史也。谱牒之作所以敦人伦之重，著

欢喜烟墩

　　在岑港大地上，"欢喜烟墩"如一幅色彩明丽的乡土画卷徐徐展开。

昭穆之序，明远近，定亲疏。故者，官有牒家有谱，据此得详考其实，不失其遗迹焉。国之有史，自开化迄今，累朝帝王已越屡千年间，其经过无数动静。展卷一读，即知兴废之事。推谱牒者承先而续后，亦足与史同。流苟不务此，年湮代远之久，祖功宗德茫属罔知，视同族如外侨，视昆仲如陌路。然谱牒之攸关，非寻常事，是人生之来源焉。我族夏氏自清康熙年间有（由）紫微迁徙兹土，约越二百余年，所谓先后生卒年月日时、出仕荣身、肄业职衔、传记著作、配偶、迁徙他往、安葬坟茔等情一概征修在谱，使来日后嗣世世可考，班班可稽，若得有此，永垂不朽先人之历史矣。希后者珍藏为荷，此序。

第二十七世嗣孙必振谨书
时维旃蒙协洽己丑月望日

古代的紫微区域接近于今天整个双桥街道，序言中说的紫微就是今天双桥街道的南山、石礁桥头施一带。家谱不修，年代一旦久远，则不知祖宗的功德，不认兄弟之亲情、辈分……序言内容本身不难看懂，但旧时用天干地支纪年，"旃蒙"是"乙"的别称，"协洽"代表"未年"。此两词源于《尔雅·释天》："太岁在甲曰阏逢，在乙曰旃蒙。""太岁在寅曰摄提格……在未曰协洽。"乙未年为清光绪二十一年（1895）；"己丑月"在一月小寒到二月立春之间；望日，是农历十五。

这本宗谱对祭祖仪式及相关规定进行了详尽的制定。宗谱规定：每年清明、七月半要做小羹饭；冬至、春节则要在祠堂举行规模盛大的祭祖仪式。祭祖仪式由紫微、册子、西道头（指岑港）三地族人轮流负责经办，所需经费主要来自家族共有的田产收入，不足的部分则由经办的族人分担。

过去，宗族里以出仕当官的族人为荣，且将世世代代传颂下去。夏氏宗族中的五世伯祖夏邵在宋代当过兵部尚书，五世祖夏祁在宋代当过昌国参军录事，因此每逢祭祖，祠堂里挂的画像就是这两位当过尚书和参军的祖先及其夫人，祭祖的一切排场都要按当时官员的规格进行。祭祖开始之前，先要由36人组成的仪仗队进行"接祖"，由标有"夏府总兵大堂"的1对红灯笼开道，跟在后面的依次是香亭1座、清道旗4面、对锣2面、乐师2名、执事锤4副、官轿1乘、伞盖1顶和发炮手数名。此时，祠堂内张灯结彩，厅柱上悬挂楹联2副。一曰："恩垂袍笏家声远，业在诗书世泽长。"一曰："礼乐百年光祖业，文明千载启昌期。"待官轿抬至堂内，祭祖开始，由族内德高望重者宣读祭文，并配有祭文样式。

宗谱载明，祖宗画像前需供奉4杯茶、4副筷匙、10大碗菜肴；堂中置4张八仙桌，摆24副杯筷，供羊、鹅、肉、鱼、蛋、蹄、血、肫、糖、面、盐、酱等菜肴、佐料；另有2盆寿桃，每盆24只，以及年糕、烧卖、口包各4盆，每盆5只。八仙桌外面还得放一张搁几，上置"五祀"（烛台等祭器）及洗刷用的脸盆、毛巾、镜子等。族人聚餐的小菜有：花生、肉（油豆腐底）、三鲜、鹅肉（海蜇底）、羊肉（咸菜底）、带鱼、黄鱼、咸羹、肚羹、芋艿鸡、豆腐汤。

2011 年舟山人口普查，夏氏排名 12 位，总人数 18553 人。夏家在历朝历代不乏文人墨客、能人异士。宗谱"人望录"记载，献给皇帝的邑庠生、岁贡生、附贡生比比皆是。

> 子孙倘有侥幸入仕，务要守法奉公，勤心莅政，抚恤下民，补报君亲于万一而后已，除禄俸外一毫不取。有恶政害民玷污名节者，回乡之日将何面目以见乡亲，有何容颜以见家庙……

泉流岑港千层浪，日照紫微万树荣。

在相当长的历史时期内，舟山多次游离于中央政府的行政视野之外。这种边缘地位，客观上是由舟山海岛偏远的地理位置所决定的。

舟山的人口迁移往往跟舟山在国家政治和战略地位中的重要性有关，包括海防形势、对外贸易。唐宋以来几次县制的设与废，乃至明清两朝海禁徙民政策的多轮实施，使海岛人口的迁移成为舟山历史、社会发展中最具特色的标志性元素。

夏氏在岑港、周边小岛和舟山本岛西部区域的分布，以及流传的故事、遗存的祠堂和家谱等，生动展现了氏族文化与海岛乡情相互交融的深厚情结。

　　关于回峰寺始建于北宋建隆元年（960）的说法，实际上可能是指"老庵基"迁移到外回峰禅寺现址的时间。如果真是这样，那么，"老庵基"那处遗址，早在建隆元年之前，就有可能已是寺庙或道观之类的宗教信仰场所了。

　　作为开放寺院的外回峰禅寺，凭借其历史文物之厚重和北宋大家王安石之知名度，已足够承担起定海文化寺院的分量了。2023 年，东海百里文廊岑港段把线路划到了寺院。这是一次促进乡村文化、寺院文化实现双赢的奔赴。

——题记

岑港外回峰禅寺，古称"回峰院""回峰寺"，位于古"六国港"岑港涨次村寺跟白石岗之麓。宋宝庆《四明志·昌国县志》载其始建于宋建隆元年（960），并赐额。曾任鄞县县令的王安石曾赋诗《题回峰寺》。2002 年于原址出土了东汉五铢钱，晋代水盂、钵，三国两晋南北朝、唐、宋、元、清等朝代的各类陶瓷碎片和宋代石刻头像（舟山博物馆镇馆宝藏之一）。这证实了约在 2000 年前，岑港是海上丝绸之路的一个重要节点，并且当时已出现宗教场所。1996 年 10 月，经定海区人民政府批准，外回峰禅寺设为开放寺院。

回峰者，回峰也。海湾处，峰回路转，峰峦叠嶂。清同治举人、浙江秀水人张王熙曾以"城西迤逦山路长""山坳重叠亦天堑"的诗句描绘岑港。

涨次村，旧志称涨齿岙，与岑港、桵次共同彰显了定海西部港域文化的独特魅力，这一区域，乃古代六国良港要埠所在。因山岙濒海岸，海涂年久淤积成陆，称涨起，至今岙口仍有涨起庙为证。又因其形似锯齿，遂称涨齿，后易写成涨次。

1.志书中的外回峰禅寺

关于岑港外回峰禅寺，历代志书记载如下。

宋乾道《四明图经》"昌国县"载："回峰山，在县西北一百二十里。"此记载说明回峰寺因山命名。

宋宝庆《四明志·昌国县志》载："回峰院，县西。皇朝建隆元年建。常住田九百四亩，山一千一百二十一亩。"宝庆昌国县境图标注"回峰院"就在"岑江坊"内侧。

元大德《昌国州图志》载：

> 回峰寺，在金塘乡之岑江。往宋建隆元年建。赐今额。丞相王荆公尝到，有诗，见名宦类。田六顷六十五亩，地七顷八十八亩，山十顷七十九亩。

元至正《四明续志》载：

> 回峰寺在金塘乡之岑山江。宋建隆元年建。赐额。丞相王安石宰鄞日尝游有诗：山势欲压海，禅扃向此开。鱼龙腥不到，日月影先来。树色秋擎出，钟声浪答回。何期乘吏役，暂此拂尘埃。

明天启《舟山志》载：

> 回峰寺去城金塘乡之岑港。宋建隆元年赐额。王安石有诗云：山势欲压海，禅扃向此开。鱼龙腥不到，日月影先来。树色秋擎出，钟声浪答回。何期乘吏役，暂此拂尘埃。

清康熙《定海县志·岑港岙图说》载："传回峰之好句，则古寺存焉。"其中，《岑港岙图》标注有"回峰寺"。但该志卷六"寺观"载："回峰寺在岑港。宋建隆元年赐额。今圮。"

也就是说，康熙《定海县志》修编期是在康熙三十三年（1694）到康熙五十四年，其间，岑港回峰寺已经倾圮毁塌。但该志以文字的形式认定，民间流传有关于回峰寺的美好诗句。这说明古回峰寺是存在的。

清光绪《定海厅志》载："回峰寺，在岑港涨齿，俗称为外回峰，以别紫微之里回峰。宋建隆元年建，赐今额。丞相王安石宰鄞日尝游，有诗。"其中，《岑椗庄图》标注"回峰寺"。

由上述资料可知：

一、岑港外回峰禅寺始建于北宋建隆元年（960），朝廷赐额"回峰寺"，距今已有1064年的历史。

二、岑港外回峰禅寺在古代志书中，"回""廻""迴"混写，"廻"字亦俗写为"廻""迴"。正体字中文中，"廻"是"回"的分化字。汉字简化后，又将"廻"字并入了"回"字。字义释为：曲折、环绕、旋转。

三、北宋政治家、文学家王安石任鄞县县令时曾游回峰寺，并留下一首《题回峰寺》。宋元时期，该寺院香火鼎盛，景色幽雅。

四、回峰寺历经北宋、南宋、元、明、清各朝代，不间断地兴盛和废圮，历尽世间沧桑。特别是在明代漫长的海禁时期，该寺更是凋零殆尽。以致在清康熙年间舟山展复之后，该寺已经圮毁。

但之后，回峰寺得以重建。2015 年《舟山佛教寺院通览》介绍，回峰寺于康熙五十五年（1716）在旧址重建。

《定海教育志》载，清咸丰二年（1852），岑港士民王其言、薛炳辉等在天后宫创设碧峰义学，作为贫寒子弟的学习场所，拨外回峰禅寺田 20 亩为学产，教员工资仍由寺院经费负担。

2.《题回峰寺》诗解

王安石（1021—1086），字介甫，江西抚州人，21 岁中进士，庆历七年（1047）曾"宰鄞县令"。当时的舟山群岛归属鄞县管辖，尚未设昌国县，为旧翁山县地。王安石作为地方官，深入海岛辖地考察调研是他的本职工作。

王安石亲自踏访翁山，是在宋皇祐元年（1049）或皇祐二年秋天，时年 28 或 29 岁的鄞县县令王安石奉明州郡檄而来。元大德《昌国州图志》非常正统地记载，"王安石，往宋皇祐元年知明州鄞县事，尝捧郡檄至此，题回峰寺诗"，并在"名宦·王安石"简介中录入了这首诗。以后的志书，如元至正《四明续志》、明天启《舟山志》、清康熙《定海县志》等便相继沿用此说。

王安石《题回峰寺》诗中展示了秋色中回峰寺的位置和雄伟的气势。山、海、鱼龙、日月、树色、钟声勾勒出打开山门（禅扃）后的一片亮色。

山势压海，何其苍劲、突兀之气势。意象壮阔，诗思峭拔。

附近有白龙潭传说、五条蛟传说，鱼龙之化何其神秘，日月之影何其有画面感。古木参天，树色绽秋，寺内钟声、木鱼声、念经声与海滩波涛声相互交织，相互呼应。林荫古刹、庄严肃穆，让人流连忘返的净土，却压抑不住诗人以国家为念、以天下苍生为念的经邦济世的远大抱负。末句"何期乘吏役，暂此拂尘埃"看似抒发了作者对遁入空门、脱离凡尘的向往，实则暗含休憩后重荷国家责任的心境。

寺以诗成名，回峰寺自此有了一块王安石的题诗碑，声名卓著，香火鼎盛。

3.《题回峰寺》诗的不同考证

宁波镇海有个地方叫方家河头村，现在属于慈溪市龙山镇。那儿有个正觉院。宋宝庆《四明志》云："正觉院，县（指镇海）西北六十四里，周广顺元年（951）置，名回峰。"

这个正觉院原本是个小规模的寺院，随着周边人口增多，寺院规模逐渐扩大。清道光年间，朱绪曾经过考证，在他的《昌国典咏》里提出质疑，认为王安石的诗可能是给这个有回峰之称的正觉院的。

朱绪曾提出王安石《荆公全集》没有收录《题回峰寺》这首诗。他考证延祐《四明志》后，怀疑此诗是王文康的诗，且此回峰寺为镇海的回峰寺。他也赋诗《回峰寺》：

却疑两地叩禅扃，一样鱼龙水气腥。

树色钟声谁领略，可怜宦海不曾醒。

有必要说明，在康熙二十七年（1688）改舟山为定海县之后，原定海县才改名为镇海县。所以，朱绪曾说的"镇海"是指不算舟山在内的原定海。宋赵与虤《娱书堂诗话》云："王文康公曙，字晦叔，尝宰定海县，赋回峰院诗云……商逸卿得遗墨刻之。"王文康（963—1034）任定海知县是在淳化三年（992）中进士之后。商逸卿，字羲仲，南宋淳熙八年（1181）进士，曾任定海（今镇海，时定海县已不含金塘）知县。

宋刘昌诗撰《芦浦笔记》（卷十）、元延祐《四明志》（卷十八）也认为，此诗的作者是咸平四年（1001）十一月至景德元年（1004）四月间任定海知县、后为宰相的王曙（字晦叔，谥文康）；《芦浦笔记》更说此诗是由嘉泰三年（1203）至开禧二年（1206）间任定海知县的商逸卿在"得隶古遗墨"后，"刻于县治愿丰亭"的。王安石县政治理研究丛书之《王安石鄞县足迹》，认为这首诗的作者是王曙。不过《全宋诗》两不得罪，将该诗分别列于王安石（卷三七五）和王曙（卷三八五）名下。

宁波文史专家水银提出了不同的看法，他的考证有两点。

其一，定海县（即清代以来的镇海）的教院"回峰寺"，地属今慈溪市龙山镇，现名"正觉禅寺"，址在方家河头山麓，北临沈窖湖，距大古塘约 3.5 千米，如今距海则有 10 千米以上。三北平原，唐涂宋地，当年的大古塘外为海，北宋时的回峰寺（今正觉禅寺），离海至少六七里。当时尚属鄞县、不久后属于新设昌国县（即清代以来的定海）的禅院"外回峰寺"在岑港，今距海仅四五百米，在宋代与海几乎零距离，就在海岸线边的海湾内。从两个回峰寺分别与海的距离看，何者具"山势欲压海"之气魄，一目了然。何况今慈溪正觉禅寺的那个回峰寺离湖更近，为何诗中只见"海"不见"湖"？

其二，宋时定海回峰院列属教院，鄞县回峰寺（舟山岑港）属禅院，诗中"禅扃向此开"之"禅"字，明显是指向岑港。王曙、王安石分别在定海、鄞县任知县时，舟山岑港回峰寺址，尚属鄞县海上三乡中的富都乡，不归王曙的定海县管辖。何况王安石还撰有与海上三乡关系密切的文《上运使孙司谏书》和诗《秃山》《收盐》等。

水银因此认为，《芦浦笔记》将该诗作者定为王曙，来自距王曙约 200 年、距王安石约 150 年的商逸卿的说法。这未必靠谱。

按照水银先生的观点，岑港在宋时一直归富都乡管辖，未曾划归定海县管辖，当时的定海县金塘乡境域并不包括岑港在内的舟山本岛西部。定海知县王文康没有理由来并非他所管辖的岑港外回峰禅寺察访，相反，管辖富都、安期、蓬莱海上三乡的鄞县知县王安石，是完全有理由来察访岑港外回峰禅寺的。

在王安石知鄞县的庆历七年（1047）四月至皇祐二年（1050）三月，鄞县为北宋王朝下海陆境域面积最大的县，其海上三乡，相当于今天只少了金塘岛的舟山市。析鄞县之海上三乡再置海上群岛县，是在王安石拜相后的熙宁六年（1073），且县名"昌国"也取自王安石"昌壮国势"的奏章文字。

以下皆引自水银先生的论证——

元大德《昌国州图志》说，王安石"尝捧郡檄至此"，有诗《题回峰寺》。"此"，指舟山本岛。"捧郡檄"之"檄"或即《收盐》诗里的"州家飞符"。

"捧郡檄"而至，似乎王安石若非"捧郡檄"就不会前往舟山一样。王安石县政治理研究丛书之《王安石鄞县足迹》，引宝庆《四明志》卷三云：

> 国朝旧有支盐场官，不系在州县者，并令兼管烟火
> 公事。绍圣二年敕：许决本场亭户等斗讼公事，不得过
> 小杖十三。

这是说，由于三乡地处海岛，远离州县治所，因此县里的管理鞭长莫及，于是，就由盐监、盐场的管理官员处理这一带从事海盐生产的亭户之间的诉讼，也就是代管民事。言下之意，仿佛舟山群岛不像是知县王安石所可置喙的三乡一般。

其实，海上三乡固然有发达的官营盐业，但民营的农业、渔业仍然是地方经济的大宗，中唐虽撤了翁山县建置，但海上群岛上的乡里组织一直以来还是健全的，民籍人户仍是岛上社会的主体，因此，三乡仍有民政事务需要县官打理。盐监、盐场的管理官员只能管"本场亭户等斗讼公事"，但若"亭户"与乡民起了纠纷，闹出官司，还得由地方州县官员来理讼。

北宋《天圣令·狱官令》中说："诸犯罪，皆于事发处州县推断。""诸犯罪，杖以下，县决之；徒以上，送州推断。"又，"小杖"，是相对于"官杖"而言的，尺寸上小于常行官杖，用以惩治微罪。可见知县王安石不理海上三乡事务是不可能的，而且他的司法裁量权等级（官杖），无疑要比盐官来得高。

舟山群岛中，除了金塘，当时都属鄞县地盘。所以，王安石到舟山巡察，就像《鄞县经游记》中所描述的那样，是知县可自主决定的活动。当然，"捧郡檄"也是上岛的理由之一。如今所知，王安石之于舟山，至少留下了《题回峰寺》《秃山》《收盐》三诗及《上运使孙司谏书》一文。这显示，王安石任内巡海岛，绝非仅此一次。

4.外回峰禅寺发现出土文物

据寺碑记载，21世纪初，寺院重修和扩建时，曾在原址出土东汉五铢钱、网纹陶片，晋代青瓷水盂、钵，晋代至宋元时期各种陶瓷片以及北宋石雕佛头像一尊，还曾挖出一块特殊的"砖"，交当时舟山博物馆馆长胡连荣鉴定。胡连荣根据此砖的材质和刻图，判断其为有600—700年历史的元代之物。天王殿百米处是被当地人称为"老庵基"的遗址，曾挖出高35厘米左右的陶土人像。

根据胡连荣的回忆，2002年9月或10月，他在舟山博物馆上班。一天下午，岑港外回峰禅寺的和尚达兴师特意带了一块砖找到他，说是在改建天王殿的时候发现的。他一看，这块砖上写着"昌国州"字号，很明显这是 600 多年前的元砖，达兴师说寺里发现了 30 多块这样的砖。他问达兴师是怎么发现的，还有没有其他东西。达兴师说没啥东西，只有一些破碗、碎盘子。

那天，胡连荣开车把达兴师送了回去，到外回峰禅寺时应该是下午 4 点不到。这边已经是一片平地了，都在建设。胡连荣一看师傅拿出的各式碎瓷片，初判有魏晋南北朝的、唐代的、宋代的，他挺兴奋。

有个带班的涨次村的陈姓工头，比胡连荣大 10 岁的样子。胡连荣问他：这里是寺基老位置吗？他说是的。胡连荣看了看周遭，发现有点不对劲。怎么出来的东西基本上都是三国两晋南北朝的？寺院和尚用的半个饭钵至少也有 1500 年了，是浙江越窑外销的青瓷。因为只有半个，胡连荣很难判断它是东晋的还是西晋的，两晋相差不到 60 年。他觉得有点奇怪，总觉得这里不是最初的寺址，于是，胡连荣转了一圈后说，寺院原址应该在水库毛竹林那边。

陈姓工头立刻感到吃惊："那里是岑港土名叫老庵基的地方，相传有 2000 年历史。"

胡连荣说："你们往西看，这个位置风水不错。"古时佛教也好，道教也好，凡人都有下辈子过得好的意愿。这是他判断的依据。

工头又介绍说那地方出土过一个用火烧制的泥陶人（舟山土话叫"瓦火卵"），他用手比画了一下，大概周长有 35 厘米。可惜泥陶人被砸碎了。胡连荣马上想到了汉代的陶俑，要求工头把这个经过说一下。工头说，当时岑港水泥厂需要用红土做原料，他们在这里挖红土的时候挖到了这个泥陶人。

挖土人把那个"瓦火卵"放在旁边，放来放去就是放不稳，一直要倒下来，大家也不懂啊，就把它打碎了，当垃圾运走了。

胡连荣在周围又发现了汉瓦、汉砖，还有盖房用的8个方形石柱础，长宽均80厘米，厚20厘米。从两个石柱础之间的距离（6米以上）来看，当时房子的间距是很大很宽敞的，上面就是老百姓的山地。这些出土的古物显示，早在东汉晚期，这里已经有了宗教场所。

所以，胡连荣在他自己办的古越昌国史迹博物馆里，将其称为"瀛洲最早古刹"。由于这一带前面就是海，男人出海捕鱼，为了祈求平安归来，也因为敬畏自然，当地百姓可能会在此放些东西供奉一下，所以就有了较早的民间信仰场所。从考古学的角度来说，这是目前发现的最早的宗教场所，后来经过了多次演变，到了晋代，已经很明显地出现了寺院和尚用的钵。

工头对胡连荣说，这里还挖出了两串铜钱，他用手比画着，大概有小脸盆那么大，串绳还是很白的。因为是铜钱嘛，农民看到以后就想去抓，结果一抓就断了，铜钱变灰了。胡连荣说陪他再去那里看看。当时艾草已有一人多高，胡连荣就趴在工头说的位置周边找，居然让他找到了十几个，其中有几个还是粘连在一起的。

胡连荣将其一个一个地捡起来，发现并不像工头所说的那样，都变成了灰色。其实这里涉及金属氧化还原的原理。出土时，铜钱马上氧化了。但经过日照雨淋，时间一长又还原了。这些钱币现在还在舟山博物馆，前期由胡连荣整理，后期经盛观熙专家鉴定，被认定为东汉晚期的五铢钱。

2002年《舟山晚报》的《外回峰寺出土古钱考》载：经目检，一枚残存的五铢钱右半已缺"五"字，钱左半有外郭而无内郭，钱文"铢"字为篆书，"铢"字的左偏旁"金"字头部作正三角形状，下部四点非点状而为柱形；右边"朱"字上下两部分分别外移，底部均呈圆折状，其口略向外扩张，整个"铢"字，字形修长。钱直径为2.5厘米，残重约1.5克。根据《洛阳烧沟汉墓发掘报告》，结合对五铢钱的分类方法，以及对外回峰禅寺出土实物钱币文字的判断，这枚残损的五铢钱应是铸造于东汉建武十六年（40）的建武五铢钱。

此外，随同五铢钱出土的还有一串剪边五铢钱（学术界又称磨郭五铢钱），惜因入土年代久远，钱币已经锈蚀而相互黏结成块状。所谓剪边五铢钱，即民间私自剪凿而成的改制钱。民间不法之徒将两汉时期的正规五铢钱用利器冲凿改制成两枚钱：内芯即为剪边五铢钱，外环称綖环五铢钱。一枚钱被改制成两枚钱使用，从中可获利一倍。

总之，外回峰禅寺遗址出土的这些文物，有力地证明了外回峰禅寺的发展史至少可以追溯至东晋时期。同时，这些发现为我们提供了有关地区历史上的许多信息，填补了舟山此前尚无晋代时期出土实物的空白。

外回峰禅寺

　　岑港外回峰禅寺，位于古"六国港"岑港涨次村寺跟白石岗之麓。

5.疑为天台宗祖师智者大师

因为胡连荣能看出来每一块瓷片的年代，外回峰禅寺的几个民工称他为江西珠宝客人，为了考他，工头问他："人头侬认得吧？"胡连荣说："让我看看我就会认得。"

工头叫一个年轻的民工在天王殿右前方 1 米多深的填埋坑里挖出来一尊像芋艿头一样的头像，胡连荣用自来水清洗，一边洗一边心跳加速，他知道这是一件宋代的石刻。民工不识货，竟把它当垃圾填埋。胡连荣在想如何把它带回博物馆进一步鉴定研究。工头说："你不懂了吧？"胡连荣随口说了一句："没关系的，博物馆有仪器啊，我拿去测一下，明天就告诉你答案。"工头很爽快地说："你尽管拿去。"

当时舟山是没人会鉴定的，所以胡连荣把这件头像又拿到省文物局，请劳伯敏专家鉴定。劳老师从石雕工艺、风格等方面认真观察后，同意胡连荣做出的宋代石刻佛像的认定。至于这个头像人物是谁，他说他也不懂。回来后，胡连荣用红黄布把头像包好，装在一个木箱子里。2003 年，胡连荣把石刻头像带到普陀山隐秀庵，找到了净旻法师。法师看了那尊头像以后马上点了三炷香，什么话没说就拜了三拜。他说了句："阿弥陀佛，胡馆长，您做了件大好事！"这就是天台宗的祖师爷智者大师。

智者大师是隋炀帝的师父，隋代之前有个陈国，智者大师俗姓为陈，河南许昌人。石像上呈现出一条纱巾缠绕的样式。这是智者大师的特征。据传，隋炀帝拜师时，天下着鹅毛大雪，雪落在师父头上，师父头上竟会冒烟。隋炀帝担心师父受寒，就把自己的纱巾裹在了师父头上，所以纱巾成了智者大师最典型的标配。

净旻法师后来发了一篇文章，引起了一位日本学者的关注。他特意来到舟山博物馆参拜并研究这尊智者大师头像。当然，也有其他研究者认为这尊像可能是元代的八思巴帝师或泗州菩萨。

明代，舟山海禁，岑港回峰寺就搬迁到了宁波镇海。这个佛像因为是石头做的，搬迁有困难，再加上经过两三百年的风雨，可能已经倒塌，只剩下了胸以上的一部分，而石像的身体部分至今未能找到。

如果石刻头像为智者大师，那么这很可能说明回峰寺曾是天台宗的一大名寺。它所在的岑港口岸，史称"六国港口"，地处当时中国与日本、高丽之间天台宗文化交流的海上交通要冲，很有可能接待过许多天台宗信徒。这尊北宋石刻头像，被选为舟山博物馆镇馆宝藏之一。

6.海上丝绸之路的历史佐证

从上述现场发现的文物所揭示的历史来看，关于回峰寺始建于北宋建隆元年（960）的说法，实际上可能是指"老庵基"迁移到外回峰禅寺现址的时间。如果真是这样，那么，"老庵基"那处遗址，早在建隆元年之前，就有可能已是寺庙或道观之类的宗教信仰场所了。

胡连荣因此判断，在晋代，这个宗教场所就从老庵基开始迁移至此，以至这里出土了各种各样的瓷片，从三国、两晋、南北朝到宋元，各时期都有，所以胡连荣说古代岑港这一带可能蕴藏着舟山丰富的历史遗迹。值得注意的是，尽管发现了许多历史遗物，却没发现明代的东西，而清朝康熙年间的青花瓷却出现了。

外回峰禅寺坐落在如此深厚的文化层之上，足见其来历不凡，被史学界认定为舟山最早的宗教场所之一。

从考古学的角度来看，约在 2000 年前，岑港通过海上丝绸之路与外界进行了宗教文化的交流，因此有了这个宗教场所。

康熙《定海县志》是这样记载岑港的："以两碛夹山，故名岑；以海尾冲入，故名港。"岑，崖岸。其实，汉朝时这里就已经是避风良港了。古时，岑港作为重要的军事、通商港口，有"六国港口"之称，吸引各国客商名士在此逗留，各国往来商船云集于此，热闹非凡。

东越王余善是西汉武帝时期分封的一位外臣国王，统治东南丘陵地区。建元六年（前 135），闽越王郢攻打南越，导致西汉军兵临闽越国，闽越王郢遭闽越宗室余善弑杀。事后，西汉撤军，汉武帝立未参与入侵南越国的繇君丑为繇王，令其统治闽越国。然而，弑杀闽越王的余善早已受到闽越国贵族的支持，威行于国，丑并无实权。因此，武帝只好另外册封余善为东越王，与繇王并立。实际上，东越王才真正承继了闽越王的权力。

元鼎六年（前 111），余善得知西汉将军杨仆有进攻闽越国的企图，刻"武帝"印玺，拥兵自立为东越武帝，结束了与西汉的臣属关系。

东越王余善反叛，西汉朝廷派遣四路兵马讨伐。横海将军韩说率领句章水军从甬东海道起锭，南下包抄。次年，东越王族谋杀了余善，投降了西汉王朝。韩说的哥哥叫韩嫣，是汉武帝的宠臣。

甬东海道就在今天岑港的桱次、涨次一带。

阳嘉元年（132），台州人曾旌海上聚众起义，杀死了鄞县、鄮县、句章的3个县令。甬东（舟山）这边的沥港（猎江）、岑港（巡港）、洋山（三姑）和浦门先后建立武装力量。

这几个典故可以证明，岑港一带的港口条件优越，在汉代就已发展成为军港，留下了人类活动的痕迹。沿着岑港涨次海岸建起的约2000年前的宗教场所有了历史考证。因此，这里可以被称为"古回峰寺"。

7.定海回峰寺里外之分

到目前为止，我们知道有3个"回峰寺"。明洪武年间，这里发生了迁移，按照舟山的风俗，当地百姓一定会把本地寺院的香火带到新地点，舟山民间一直都有"某某庙界下某某人"的说法。这就像人的出生地址一样。镇海的那个寺叫正觉禅寺，位于龙山镇方家河头一带，那一带跟舟山渊源很深。

今天查证了一下，正觉禅寺所在的龙山镇以前属于定海县（清以后的镇海），现在属于慈溪市。宋宝庆《四明志》卷十九《定海县志第二》记载，正觉院列属教院。后周广顺元年（951）置，名回峰，宋治平二年（1065）改正觉院。

明洪武年间，朝廷实行"海禁"，禁止民间私自出海，强迫人员全部迁移。故土难离，又不得不离。和舟山其他地方的百姓一样，岑港那一带的百姓无奈带上祖宗的牌位和回峰寺的香火，被迫迁徙。他们去往之处，就是宁波镇海。

胡连荣认为，回峰寺在岑港涨次之后，经历了第二代、第三代回峰寺。在镇海安家落户后，为了使香火有个落脚之处，百姓又开始建寺庙，并把新建的寺庙也起名为"回峰寺"。王安石的题诗碑也从岑港迁到了镇海。

胡连荣接着说，迁居镇海的昌国人即使别离家园，也无法停止对故土的念想啊！这是第二代——宁波镇海回峰寺。这段时期应该是在明洪武十九年（1386）至清康熙二十五年（1686），整整300年。待舟山展复，百姓终于可以回归故土了。从镇海迁回舟山，除了祖宗牌位，带回来的依然还有回峰寺的香火，不过这香火却是镇海回峰寺的。而王安石的题诗碑刻，自此就留在了镇海。人们在岑港涨次原址重建回峰寺。该寺是第三代回峰寺。

到了清乾隆年间，海岛的定海县发展较快，陆续有一波又一波的百姓迁回舟山定海城乡。他们也携着镇海回峰寺的香火，返回故乡后，为了就近行事，择地在紫微狭门原来叫圆峰寺的地方，重建或改建回峰寺。那是乾隆元年（1736）以后的事情了。

自此，民间约定俗成，形成了双桥狭门、岑港涨次两地的里外两座回峰寺。回峰，既寓意山峰回旋环绕之幽境，又象征重归故土，于原寺基之上新建以弘佛法。

8.踏访外回峰禅寺旧址

外回峰禅寺寺门（北纬30°5′8″，东经121°59′24″）坐北朝南，从八卦上讲是坎山离向，也叫子山午向。

坐坎山离向，依后天八卦理论，东南巽位为龙脉来向，西北乾方则汇聚海水之气。坐向上符合信众心愿，风水上藏风聚气，广得天地灵气，广采日月精华。

"外回峰禅寺"5个石刻金字为舟山市书法家协会主席梅岑山人（贺能）所书。寺门偏东南侧，有一个山塘，山塘面积约500平方米，汇聚东南侧山麓的山涧之水，波光粼粼，映照着东侧连绵起伏的山冈。山塘周边绿树黄木郁郁葱葱。山塘东畔便是天后宫。天后宫南侧，山田数亩，竹林修篁成片，便是老庵基遗址，这里曾经出土古刹建筑构件和汉以后的历代文物。

细观此中山冈，虽海拔不高，但中间一冈明显略高，山脊向左右两臂延伸，至海口。三面围拢了中间山冈。众山发育如一天然龙脉：东北艮龙之脉，东行震龙之脉，东南巽龙之脉。

老庵就在中间山冈之下，正东震龙，为艮龙和巽龙拥护。山塘应该是在老庵原有的放生池遗址基础上扩建而成的，有天然水源汇入。山塘中倒映着原先庵基的山形，从山塘往北望，则展现出外回峰禅寺山抱水含的最佳风景。从老庵基的方向看正西北，则是海口，有诸小岛连绵于海上，里钓岛为案，富翅岛为照，册子岛为屏，巧得渔樵读绵绵语境，唯耕者在涨次村境。

寻古探幽，外回峰禅寺凝晖钟瑞，吉祥笼罩，亦方外一胜也。

作为开放寺院的外回峰禅寺，凭借其历史文物之厚重和北宋大家王安石之知名度，已足够承担起定海文化寺院的分量了。2023 年，东海百里文廊岑港段把线路划到了寺院。这是一次促进乡村文化、寺院文化实现双赢的奔赴。外回峰古刹在寺内专门辟出文物陈列馆，以文物和图板展示寺院悠久的历史文化。

　　看外回峰下香雾氤氲千载史藏山野际
　　听东海岸边涛声澎湃一条龙卧水云间

外回峰禅寺青石牌坊上的这副对联，让人的思绪在千年历史文化的长河中跌宕起伏，久久不能平息。

　　"六国港"的形成，自然离不开时代背景与社会大环境，更离不开港口所在地的地理条件与区位优势。而"六国港"的历史内涵，则体现在它曾是商港、贸易港、军港、操练港以及避风港。

　　　　　　　　　　　——题记

汉元鼎六年（前111），闽越国东越王余善刻"武帝"印玺，拥兵自立为东越武帝，结束了与西汉的臣属关系。汉廷派遣四路兵马讨伐。其中横海将军韩说率领句章水军从甬东海道起锭，配合陆路兵马，南下包抄。这一事件被认为是出海道用兵的最早记载。汉使曾归谕余善，余善不听。次年，东越王族谋杀了余善，其众投降了横海将军。

甬东海道就在今天岑港的椗次、涨次一带。

1.丝路岑港

海上丝绸之路，是古代中国与外国交通贸易和文化交往的海上通道，萌芽于商周，发展于春秋战国，形成于秦汉，兴于唐宋，转变于明清，是已知最为古老的海上航线。中国海上丝绸之路分为东海航线和南海航线两条线路。

东海航线，也叫"东方海上丝路"。唐代以降，江浙沿海的中韩日海上贸易圈逐渐兴起。宋代，宁波成为中日韩海上贸易圈的主要港口。

宋辽夏金时期是我国古代造船业的大发展时期，造船能力和造船技术都有了显著提高。宋代造船业规模更大，当时在全国设有26处船场，每年造船达3000多艘，其中以明州、温州两处造船量最多。《宋会要辑稿》载："哲宗元祐五年正月四日，诏温州、明州岁造船以六百只为额。"当时出使高丽的"神舟"重量达万石（约600吨）。其远洋商船相当大，《海塘录》载："海商之船大小不等。大者五千料，可载五六百人；中等二千料至一千料，亦可载二三百人。"

造船业的发达与指南针的发明，使宋代的航海业得以大幅发展。唐代中日航线主要分北路（黄海经朝鲜半岛）与南路（东海直航）。而至宋代，多取东海南线（由明州、泉州等起航）与东海北线（由明州、温州等起航）。南宋时，随着政治、经济、文化中心南移，明州遂成了贸易大港，而昌国则成为中外官方贸易和民间贸易集散的必经通道，是各国通贸船舶的避风港、待舶港和中转站。

元朝与海外诸国及地区的经济贸易与文化交流，较宋代有所扩大，但总体格局仍延续前代，通往日本、朝鲜的航线航路走向与宋大体相同。从明州（庆元）出发横渡东海，航期仍在10天左右。

岑港，古称岑江港，属于海岛半丘陵状地形，一面朝海，三面环山。"以两碶夹山，故名岑；以海尾冲入，故名港。"

狭长的S形水道，西岸是里钓山、中钓山、外钓山，东岸是舟山本岛西侧。港区水域面积达2.5万平方米，为天然避风港。响礁门、富翅门、龙眼门分别延伸在S形水道的北、西、南三口。岑港，一个天然避风良港，当时隶属昌国州金塘乡，与金塘岛沥港一样重要，且地理环境也极其相似，是另一个中心海港。

2.六国港

元大德《昌国州图志》载："岑江港，去州西北三十里，旧谓之六国港口，南北舟舶辐辏于此，亦海州之一镇云。"明天启《舟山志·山川·港》说岑港"相传六国港口，南北舟航鳞集于此"。清康熙《定海县志·岑港图说》也说岑港是"旧所谓六国港是也"。该志《港》记岑港"相传古六国港口，南北舟航鳞集，为定海要泛"。清朱绪曾《昌国典咏·岑港岙》引大德《昌国州图志》原文，并赋诗曰："岑江碇齿凿巉巉，六国舟航尾并衔。"光绪《定海厅志·疆域山川》引康熙志原文。1994 年版《定海县志》载"岑港……系舟山岛西端避风良港，古有'六国港口'之称"。

1994 年版《定海县志》提及岑港"六国港"有 3 处："建置"篇、"自然环境"篇和"商业"篇。"商业"篇则引日志，并考说："元代时，州治（今城关镇）成为浙东沿海商贸中心；西乡岑港，舟航鳞集，亦成商贸重要集散地，有'六国港'之称。后遭禁海、徙民，商业衰落。"其中"商业"篇是"六国港"元代说的首创之源。

在 2005 年版《浙江通史》第四卷《隋唐五代卷》中，第七章吴越国的社会经济引元大德《昌国州图志》关于岑港"六国港"的记载。该文的小标题是"吴越国与中原王朝的朝贡贸易"，说的是：五代十国时期，吴越国与海内各国各地区的商路主要分陆路、海路两条贡道。其中海路贡道自明州出海，沿途经登州、莱州等傍海州县，再辗转至京师。根据这些记载，可以推断岑港早在元代之前就有"六国港口"之称谓。"六国港"其实经历了漫长的历史演变过程，融入了吴越国以海路为主的贡道，亦即闽国国君王审知在后梁开平三年（909）所通行的海路贡道（从岑港、沥港至登州、莱州部分）。此海路贡道一直延续使用到后周显德五年（958），而追溯其历史，早在王审知之前就已存在了。

岑港，延续了大唐海路遗风，并在此基础上开拓了新航线。至元十五年（1278），朝廷下诏恢复海外贸易："诸蕃国列居东南岛屿者，皆有慕义之心，可因蕃舶诸人宣布朕意。诚能来朝，朕将宠礼之，其往来互市，各从所欲。"诏令中指定高丽、日本、安南、占城、缅甸、爪哇等六国，朝贡后可在岑港自由互市，因此岑港被称为"六国港口"。舟航鳞集，岑港两岸见证了海上丝绸之路贸易的繁荣景象。

泰定元年（1324）夏天，元代学者浦江人吴莱（1297—1340）在昌国各岛屿游历了大约50天，亲友们问他见闻，他写下《甬东山水古迹记》。他还写有《还舍后人来问海上事诗以答之》：

> ……人云古翁洲，遥隔水中央。一夜三百里，猛风吹倒樯。初从蛟门入，极是险与恶。……似闻六国港，东压扶桑津。或称列仙居，去此亦不远……

"似闻六国港，东压扶桑津。"这诗写的是元世祖忽必烈东征日本的事。扶桑就是指日本。在元世祖的大国战略中，历史上的"六国港"岑港被用来作为元兵东征的出征港。至元十一年（1274）、至元十八年，"文永之役"和"弘安之役"两次东征失败，至元二十年，元世祖决定第三次东征日本，以阿塔海为征东行书省丞相，发五卫军二万，责令江南行省打造海船，以户摊派造船数额，进行大规模备战。

清光绪《定海厅志·营建》中有《都御司黄斐本府同知督建县城碑记》曰：

> ……逾海而东二百里许为舟山，屹峙海中，多腴田沃土。自汉唐来，俱设立金汤，名翁州城，来王六国，近接蛟门，号第一关。是宁郡之有舟山，更为两浙重地。

上述"来王六国，近接蛟门"，讲的就是岑港，而且是汉唐以来、元代之前的六国古港。唐宋两代，与中国进行文化贸易交流的国家很多，且《唐史》中有明确记载。无独有偶，南宋宁波人王应麟《七观》中恰恰有"唐季不纲""想霸诸夏，吞六王之雄图"之说。

六国进行海外贸易，都要通过地属吴越国的翁洲之岑港。这就是岑港"六国港"的由来。赵宋立国之后，吴越国遂纳土归宋，岑港作为重要港口的地位得以延续。

3.舟航鳞集

昌国州岛屿上千，港口众多，航道纵横。地接诸番，自古是治海要塞、水军基地，去日本航程最近，多则五六天，少则三四天，是东征最理想的屯军操练、后勤补给之地。至元二十二年（1285）二月，阿塔海派出万人军队隶江浙行省操练水战，九月仍敕习汛海者，招募水工至千人者封为千户，招募水工至百人者封为百户。昌国以舟楫为马，航海为生，海舶、艄公和水手的数量，在沿海地区算是最多的。自然也成了元廷东征所谓"雇用"船舶、征发艄公和水手最多的州县。昌国的船坞随处可见，造船业发达，造船工料储备也多。船匠队伍庞大，技艺高超，朝廷为造海船，强征壮丁不可阻挡，昌国人也常受其害。再不够，又从江南各地大批拘捕水手、工匠，大量调剂工料运入昌国。当时仅岑港等地就有大量工匠聚集，夜以继日，打造海船，名曰"日本迎风船"。官吏督查严厉，任意鞭打，冻死饿死和伤病死者不计其数。御史中丞崔彧说："江南盗贼，相挺而起，凡二百余所，皆由拘刷水手与造海船，民不聊生，激而成变。"

至元二十三年（1286）正月，因交趾国（今越南）犯边，元世祖首尾难两顾，以"日本未尝相侵""日本孤远岛夷，重困民力"为由，放弃了征讨日本。于是，遣散所雇用的民船、水手和工匠。岑港等地所造战船，改作他用，也有卖给周边国家的。

元世祖付诸实施的东征共两次，其中第二次也跟昌国岑港有关。那一次，忽必烈命原宋降将范文虎往江南招集张世杰旧部及

"六国港"新貌

　　如今的"六国港",虽不是岑港的最大港口,但它作为商港、贸易港、军港、操练港、避风港的多重功能,已在历史上留下了深深的印记。

其他愿意从军者计 10 万人，战船 3500 艘，组成江南军。从庆元、舟山群岛起航跨海东征日本，水师起航地正是岑港。

到元成宗即位（1295）后，朝廷停止对外战争，在对外战争时期建起来的造船基地，成了卖船市场。高丽、日本、安南、占城、缅甸、爪哇等国，都一度选定岑港作为他们驻泊和修造海船的港湾。大德年间（1297—1307），由海道同元朝建立关系的有 20 余国。庆元（今宁波）设市舶司作为对外贸易机构。到了明朝，朝廷实行海禁，迁民废县，"六国港口"随之废弃。

昌国自古屹立海中，多腴田沃土。汉唐以来，俱设立金汤加以巩固。"来王六国，近接蛟门"，是庆元府郡的海上关口，更为两浙之重地。元代的岑港与昌国其他港口（如沥港、岙山、普陀山、双屿港）成为庆元昌国海上丝绸之路不可或缺的重要港口。

造船必须配锚碇，岑港境内，距离港口、司前老街北数里，有一个做锚碇的地方，因战船废弃，堆放在一起的锚碇陈列如齿，成了一道风景，遂留下了碇齿（次）这一自然村落名。

碇，其实是锚的前身或者早期叫法，锚碇是泊船的必备工具。以此为地名，并非凭借几次制造锚碇或者陈列锚碇之举便可轻易达成，它必须具有相当的标杆意义和地域影响力，才会让当地百姓认可和接受这一称呼。那么，也就是说在相当长的一段历史时期内，岑港旁边的这个小渔村以碇齿为其独特的标志或产物。这意味着连接这个村的水道具备航道的功能，使得它及岑港周边的其他小渔村能够作为港口泊船的场所。

碇齿，也是"六国港"的佐证，更是"六国港"的"配套设施"。这个萌芽、产生于元代并被标注在明代地图上的地名，正见证了"六国港"的悠久历史。

随着海上对外贸易的发展，庆元港凭借昌国州群岛诸多港口的优越条件和天然屏障，其区位优势愈发凸显，升格为直接隶属中央的中书省之机构，成为与泉州港、广州港并立的元朝三大对外贸易港之一。

"六国港"的形成，自然离不开时代背景与社会大环境，更离不开港口所在地的地理条件与区位优势。而"六国港"的历史内涵，则体现在它曾是商港、贸易港、军港、操练港以及避风港。从有关海上丝绸之路的史籍资料和出土文物看，昌国，作为古代庆元港的前沿外港，本身就是庆元港的组成部分，唐宋元3代都具备通航东北亚、东南亚乃至欧美、非洲大陆的条件。在这700多年的历史中，通过昌国州进入大元内地的异邦商船不计其数。

4.南明侧影

南明隆武二年（1646）六月浙江大旱，清军骑兵攻破钱塘江防线，直攻绍兴。大臣张国维、朱大典、孙嘉绩、王之仁等相继去世，方国安、马士英等企图劫持鲁王，作为投降清军的礼物。鲁王脱逃，走到台州石浦，依附于石浦游击张名振，在他的护送下，鲁王最终抵达舟山岑港海域。然而，鲁王被福建唐王封为肃卤侯，原舟山参将黄斌卿拒绝接纳，鲁王漂泊海上，后到普陀山暂时寓住。

清顺治四年（1647）年四月，张名振率战船 200 多艘，从舟山岑港出发，赶赴松江，准备与有意叛清的苏松提督吴胜兆和太湖地区的抗清义师会师。不料在崇明岛附近海上遭遇狂风，座船毁于风浪，张名振坠海抱桅上岸，藏身于一座小寺。如同戏曲、小说中许多绝处逢生的英雄一样，张名振也拥有了一段铭刻心骨的传奇经历。他的悲苦绝不是因为自己像伍子胥般的逃难，而是在他生命悬于一线之际，出现了一位同情复明运动、义薄云天的僧人玄一，玄一替颠沛流离的张名振剃发换衣，充饥解渴，随后催他快逃。张名振把随身携带的银印交玄一保存，找小船返回舟山。追捕的清军在小寺内搜出"大领湿衣"和银印，质问玄一张名振的去向，玄一故意指错道路，清兵追缉不获，以隐匿纵逃罪处斩了玄一。玄一的义举不仅为张名振此后长达十几年的抗清生涯注入力量，更将一个在流离岁月中愈发坚定的"义"字植进了他的躯骨与血肉之中。义僧之死，成了张名振心中永远的痛。

同年，鲁王命兵部左侍郎张苍水为监军、徐孚远为副职，自舟山岑江（岑港）出发，去苏州支援响应反正的清苏松提督吴胜兆。不料 7 日后在崇明岛外遭遇风暴，张苍水的舟船被飓风吹翻，陷入清军之手，后找到机会逃到了海上，招募集结浙东义军，于上虞平冈寨屯田拒守，成为浙东人民抗清的一面旗帜。

张苍水有诗《重登秦港天妃宫》：

群山依旧枕翁洲，风雨萧然杂暮愁。
梅蕊经寒香更远，松枝带烧节还留。

荒祠古瓦兴亡殿，绝壁回潮曲折流。

身世已经飘泊甚，如何海外有浮鸥。

此诗据《张苍水全集·奇零草》补入。诗题中的秦港，即岑港。舟山话谐音之故。岑港天妃宫旧址在今岑港街道办事处之后的山麓之下。康熙《定海县志》载："龙王堂、天妃宫俱岑港岙。"

清顺治十二年（1655）十月，郑成功派遣爱将甘辉、洪旭、陈六御等收复舟山，张名振部也从崇明一带的沙洲南下参加收复舟山的战役。十一月，张名振由岑港登岸，舟山重回南明手中。郑成功设宴犒赏三军，庆祝收复舟山。

5.岑港巡检司

作为昌国州州治西部的重要关隘，岑港历来是屯兵储将之地，也是兵家争夺之地。其驻兵防卫历史可追溯至南宋绍兴五年（1135）。当时为了防范海盗和护卫航道，朝廷在三姑（今大洋山岛）设立了都巡检寨，拨土军防守。宋宝庆《四明志》载："三姑寨，额六百三十八人，今五百四十人。岑江、烈港二寨就本寨内拨隶。"岑港是两寨之一，成为军事要隘的前哨阵地。

元大德二年（1298）设置了岑江巡检司，大德《昌国州图志》载，岑江（港）巡检司"在州之金三都。弓兵二十名"。舟山共有5处巡检司，分别是螺头、岑江、三姑、岱山、北界，各处配有弓兵数人。主要是防御海盗抢劫来往商船,亦兼盐监之职,管理岑港、紫微、册子等地的治安。明洪武二十七年(1394)筑岑港巡检司城,周围六十三丈,南开一门,上建谯楼。倭寇盘踞岑港期间,岑港巡检司城被倭寇占用。之后,几经废除。清康熙二十七年(1688),设定海县治,雍正八年(1730),巡检司迁址岱山。迁址之前,岑港司列有3名巡检:

李淳,直隶真定县人,吏员,康熙二十四年任,卒于官;

朱尔忭,直隶真定县人,吏员,康熙三十年任,卒于官;

郭汝明,直隶通州人,吏员,康熙三十一年任。

"六国港"的重要见证还有一个,就是司前老街。司,便是巡检司的意思。顾名思义,此古街就位于元大德二年(1298)所置的岑江(港)巡检司的前面。元时,水师、水手、工匠多聚集于此,形成人流繁盛、物流畅通、市场兴隆的景象,著名的还有岑港酒坊。

司前老街原长约650米,宽3—4米,石板路面,呈S形东西走向。两端分别延伸至三官堂和海口的天后宫。当地人习惯把老街分成上中下三部分。上街处于大碶桥到永安桥之间,永安桥至泥渡口为中街,泥渡口到冷蒲湾称为下街。

司前街上街商铺林立,大部分还维持着清末民初前铺后屋、楼上住人的格局。下层商铺用石板砌筑石墙裙,石墙裙上端装可拆卸的木板,楼上为木结构建筑,门窗一般刻有题材多样的雕饰物。民国期间,孙姓、施姓两大家族掌控着上街。

1985年,政府拓宽上街,铺筑长400余米、宽12米的水泥

司前老街

　　这是一张司前老街的照片。这条古老街巷，是岑港"六国港"
兴衰的历史见证，也是明嘉靖年间戚家军抗倭中"岑港大捷"的古
战场所在地。

路面，一直延伸到汽车站。翌年，又用砂石铺筑长约 200 米的汽车站街港口公路，连接港口和司前街，并沿街建了 12 幢 2—4 层的楼房。现上街仍以商贸功能为主。2018 年，在小城镇环境综合整治中，上街部分外墙经立面改造已焕然一新。

中街原长约 100 米，从永安桥（又称永年桥、永义桥）延伸到泥渡口。这里曾是岑港的行政中心，附近有清代岑港巡检司旧址。中街还保留着不少古民居，一层或两层的四合院规制，民居多为纯木结构，街面用石板铺就。

下街原是费氏家族和董氏家族的聚居地，以泥渡口与中街为分界线。泥渡口的西面是"马头墙"，曾经的深宅大院。可惜在"艇匪之乱"中被英兵焚毁，现残存一个 6 块弧形石条拼成的浑圆门洞——擂鼓门。1987 年，政府修复下街约 300 米石板路，现大部分为水泥路。

司前街，这条古老街巷，是岑港"六国港"兴衰的历史见证，也是明嘉靖年间戚家军抗倭中"岑港大捷"的古战场所在地。它与白泉十字街、干碶龙潭街并称为"定海三条老街"。

风雨 700 多年，岑港司前街虽已见不到昔日繁华街景，但依然保留着不能磨灭的历史印记。

岑港抗倭之战中的定海形象

　　平定倭寇，对大明帝国而言，因为明廷的腐败与孱弱，是没多少炫耀价值的；对舟山而言，因为其特殊的战略地位，是可歌可泣不可绕过的历史鸿篇；对戚继光而言，在其血与火铸造、灵与肉熔炼的一生之中，是永难抹去、永不屈服的人格尊严。

——题记

君莫忘，300年前戚家军，扫荡倭奴在岛上。

这是多年前《定海之歌》里的歌词。此歌由蔡克良作词，周大风谱曲。舟山解放前夕，两位都是定海县立简易师范学校的教师。

知道这首歌的定海人也许没几个，可是将"倭"字刻在记忆里的定海人却成千上万。倭本非贬义，早在《山海经》和《汉书》时代就已成为专有称呼。唐张守节《史记正义》说，女皇武则天改倭国为日本国。之后，国人对于倭的叫法，仅限于古代对日作战时。因为先前貌似柔顺、以华为师的日本，自元末明初始，就未放弃过染指我国万里海疆和大好山河。倭寇，倭奴，成为中国人心中难以抹去的历史之殇。抗倭的擂鼓，几度在华夏悠久历史的长河中敲响，在浩瀚无垠的东海不绝于耳。

站在舟山群岛，举头东望，便是一衣带水的日本。

站在日本列岛，回眸西眺，便是东海彼岸的舟山。

如果没有野心，没有欲望的膨胀，彼岸和此岸，互相遥望，是一幅和谐、和合的岛海岳川图。

因为倭寇，让我们惊讶地发现，自己的视线一直太专注于一个方向。有人警醒，倒过来看看中国地图，日本诸岛像一条锁链横"掐"在中国"雄鸡"的咽喉处。

旅日的舟山人徐静波说，在日本防卫省出版的年度报告书《防卫白皮书》中，就有将中国地图倒过来放的情况。谁都无法轻视日本，因为它是我们出门必须跨越的一串铁链。

所幸，这串铁链并非紧密相连，中间还被大海冲出了道道断裂的缺口。

海水是蔚蓝的，但是，当年冲破这些缺口，来到中国海疆兴风作浪的那拨人，却带着浓重的铁血腥味，使这片海域笼罩在血色中。

1.岑港小岭墩，一堵苍老的石墙矗立

双桥至岑港的山路自北向南有3条，分别是郑思岭、大岭和小岭。

嘉靖三十七年（1558）农历二月，戚继光率领步兵，从左路紫微侧翻越小岭进攻，和其他几路分别来自海上、桩次、小沙的水陆兵马一起包抄，至七月，剿灭了盘踞在岑港的倭寇毛烈部队。

明嘉靖年间，倭患东南，海盗蜂起，舟山一度成了倭盗盘踞之地，也因此成为平倭的重要战场。烽火连年的抗倭斗争，磨炼了东南沿海人民的意志，同时也造就了戚继光、俞大猷等一代抗倭名将。只是，嘉靖三十七年（1558）这一仗打得惨烈，代价不菲。明军共出兵上万大军围剿东南的一千武装走私军，耗时半年。最终以明军伤亡3000余人，敌军伤亡不到千人，且有部分倭寇突围逃窜而落下帷幕。这是明朝历史上代价最大的胜绩，而岑港之战的胜绩主要得益于戚继光后来的指挥。

这一战，是戚继光在舟山的锋芒小试。借着温台五捷之势，

他建议的练兵"三千计划"得以实现，他采取的"蹂尸而进""逼垒而阵""更番迭战""折其锐气"在岑港得到了很好的实战运用。

三十而立。那年，戚继光刚满 30 岁。他的军事才华在舟山得以展现，他的军事策略在舟山初露锋芒。戚继光及其随后的戚家军开启了杰出的抗倭战役，踏上了他们辉煌的征程。

经紫微小岭下到小岭墩的古道有两条，均是石蛋路。清明时节，映山红特别鲜艳，掩映在古道两侧。小岭墩上，一堵古朴的石墙矗立在零星的油菜花中，山风阵阵回荡，如虎啸狮吼。穿过石墙，映入眼帘的是两排山野特色的庙宇宅院，简易而宁静。仿佛沧桑的历史在她眼前一幕幕流过，烽烟与金戈、商旅与游侠、耕夫与香客……如今，只剩下寂寞的山风和偶尔袅袅升起的轻烟。

这是舟山山野之巅保留至今最具人文气息的建筑遗迹之一。商贸、交通、公益、信仰融汇于一间小小的太平亭。这里最初只为遮风避雨、供旅人歇息喝茶之用，如今变成了小岑亭庙，供济公；太平寺，供送子观音；太平亭，供阿弥陀佛。东西两边各有一座小小的供奉土地公公和土地婆婆的土地庙。寺门正中有一副门联：

坐居兑位占兑说

向属震方卜震来

按照《周易》，兑位在正西，震位在正东。此可寺可庙可亭的山野之宅，正位于紫微之西，岑港之东。紫微的意义贴合道教，乃斗数之主、帝皇之星，执掌天经地纬，率三界星神和山川诸神；岑港的意义在于地理，按照定海知县缪燧的说法，以两碶夹山，故名岑；以海尾冲入，故名港。而山海地理的自然形成，又最合乎堪舆之说，合乎天道。北宋王禹偁《中书试诏臣僚和御制雪诗序》云："天颜兑悦，临轩乍满于重瞳；民心义安，在野惟闻于鼓腹。"皇帝开怀与百姓太平一般重要。你在朝堂前后满眼皆圣人，我在田野之中拍腹而游。《易·震》云："震来虩虩，笑言哑哑。"虽如猛虎到来之恐惧，而圣贤君子却能谈笑风生，泰然处之。

所以，占兑所占的是太平，而卜震所卜的是安泰。

千年《周易》在海岛山野留下了深厚的文化印记。中国民间浸淫于此深矣。既以太平名，倭寇散去，百姓自是太平。太平，是百姓对岑港之战的首肯，是抗倭明军的功绩坊，是戚继光的荣誉碑，也是留给后世永远和平的祈愿。

忽然想起，朝堂清则江湖平，朝堂浊则江湖乱。如果将太平亭的门联贴在大明朝廷的巍峨栋梁上，唯一能解读的就是这一句。

这是属于信仰的、民间的、精神的虚构和流播。

2.岑港之役，从初战不克到彻底平定

戚继光（1528—1588），字元敬，号南塘，晚号孟诸，山东登州人。戚继光出身将门，幼年倜傥负奇气，好读书，通晓经史大义。16岁就承袭父职，投身军营，报效国家。自明嘉靖三十二

小岭墩石墙

　　小岭墩垭口的巨石墙基宽1米以上，高5米以上，长度不一，短者五六米，长者10余米。山风不间断地呼啸，仿佛在诉说那场保卫海疆的英勇之战。

年（1553）受命备倭山东，至隆庆元年（1567）调任京师，戚继光于东南沿海抗倭达 14 个春秋，历八十余战，足迹遍及鲁、浙、闽、粤等地。他在浙江一手创建的戚家军，军纪严明，精良雄锐，所向披靡，为我国东南沿海平定倭患、安定海疆做出了卓越贡献。

嘉靖三十四年（1555），戚继光以参将职守宁波、绍兴、台州三府。是年秋天，倭寇侵犯慈溪龙山，大掠乡民，戚继光先后与参将卢镗、俞大猷等协同作战。龙山初战，兵多怯阵，戚继光身先士卒，以"擒贼先擒王""三箭射三酋"阻退倭兵。龙山三战三捷，戚继光崭露头角，威名震三军。战后，戚继光针对明军在龙山作战中暴露出的军令不行、松散怯阵的弱点，向上司提出了旨在提高军队素质的《练兵议》。在遭冷遇后，戚继光再次向胡宗宪条陈练兵强兵之策，并保证"诚得浙士三千，亲行训练，比及三年，足堪御敌，可省客兵岁费数倍矣"。经周折拖延，嘉靖三十六年冬终获准练兵计划。时隔不久，岑港之战拉开了序幕。

这一年，从双屿港败退出来的王直正拥众盘踞于岑港。王直是安徽歙县雄村柘林人，他以走私朝廷违禁之货，与日本、暹罗等国从事海上贸易，为夷人信服，被拥戴为"五峰船主"。王直勾结岛夷门多郎，结伙亡命之徒徐海等人，往来海上抢掠，屡禁不止。

嘉靖三十一年（1552），王直遣人叩关要求通商遭到拒绝，即率众频入内地纷肆寇掠，参将俞大猷驱舟师围剿，王直突围远遁日本浦津，自称"徽王"。嘉靖三十二年，王直"句诸倭大举入寇，连舰数百，蔽海而至"，使"滨海数千里，同时告警"。因此，王直成了明军歼剿的对象。

嘉靖三十四年（1555）十二月，胡宗宪命蒋洲、陈可愿抵日本五岛，以求贡互市抚诱王直出比丰岛。当时，西海修理大夫源义镇派遣日僧德阳为使，随蒋洲求贡明朝。嘉靖三十六年五月，蒋洲与德阳先至浙江，因无勘令表暂栖石牛港（今朱家尖境内）以待王直。五月二十五日，王直抵达舟山，率众倭船列泊于岑港，意指莫测。舟山人闻之，人心震骇，咸思避之。

十一月，王直"统诸岛倭泊舟山岑港，志在互市"。胡宗宪是王直的安徽老乡，抚剿并举，施巧计以擒王直。一面应诺互市，先后遣人劝降，一面又令各路兵马进兵，督兵出岑港以西的马目岛，断倭寇后路，同时密调戚继光、俞大猷、张四维，布兵数匝于水陆要冲。重兵包围之下，王直投降，当初定海道隆山上曾建受降亭，王直被押解至杭州。原本胡宗宪谋怀柔政策，无意杀王直，无奈被巡按浙江御史王本固破坏，王直被杀，倭寇群龙无首。王直死前预言："死吾一人，恐苦两浙百姓。"后两浙遭数万倭寇作乱 10 年。

王直被杀后，王直养子毛烈（又名王滶，即毛海峰）重新拥众盘踞岑港，声言为王直报仇雪恨。他们在天妃宫前建立水寨，封锁交通要道；在沿海和低缓山谷地带种粮备荒，并在小岙白龙潭上方建坝截溪蓄水。

嘉靖三十七年（1558）正月，倭寇意将合盟谋攻。浙江巡海道（又称海道副使）与戚继光会商，催德阳等开洋归国。二月三日，倭僧从伴吴四郎等 30 余人，各持刀枪至舟山城下，要见戚继光。

戚继光命其去刃卸械，吴四郎不从，遂不予纳见。戚继光随之出示浙江督府抚谕，叫他们次日归日本国去。吴四郎等8人愤然登舟，挟持张四维，又叫人急报岑港，纠集500余倭寇，由舟山西皋岭而来。张四维情急，命家丁击毙数倭，得以脱险。吴四郎等人沤水而死，倭僧贡船聚集岑港，与毛烈等共拒明军。

岑港位于舟山之西，其地群山逶迤，山径崎岖狭隘，岙口众多，地形复杂，易守难攻。倭寇占据有利地形，居高临下，据险死守。

胡宗宪命把总任锦、指挥甘述宗等进泊岑港水道南口的外钓山岛水面，都指挥李泾、指挥张天杰等进泊岑港水道北口的碇齿水面，总兵俞大猷等以大福船与叭喇唬船、鸟船、八桨船、网梭船等快船往来策应。指挥周官、土司彭志显领湖南保靖的大刺土家族兵为中路，由小沙翻岭进攻；指挥杨伯乔、唐蓥、土官张某领镇溪麻寮兵为右路，越碇齿挺进；参将戚继光率部为左路，由紫微越小岭而入；指挥杨永昌、卢锜、鲍尚瑾、方昇，通判吴成器等分道策应；参政王询、刘寿，副使陈元珂则监督水陆各军；约定水陆并进，直抵岑港。

为阻止明军进攻，毛烈诸寇事先"绝塞诸道，止通一径，险隘难行"，明军只能于隘道"鱼贯而入"。然而行将尽，倭寇"自尾击之"，明军大溃，死者过半。三月，风雨交加，山洪暴发，溪涧涌溢，倭寇于山之高堙处，掘开白龙潭的蓄水堤坝，明军受淹，许多士兵多被淹死，倭寇死伤也数不胜数。正当两军激战、难分胜负之际，大批新倭又乘春汛接踵而至。先是"泊普陀小道头"，继而又"奔沈家门，与岑港合踪"。新旧倭盗汇而为一，其势大张。如此这般，明军久攻不克，对峙近半年。

岑港未能打下，温台地区又起烽火。戚继光奉命率部于四月二十三日"自舟山渡海""驰援台城"，获得乌牛之捷；夏五月，诸倭"再寇温州"，戚继光疾驰救援，又获乌牛小崎之捷。嘉靖三十七年（1558）春夏之交，浙江、福建各地倭患频起，明军分兵进剿，疲于奔命，而于岑港只能围而御之。（见《戚少保年谱耆编》）

秋七月，为清剿岑港倭寇，戚继光又奉命调至岑港战场。胡宗宪以俞大猷为总指挥，卢镗、戚继光为副总指挥，率军再攻岑港，但进攻受挫。

朝廷以岑港久困不克，将戚继光、俞大猷等革职留用，戴罪杀敌，限期1月内克平岑港，命胡宗宪督战。胡宗宪奉旨亲莅定海，分遣将领，克期大举进击。毛烈等"依山阻水，列栅自卫"，固守其寨，利用颇多火器阻击明军。俞大猷、戚继光等率诸将虽"陷阵先登者间多被害"，仍冒死强攻。戚继光又施离间计，致使倭寇"互相猜疑至持刀自击"，明军乘隙进攻。众寇大乱，死者无算。明军夜间纵火焚烧倭寇船只，余寇多奔其巢，官兵悄悄跟踪，砍倒盗窝木栅，斩杀倭寇百余人，其余倭寇从岑港白龙潭北部以及鹅鼻岭等地翻越山岭，经小沙、马岙、干硫等地撤至白泉柯梅。

这年的十一月十三日，溃退移巢柯梅的倭寇出海，俞大猷、戚继光等率舟师自沈家门拦击，乘胜追击，直捣其巢，倭寇遂扬帆南去。事后，胡宗宪上言道："舟山残孽，移住柯梅，即其焚巢夜徙。"随后倭寇南奔闽广。

3.几重"虞罗"，戚继光于岑港进献白鹿

　　根据《戚少保年谱耆编》，嘉靖三十七年（1558）冬十二月，戚继光"督兵清岑港，获白猿白鹿以献"。而光绪《定海厅志》载，嘉靖三十六年八月二十五日，海北猎户获一大白鹿，毛色殊异，是"有司具以告"胡宗宪的。其实，这个"有司"指的就是胡的手下戚继光了。

　　海北，我们可以理解为舟山群岛北部区域。具体以何为界，嵊泗、衢山、岱山或者舟山本岛北部？并无明确界定。可以理解为一个海北地区的猎户擒获了白鹿，也可以理解为猎户是在海北地区捕获了白鹿。但白鹿（《定海厅志》没提到白猿）在岑港被戚继光所得是可以确定的事实，是民间猎手擒获后呈给戚继光的。戚继光把白鹿献给了上司胡宗宪，后来又有绍兴师爷徐文长代笔胡宗宪两表进献嘉靖帝，颇获嘉靖帝嘉许。其中白鹿，还是一雌一雄，先后捕获。

　　《代初进白牝鹿表》《代再进白鹿表》（此两表下文合称《进白鹿表》）中"海峤""宁波定海之间""海岛之崇林"等字眼，已经表明白鹿的来源。舟山还真有鹿栈、鹿颈、鹿回头等地名，可能跟古代的白鹿不无关系。《元和郡县志》载，翁洲，"周环五百里，有良田、湖水，多麋鹿"。《筹海图编》说，岑港隔壁的天同（童）岙，有鹿夫善射。封建社会迷信，认为白鹿是祥瑞之物，神话故事中常把它与仙人联系在一起，飘逸的仙人会骑着白鹿往来天地间。有人向胡宗宪祝贺说："总督来到舟山，舟山就出

现了白鹿。"虽然猎户把白鹿献给了他，但胡宗宪很清醒，认为这个祥瑞自己无福消受，只有帝王才能享受，如果私自留下白鹿，会授人以柄，必招来杀身之祸。

当时的嘉靖皇帝正迷恋道教的长生术，热衷祥瑞之事，把祥瑞看成自己修道感动上天的结果，意味着自己可以长生不老。胡宗宪决定把白鹿献给嘉靖皇帝，为献祥瑞白鹿两次进表。

徐文长以胡宗宪的口吻在《进白鹿表》里写了什么呢？

表里说胡宗宪查阅各种图谱，才知道鹿群里有一种白鹿，是神仙品质，毛色须经 1500 年才会转白，也就是说这头白鹿至少活了 1500 年，它代表着万寿无疆。

吹捧了白鹿，也就是吹捧了热衷于长生之术的嘉靖皇帝。

表里把言官诟病皇帝的那些毛病都说成了优点，把皇帝不上朝、不祭拜祖先和上天说成了高深莫测，皇帝不用开口布置什么，时代就会向前推进；皇帝不用做什么，天下百姓就会按他的意愿遵纪守法。表里还说当今圣上是超过三皇五帝的，必定寿与天齐。

《戚少保年谱耆编》里的表略和胡宗宪的进表，其实大意一样，都是对嘉靖帝和大明国运的吹捧。所以，《进白鹿表》为后世许多文人所不齿。但不得不说，高手一出，绝非凡品，徐文长的文辞是相当精致的。两篇文章的影响对胡宗宪来说是极大的。徐文长成了胡宗宪的幕僚，因《进白鹿表》，嘉靖帝龙颜大悦，不仅保住了胡宗宪，还提升了他的俸禄。

虞罗，渔猎者设置的网罗。第一手"虞罗"者是猎户，戚继光在舟山岑港"虞罗"了白鹿是第二手，胡宗宪"虞罗"白鹿是第三手，嘉靖皇帝"虞罗"白鹿是第四手。白鹿最终成为层层官僚向上"虞罗"的对象，直至"虞罗"了整个大明王朝。

《晋书》道："君治以道，臣辅克忠，万物咸遂其性，则和气应，休征效，国以安。"层层"虞罗"者们以此为最大理由，祈福祝愿日渐式微的朝廷和君王。

清朱绪曾《昌国典咏》为此诗曰：

> 青祠阁老道家冠，欲撰鸿篇一字难。
> 白鹿出者王者瑞，天教双表压文坛。

4.巨石阵里，戚继光擐甲挥戈的身影

大明王朝从嘉靖到万历，一个内忧外患、战乱纷飞的时期。戚继光，40余年军旅生涯，一生戎马倥偬，最终定格在这个时代。如果这注定是一个苦难的时代，那么无论常人还是英雄，其所承受的苦难都应是一样的。但是英雄之所以为英雄，就在于当常人选择沉默和忍受的时候，英雄选择了奋击，以孱弱之躯在历史的黑夜里擦出灿烂的火花。

小岭墩垭口的巨石墙基宽1米以上，高5米以上，长度不一，短者五六米，长者10余米。山风不间断地呼啸，仿佛在诉说那场保卫海疆的英勇之战。在垭口西北侧的山体上，从太平亭开始，延绵着一条疑似古迹的战壕。这条战壕所对应的，正是被两面山

坡夹住的从岑港方向而来的古道。战壕是石墙的天然延伸，军队驻扎于此要冲，可谓"一夫当关，万夫莫开"。它冷峻、威严而泰然地矗立在海岛山冈的猎猎风中，矗立了那么多个世纪。

关于这座关隘式石墙，未见任何志书提及只言片字。有的只是康熙《定海县志》里提及"小岭，达紫微"，光绪《定海厅志·岑椗庄图》中标有"小岭"和"太平亭"字样。

清谢泰交在《固守舟山要害图说》中认为："守舟山者，东守沈家门，北守马墓港，西守岑港，南守崎头洋。"岑港历来为兵家必争之地，其海防地位不可小觑。南宋岑港先后设有指挥使寨、都巡检寨，元设岑江巡检司，到了明洪武十七年（1384），岑港设巡检司，洪武二十七年筑周围六十三丈的巡检司城。嘉靖三十三年（1554），王直勾结倭寇在岑港设营立寨。之后的几年，倭寇一度占据岑港，与明军对峙。

从烟墩的寨山、烽火墩，到岑港木城、巡检司，再到岑港与紫微交界的炮台山，这一系列抗倭防御体系，不正佐证了那道关隘石墙的功能吗？只有刀枪剑戟的冷兵器时代才有必要修建这等规模的关隘，如果跟抗倭有关，那么是倭寇还是明军修建了石墙？小岭墩西端"⊢"形和"上"字形的两组石墙，相比较东端的一组有弧度的石墙，明显更具有防御功能。也就是说，这两组石墙应该是明军用来抗击岑港方向来犯之倭寇的。如果这样，当年戚继光率部翻越小岭，与倭寇相持，是有可能在此建筑防御性石墙的。

只是，这样的推理暂时还缺乏文献的支撑，只能称之为文学的想象。

时空穿梭，岁月无垠，几排巨石阵，让人们依稀看到了戚继光擐甲挥戈的身影。

5.环岛烽堠无处不在，海岸线上一次次升起烽烟

关隘式石墙，在舟山岛并非罕见。

在盐仓与小沙之间的诛倭岭，在小沙与紫微之间的大岭，在紫微与岑港之间的郑思岭，在石礁与盐仓之间的西皋岭，在岑港与大沙之间的鹅鼻岭，至今仍保留或者残留着巨大的石墙。所有的山岭垭口，其实都是一座关隘，而小岭墩的那一座，是最有见证力和说服力的，是最有震撼力和感染力的。

英雄起于草莽，英雄不是蓬蒿辈。466 年，缕缕如烟如尘，即便再经过几个 466 年，这段历史的震撼和感染也会留在后人的心里，和这座风生水起的海岛一起，激荡起无比壮阔的波澜。

定海也修建起了很多烽堠（烽火墩），环岛烽堠无处不在——海岸线上曾经一次次升起烽烟。

舟山堠、外湖堠、螺头堠、鹿颈堠、浦沙堠、西山堠、碇齿堠、崎岙堠、郎家堠、袁家堠、三江堠，干碇堠、石埠堠、程家堠、吊峙堠、小展堠、包家堠、石墙堠、谢浦堠、青雷堠……明朝的一张舟山地图上密密麻麻地标注着沿海各个烽火墩，海岸线上陡然弥漫起这么多烽火硝烟，令人惊惧。

明天启《舟山志》记载，自所城至东塘头烽火堠程 100 里，

所城至南舟山烽火墩程 3 里，所城至西碇齿烽火墩程 60 里，所城至北干礁烽火墩程 30 里。

20 座烽火墩内都有士兵驻扎、瞭望，他们日举烟旗，夜举火号，在山头间传递信息，互相呼应，保卫脚下这片海岸的安宁。如遇海汽溟蒙，雾露遮蔽，看不到烟火，就用放炮代替。

海疆，即海上门户，一国之门。海岸山峰上的烽墩，自然成了军事化的驿站递铺。

严密的防御体系，给沿海地区带来了百余年的和平。其中在舟山所城南二里设"舟山关"（今东岳宫山），设螺头、桩次、小沙、路口岭等 6 隘，西礁寨、干礁寨等 3 寨，以及烽墩 28 处。由中中、中左两所管辖，有镇抚共 37 员和旗军 2240 名（以上数据含今之普陀、岱山）。其中，中中千户所守城西南，辖舟山关、干礁寨和螺头隘、桩次隘、小沙隘及舟山、外湖、螺头门、鹿颈、西山、桩次、峙吞、郎家礁、袁家礁、三江、干礁、朱家尖等 12 座烽墩。

岑港街道烟墩双狮山东侧，存有 7 座烽墩，其中 5 座呈方形，每边长 5—6 米，高约 1 米；2 座呈马蹄形，高为 0.5 米和 1.6 米。这些烽墩就地取材，主体土石砌筑，分布在山冈线上，墩间距离为 5 米、12 米和 15 米不等。山路险峻，人迹罕至，遗址周围植被茂盛，荆棘密布，让人仅能看出大体的轮廓和外侧体积较大的基石。双狮山，海拔 286.4 米，面朝海边而卧，形似两只卧着的狮子。抬眼望去，山势险峻。山冈上可环顾村落，可俯视海洋。

烽墩建在易于瞭望的山冈之上或视野开阔地带，以相近的数个烟墩构成一座烽墩。双狮山烽火墩旁，还设置寨屋供士兵住宿。

烟墩烽火墩

　　烟墩双狮山东侧，存有 7 座烽堠，其中 5 座呈方形。发怀古幽情，叹沧桑巨变。站在烽堠之上，满眼皆是烟波浩渺。

这是典型的海岛式烽火墩。

舟山本岛沿海一带，有诸多叫炮台、烟墩的山冈和自然村岙，这些地名的来历大多与烽堠有关。烽堠600多年，见证了古代定海海防体系与当地军民抗击倭寇和其他外来之敌的历史，为后人研究定海明代海防和抗倭历史提供了宝贵的实物史料。

虽然，由于历史上的海禁、战争和自然风化，以及数十年的围垦和城市化等诸多因素，一部分古烽堠已无可奈何地损毁了，所幸在山高林密、人迹罕至之处，还有一部分烽堠尚存。

发怀古幽情，叹沧桑巨变。站在烽堠之上，满眼皆是烟波浩渺。

6.一半大明王朝血，一半海岛征夫泪

中国是一个需要民族英雄的国度，也是一个诞生民族英雄的国度。

尽管民族英雄常常是有劫数的，但人们对英雄的崇拜却永远不会消逝。

视线从那抹曾经被血色残阳染红的海岸线上收回，又一次落在了那位"封侯非我意，但愿海波平"的戚继光身上。

这位被黄仁宇称为"孤独的将领"的戚继光，在岑港之捷后，率领戚家军又转战在舟山海疆，在沈家门，在白泉，在干碶，在马岙和长白港，在长涂岛……屡建丰功伟绩。如今，在干碶的戚家庙，在长涂的参府庙，在沥港的戚继光纪念馆，一路走来，我

们都能感受到如山岭般巍峨坚韧的力量扑面而来。戚家军主导的岑港之战、柯梅之战，继胡宗宪、卢镗沥港大捷之后，又一次证明了定海是抗倭海上主战场。

平定倭寇，对大明帝国而言，因为明廷的腐败与孱弱，是没多少炫耀价值的；对舟山而言，因为其特殊的战略地位，是可歌可泣不可绕过的历史鸿篇；对戚继光而言，在其血与火铸造、灵与肉熔炼的一生之中，是永难抹去、永不屈服的人格尊严。

远方，海风吹过了一座座山丘；近处，海潮漫过了一处处海隅；眼前，海水掠过了一弯弯滩涂。烽堠烟墩，不是谁的乡愁，也不是谁的炊烟。但烽火与大海，一半大明王朝血，一半海岛征夫泪。烽火升起时，壮烈；烽火熄灭时，凄凉。

无论是今天，还是未来，我们都需要一座烽堠，一座美丽而哀愁的烽堠，因为英雄的血曾流在此，英雄的泪曾落在此，因为今天是历史的延续。

从岑港启程，我们开始了历时 10 年寻求跨越海峡的征程，精卫填海，凤凰涅槃，风萧萧兮易水寒，壮士一去兮不复还——这种置之死地而后生的悲壮情怀，这种义无反顾的拼搏精神，成就了当年的跨越之旅。这种跨越之旅，至今仍在延续。

——题记

起自岑港的跨越之旅

历史选择了岑港。

1997 年后，相当长的一段时期，舟山实施基础设施"登陆工程"。最早是大陆引水应急工程，之后便是舟山大陆连岛工程。这两个工程，在"登陆工程"中持续时间最长，都有 10 年以上。而这两个"登陆工程"的桥头堡和枢纽，都选择了岑港。在岑港的当代史中，没有其他任何一件事要比这两件事更加重要了。

"登陆工程"的直接起因，是 1995、1996 两年，舟山发生了严重的水荒，一度动用轮船往长江口运水救急。从此，结束舟山孤悬海上的历史，实现与大陆的连通，成了舟山人民共同的心愿。

舟山大陆连岛工程是"登陆工程"中最先提起的项目。1995 年，舟山市人大代表首次提出建设大桥连接宁波的建议。但引水工程却比连岛工程更早上马，当时缓解水荒更为刻不容缓，缺水成了舟山最大的短板，首先受到影响的是经济生产和居民生活，连外资也被一个"水"字挡在门外。

待水荒有所缓解，连岛工程——这项被评价为"第二次解放舟山"，且凝聚着几代舟山人梦想的宏伟工程，便在岑港正式启动。

岑港，一下子成了当时整个舟山的焦点。

1. 2个方案，2个地点，最后选择了岑港

现在许多人不知道的是，在连岛工程建设过程中，舟山跨海大桥曾经有 2 个选址方案，其中一个与岑港无关，但历史最终选

择了岑港。

中国工程院院士、国际桥梁与结构工程协会原副主席项海帆，是舟山跨海大桥的设计师。1998年前后，他受邀到舟山为大桥选址，乘着小船在海上勘察了5天，最后用笔在海图上绘下东西两线——

东线，与当时轮渡营运的"蓝色公路"相吻合，以盐仓鸭蛋山为起始点，到宁波白峰登陆。

西线，即今天跨海大桥的走向，从岑港，经里钓山岛、富翅岛、册子岛、金塘岛，在宁波北仑登陆。

相比西线，东线无疑是一条"捷径"！但最终选址，如今天所见，选择了西线。

选址岑港，主要由2个因素所决定。一是包括项海帆在内的几乎所有参加研讨的桥梁专家都认为，从自然海域条件、地质要求、地理位置等综合情况来看，西线无疑比东线更合适。二是当时的舟山市委、市政府从舟山海洋经济的整体发展考虑，同样推西线。因为，西线途经多个岛屿，相比之下，更能带动大桥沿线经济的发展。

关于连岛工程，时间较早的报道中说，连岛工程"将建设6座跨海大桥"。这没写错，当时确实准备建6座大桥，而不是现在的5座大桥。

1999年3月，在九届全国人大二次会议上，浙江代表团提交了一份议案。舟山人权衡利弊、几经比较后，选定了这样一条舟山大陆连岛工程的线路：舟山本岛岑港—里钓山岛—富翅岛—

册子岛—金塘岛—大黄蟒岛—宁波北仑。路线全长 32.137 千米，其中包括 6 座跨海大桥。

这条线路的用意，是让金塘岛通过大桥与宁波北仑港相连，把金塘岛的深水岸线利用起来，发挥其应有的价值。

或许，从后来的宁波舟山港一体化的角度看，这样的线路能够发挥更大的作用。然而，一方面，当时宁波舟山港一体化还没被提上议事日程；另一方面，更关键的是，金塘岛至北仑之间属于深水航道，是众多集装箱船的必经之路，而大桥主跨要达到 3000 米左右，就当年的技术水平来看，实现这一目标并没有把握，且造价也较高。

在技术要求达不到、资金困难的双重压力下，2001 年 12 月，舟山在保留原桥址规划的基础上，委托中交公路规划设计院负责编制《舟山大陆连岛工程金塘大桥工程可行性研究报告》，并着手对金塘大桥的桥址进行更改。历经 1 年多的反复勘察、仔细测算和论证，最终为金塘大桥找到了新的地址：起自金塘岛沥港船厂北侧，横跨灰鳖洋，在镇海炼化西侧登陆，与规划中的沿海北线高速公路相接。

此时，连岛工程一期已完工，岑港已与里钓山岛、富翅岛、册子岛连为一体。

2. 5座大桥3座在岑港，大桥梦起于岑港

四面皆海，非舟楫不能往来。自古以来，这是舟山最形象的写照。

舟山人曾饱尝孤悬海上、舟楫相渡之苦。舟山与宁波的直线距离只不过 13 千米，鸡犬相闻，但只能隔海相望。

修筑一条全天候连通大陆的通道，成为舟山人的百年夙愿，是几代人的梦想。

1986 年 1 月 30 日，舟甬轮渡开通。但随着进出岛车辆的日益增多，尽管渡轮数量年年增加，节假日无间隙摆渡，候渡车辆仍排起长队。而大风天气渡轮停航，更令急需进出岛的客商、旅客顿足。

岑港历史将铭记这一刻：1999 年 9 月 26 日，舟山大陆连岛工程一期第一座桥——岑港大桥正式开工，现在所说的大桥 10 年建设期由此开始计算。

1999 年，舟山还处于沿海发达地区后列，在这种条件下建设连岛工程，无疑是小蚂蚁举重，以小博大。5 座通往大陆的大桥，总投资逾百亿元，对于当时的舟山来说，这是个天文数字。

岑港大桥在 5 座桥中属于"轻量级"，但它的意义非同一般。它见证了人的思想可以自由飞翔，只要思想得到解放。架桥，连接大陆，绝不是天方夜谭！

岑港历史也将铭记：2001 年 7 月 28 日下午 3 时 48 分，随着建设者们把一根长 20 米的箱形梁稳稳地吊装在大桥的桥墩上，

岑港大桥实现全桥贯通。

岑港，古六国港口，南北舟航鳞集。岑港水道，原本为舟行之路，千百年来见惯了舟楫往来，从那天起，它与上方的桥共同构成了船与车交织的立交交通景象。

岑港大桥、响礁门大桥、桃夭门大桥，组成了舟山大陆连岛工程一期项目，起自岑港大田岙庄鸡山嘴，连接里钓山岛、富翅岛、册子岛。这3座桥，均在如今的岑港街道境内。

岑港大桥长792.25米，主跨80米，通航净高17.5米、净宽55米，可满足300吨级船舶单向通航要求。

在岑港大桥架通当月，由原先的马目、岑港、烟墩3个乡镇合并而成的新岑港成立。12年后，册子乡也划入了岑港街道。

岑港大桥架通时，里钓岛西北角正在兴建与富翅岛相连的第二座跨海大桥——响礁门大桥，而由富翅岛连接册子岛的桃夭门大桥，也已开工。

响礁门大桥，桥长917米，主跨150米，通航净高21米、净宽138米，可满足500吨级船舶双向通航要求。工程于1999年12月25日开工，2002年12月12日全桥架通。

桃夭门大桥，桥长888米，主跨580米，通航净高32米、净宽280米，可满足3000吨级船舶双向通航的需要。工程于2001年3月28日开工，2003年4月16日顺利合龙。

3座大桥桥梁结构多样。岑港大桥为先简支后连续结构桥，响礁门大桥为连续梁结构桥，桃夭门大桥则为斜拉索桥。

这3座大桥，托起了整个舟山大陆连岛工程的基盘。这之后，另外 2 座大桥的建设，已如箭在弦上，不得不发。

3.人民的意志

在大陆连岛工程一期时，这项世纪工程还没上升到国家级项目的高度，主要依靠地方力量。它能顽强地推进，人民群众的信念是其背后的支撑力量。

回顾历史，当我们收集到种种原始资料时，恍然发现，此前和此后，似乎还没有哪个建设项目，像大陆连岛工程一样，凝聚着舟山全民的意志，受到广泛的关注。其中，大桥建设沿线岑港百姓对大桥建设的支持，是最为直接的体现。

2009 年 12 月初，舟山跨海大桥即将全线贯通。在那些日子里，岑港镇钓山村村民张银表总喜欢站在岑港大桥边，远眺里钓山岛，试图找回记忆中房前屋后的模样。

2001 年之前，他一家还住在那个悬水小岛上。这时候，他的家已变成了岑港大桥的桥头，大桥接线公路横跨其间。

从出生到老去，他们家几代人都住在那儿。当知道家要拆迁，家里人都很舍不得。然而，再怎么舍不得也要搬，他毅然决然地在拆迁协议上签了字。

前 2 座大桥的建设工地主要在钓山村、富翅村。为妥善安置岛上的拆迁户，岑港镇在新司前街北侧集镇区征用了 24 亩土地，作为 2 个村 48 户拆迁户的移民新村用地。

失去了土地，为了生存，移民新村基本上每户人家都有人选择外出打工，但没人抱怨。

岑港的情形，只是一个缩影。10年中，舟山人民以各种方式支持大桥建设。

原因不言而喻，因为大家都认定，这是一座幸福桥。

因为喜欢，所以10年中有许多欢乐的趣事。不是刻意为之，而是发自内心、情不自禁的一种表达。

网友"成名"在"舟山论坛"发帖称，他和朋友完成了"史无前例"的舟山至宁波徒步之旅，先后经过岑港大桥、响礁门大桥、桃夭门大桥、西堠门大桥、金塘大桥，行程约50千米，步行时间约12小时。

他说，徒步走大桥其实是"一时冲动"，国庆期间，不想一直窝在家里，又不想去一些人太多的景区，和室友及另一个朋友说起走大桥，通车后就没机会在大桥上徒步了，大家一拍即合。

来自安徽铜陵的朱梦亮，2004年就职于浙江华业塑料机械有限公司，2009年5月和同样来自安徽铜陵的新娘查文文在桃夭门大桥附近的山坡上种下爱情树。

他说，我工作的地方就在跨海大桥的下方，我们的家也准备安在那里，出门就可以看见大海，我们为共同的事业而努力，为生活而努力。

舟山南海实验学校的方杰在连岛工程总桥名创意书上写下一段话，他认为桥名一定要有"跨海"两字。他说，"跨"字很阳刚，很有气势。5座大桥，像5个巨人，不跨小溪，不跨小河，而是横跨于浩渺苍茫的东海之上，不要说看，只要想想，就令人陶醉不已。

桥名征集活动是舟山大陆连岛工程即将圆满竣工时的一项创意举措。

一个多月时间，1406人为大桥起了1070个不同的桥名。

取名者，除舟山市民，还有外地人。上海杨浦区的熊安琪在来信中写道，她生于舟山，1952年迁居上海。她为大桥起名为"舟山彩虹大桥"，寓意5座跨海大桥如一道绚丽的彩虹。

这1070个桥名，经由市人大代表、市政协委员、大桥建设专家、文化专家等组成的评委会的第一轮评审，确定了20个入选桥名，然后接受市民投票，累计收到4383张选票。按照得票数多少，并结合评委会第二轮评审意见，确定了8个桥名为入围桥名，按得票顺序依次为：舟山跨海大桥、舟甬跨海大桥、舟山连岛大桥、舟山大桥、舟山群岛大桥、东海明珠大桥、海中洲大桥、舟山海峡大桥。

舟山跨海大桥的总桥名，就是这样来的。哪怕是在时过境迁的今天，我们仍能从中感受到一种坚如磐石的人民意志。

人民的智慧，在大桥建设中似乎也一下子迸发出来。今天的甬舟高铁，那时在民间就已经有人开始筹划了。

2008年，舟山发起"舟山发展金点子"征集活动，市民朱岱鸣提出要再建一条甬舟跨海铁路。他设想的"半岛铁路"，基本定义为：沟通舟山与宁波，并深入舟山本岛的跨海铁路通道。名称暂定为：甬舟铁路。关键载体为：铁路公路两用桥或海底隧道，鉴于已有跨海大桥，倾向于铁路在上层、公路在下层的两用桥。上岸地点为：宁波方向，或镇海，或北仑，鉴于北仑已规划设置铁路集装箱中心站，倾向于在北仑上岸；舟山方向，以本岛西南部为好。此外，设想本岛内线路分为：南线一条，接点至沈家门；同时开一条北线，接点至展茅。环岛线路起始站为沈家门或新城。

12 年后，2020 年 12 月 22 日，甬舟铁路破土动工。此时再来读 2008 年舟山一位普通市民的"金点子"，禁不住感慨万分。

4.西堠门水道的天籁之音

2003 年和 2004 年，在舟山大陆连岛工程建设中，是极其关键的两年。

2003 年 1 月，习近平第一次到舟山调研时指出："这是一个很重要的工程，连岛大桥如果建起来了，对舟山的发展是一个根本性的推动。"2004 年 9 月习近平再次到舟山调研，明确要求连岛工程快马加鞭，争取早日建成。

从此，舟山大陆连岛工程就如同一项宏伟的壮举，一马平川任驰骋，乘风万里猎晴空。

2005 年 1 月 21 日，舟山大陆连岛工程第二期的金塘大桥经国家发改委核准立项建设。

2005 年 2 月 1 日，舟山大陆连岛工程第二期的西堠门大桥经国家发改委核准立项建设。

2005 年 3 月 10 日，浙江省政府决定成立浙江省舟山连岛工程建设领导小组和浙江省舟山连岛工程建设指挥部，同年 4 月指挥部完成组建，负责 2 座大桥的建设管理。

2005 年 5 月 20 日，西堠门大桥全面开工。

2005 年 9 月 30 日，金塘大桥非通航孔桥试桩工程第一根钢管桩开锤施打。

岑港册子岛与金塘岛西堠门水道，北接灰鳖洋，南连横水洋，中有老虎山，受地形压缩影响，最大水流速度达到 4 米 / 秒。水道内存在裸露的孤丘和水下暗礁，水流情况较为复杂，旋涡频现。桥位处水面宽度约 2000 米，被老虎山分为南北两汊，增加了水流流向和流速的复杂性，南汊宽度约 1600 米，最大水深达 95 米，北汊宽约 370 米，最大水深约 70 米，且海底岩石裸露。复杂的水域情况，决定了西堠门大桥成了 5 座大桥中科技含量最高的桥梁。

非常之地，建非常之桥！如果说舟山跨海大桥是世界桥梁史上一顶熠熠生辉的皇冠，那么西堠门大桥则是皇冠上最为璀璨的钻石。

那部《舟山有意思》以"段子体"形式，讲述了这一由西堠门水道条件所衍生出的大桥奇迹：

全长约五十千米的五座跨海大桥，从舟山本岛启程，穿越四个岛，在宁波镇海登陆，这样岛陆相连的桥群，可以说是世界罕见、中国独有。

西堠门大桥

    黄昏下的西堠门大桥如天上云彩落东海，大桥的斜拉索则如竖琴架立，天籁之音仿佛隐约可闻。

而其中的西堠门大桥，更是创下了多项"桥梁第一""桥梁之最"：

国内第一座在台风区宽阔海面建造的大跨径钢箱梁悬索桥；

世界上最大跨径的钢箱梁悬索桥；

世界上第一座采用分体式钢箱梁的悬索桥；

中国最长、最重主缆，长约两千八百八十米，重约一万零六百一十四吨；

中国直径最粗、强度最高的钢丝绳吊索；

钢箱梁连续长度两千二百二十八米，为国内第一、世界第二；

国内首次采用直升机牵引先导索过海，首次实现不封航作业；

中国悬索桥第一高塔。

⋯⋯⋯⋯⋯⋯

驱车驶过五座跨海大桥时，有没有想到过你的车轮正碾过一个个世界首创、中国第一？

在这些奇迹中，"国内第一座在台风区宽阔海面建造的大跨径钢箱梁悬索桥""国内首次采用直升机牵引先导索过海，首次实现不封航作业"两项，尤为引人注目，分量沉甸甸。

西堠门大桥的桥位区，每年都有3—5个台风"光顾"。在桥梁专家眼里，风是悬索桥的致命弱点。风吹过来作用于桥体而产生的桥身颤振，会导致桥体摇摆越来越大，直到超过桥本身的承受能力，最终可能导致桥梁的毁坏。桥的跨度越大，桥梁结构的刚度就越小，就像一个瘦高个比一个矮胖子更容易被风吹倒。

专家并不是杞人忧天。历史有过教训。1940 年 11 月 7 日，当时享有"世界单跨桥之王"美誉的美国塔科马海峡大桥，在风的作用下产生了颤振，大桥开始歪扭、翻腾，桥基被拖得歪来歪去，左右摆动达 45 度，最后，随着震耳欲聋的巨响，通车才 100 多天的大桥竟一头栽进了海峡。

西堠门大桥在建造时，便委托浙江省气象部门对西堠门水道多年的风参数进行了研究，同时，邀请国内相关专业最权威的上海同济大学和西南交通大学进行风洞试验，还请来了国外享有盛誉的丹麦科威公司进行第三方风洞试验。此外，日本长大公司也受邀在结构和受力方面进行咨询评估。

风洞试验原本用于航空领域，简单地说，就是在地面上人为地创造一个"天空"，制造气流流过，将飞行器的模型或实物固定在这个人工环境中，从而模拟空中各种复杂的飞行状态，并获取试验数据。

这一流体力学的风洞试验被运用于西堠门大桥的建造中。

在同济大学的风洞试验室里，西堠门大桥的钢箱梁、桥塔、全桥等设计模型经过多次不同比例的缩小，被安置于人工模拟的环境中，接受来自不同角度、不同速度的气流的冲击考验。最终，通过比对和检验，确定了具有最佳抗风性能的大桥设计方案。

如今我们所看到的西堠门大桥，曾以 1：208 的比例制作全桥模型，进行风洞试验，结论是：即使风力达到 17 级，西堠门大桥也不会发生颤振现象，结构安全。

蒲福风级（Beaufort Scale）是国际通用的风力等级标准，由英国人弗朗西斯·蒲福（Francis Beaufort）于 1805 年拟定，用以衡量风的强度。它最初按强弱，将风力划为 0—12 级，也就是目前世界气象组织所建议的分级。后来到 20 世纪 50 年代，随着测风仪器的改进，又把风级扩展到 17 级。等级最高的 17 级风的风速为 56.1—61.2 米 / 秒，而西堠门大桥的颤振临界风速达到 88 米 / 秒以上。

尽管风洞试验的权威性在专家眼里是不容置疑的，但外行人还是觉得只有经历台风的考验才更有说服力。这样的考验真的在建桥时就遭遇了。2007 年，"韦帕"和"罗莎"2 个超强台风侵袭舟山，西堠门大桥桥上实测最大风力达到 13 级，正处于架梁期的西堠门大桥经受住了考验。

这是怎样一座桥梁呢？它的设计至关重要：采用分体式双箱断面钢箱梁，中间开槽 6 米！桥塔不采用常规的矩形，而是在 4 个角设"70 厘米 ×70 厘米"倒角。

西堠门大桥成了世界上第一座采用分体式钢箱梁的悬索桥，是以中央开槽技术解决大跨径悬索桥颤振稳定性问题的首次实践。

当时，风洞试验数据出来后，主持西堠门大桥风洞试验的中国桥梁界泰斗项海帆院士也按捺不住激动的心情，他感慨地说："做了国内外 100 多座桥的抗风设计研究，西堠门大桥抗风性能是我们遇到的最大挑战。"

如果说，桥梁设计是西堠门大桥坚韧的灵魂，那么，在相距1650米、高达200多米的2座索塔之间，用Z-9直升机牵引着6毫米粗的迪尼玛绳，为南北两塔牵上"红线"，从而诞生了跨度世界第二、中国第一的悬索桥，则是一场震撼心灵的空中芭蕾表演。

这场空中芭蕾表演，时间在2006年8月1日。

上午9时整，直升机带上辅助牵引绳腾空而起，画出一道优美的弧线后，折向西堠门大桥南塔。9时03分，直升机飞临南塔上空，降低高度后开始悬停。9时07分，塔上的先导索与机上的辅助牵引绳顺利连接。9时09分，直升机牵引着先导索飞向北塔。9时16分，直升机越过北塔上空继续前飞，先导索上连接的配重块到达塔顶。9时23分，先导索在北塔被工人扣牢固定。9时27分，随着原交通部总工程师凤懋润宣布直升机牵引先导索过海取得成功，这一历史时刻被永远定格在了中国桥梁史上。

先导索过海，是悬索桥转入上部结构施工的关键。唯此，才能架设空中通道——猫道和主缆索股的牵引系统，开辟主缆和桥面施工工作平台。长长的先导索如何从南塔抵达彼岸的北塔？这曾是西堠门大桥建设中的一只"拦路虎"。西堠门多变的气候、复杂的水流情况，使国内外很多已用过的先导索过海法，一经提出就被否定。海底直接铺设法，安全系数不高。浮子法，难度实在太大。火箭发射法，精度难以保证。

最终采用的直升机牵引先导索过海的方法，在日本明石海峡大桥建设时采用过。

但日本用的是大型"美洲豹"直升机，能直接把放索盘吊挂在飞机上。舟山风大，又没有"美洲豹"。为确保安全，专家们决定采用轻质、高强，直径6毫米的迪尼玛绳。这绳是专门到扬州定制的；放索系统与直升机分离，将放索系统安装在索塔顶平台上；对放索机进行研制和改进，把放索速度控制在每分钟100—120米，与舟山现有的Z-9直升机飞行速度匹配；确保先导索最低点高于海平面80米，让船只通行。方案确定后，直升机还在两塔之间进行了5次模拟试飞。

空中飞索后，通过安置在南北锚碇的卷扬机的牵引，过海后的先导索逐次被转换成直径13毫米、22毫米、36毫米的牵引索，最终，牵引系统形成，西堠门大桥上部结构施工全面启动。

舟山跨海大桥按百年寿命设计。这是一个重若千斤的承诺。作为舟山大陆连岛工程中技术要求最高的特大型跨海桥梁，西堠门大桥要实现这一承诺，必须依靠一个个"世界首创""中国第一"来保证。

2007年12月16日，西堠门大桥126段钢箱梁的最后一个梁段中跨南43号梁完成吊装、连接，西堠门大桥主桥宣告全线贯通，金塘岛从此与舟山本岛连在了一起。

2009年11月2日，西堠门大桥、金塘大桥通过交工验收，具备通车试运营条件。

5.册子岛月亮湾观景平台感受"震撼"

西堠门大桥如一道彩虹,横跨于西堠门水道。紧挨大桥的册子岛上,月亮湾风景区别具魅力。核心区块门岙涂和蟹山区域设有2000米的游步道和7个观景平台,游客可观赏那创造了世界桥梁建设史中诸多第一的西堠门大桥,感受西堠门水道自然造化与人类智慧的完美结合。

门头山是拍照的好位置。游客从大桥的册子收费站下来,往南驱车3分钟左右即可到达。门头山观景平台高约89米,游客可以仰看、俯瞰、侧看,多角度多层次地欣赏西堠门大桥和桃夭门大桥,还可以领略周围的山海风光。

大桥是舟山的门户,也是岑港的门户。《舟山有意思》有一"段子"专门写到了大桥对来舟山的客人的震撼力:

> 进入舟山,看到的第一景是跨海大桥,看到跨海大桥的第一眼是颜色,金塘大桥海天蓝,西堠门大桥佛光黄。这颜色有什么讲究?原来蓝色代表海天,黄色代表佛国,舟山的城市广告语是"海天佛国、渔都港城"。两座大桥的颜色告诉你,舟山到了。
>
> 如果你是夜里上桥,那么你会看到点点繁星映衬下,西堠门大桥塔顶上盛开着七彩玫瑰,主缆上的点点灯火与星空遥相呼应。夜空下的西堠门大桥如天上银河落入东海,大桥的斜拉索则如竖琴架立,天籁之音仿佛隐约

册子岛月亮湾观景平台

册子岛上有月亮湾风景区，核心区块门岙涂和蟹山区域设有
2000米的游步道和7个观景平台，游客可观赏那创造了世界桥梁建
设史中诸多第一的西堠门大桥，感受西堠门水道自然造化与人类智
慧的完美结合。

可闻。

　　但最美的还是雾天上桥，那时大桥在云雾中若隐若现，往下看是大海，往上看是云海，两座高塔在云雾中时隐时现，人在其中犹如置身仙境……

　　有人说，一到舟山，就被五座大桥震撼了。

　　这种震撼力的叙写是以真实事例为依据的。当时，东南大学交通学院桥面铺装课题组博士生姚波参与了桃天门大桥桥面铺装设计。这座连接富翅岛和册子岛的大桥，桥如其名，确是"灼灼其华"。远远望去，2座高151米的A字形高塔令人精神为之一振。姚波说，他走南闯北参与了不少大桥的建设，比较著名的就有润扬大桥、南京大胜关长江大桥、苏通大桥等。可这些都比不上舟山跨海大桥给他的震撼。为了参加通车仪式，他特地从贵州赶来。

　　大桥故事中，最温馨的一幕是新人在大桥上举行婚礼。2002年7月2日，响礁门大桥合龙后不久，三对新人牵手相偎在雄伟壮观的大桥上，头上是蓝天白云，脚下是汹涌澎湃的海水，身旁是高耸的塔吊，海风吹起新娘洁白的婚纱，海浪轻轻拍打着桥墩……这可能是岑港历史上最浪漫的婚礼，前无古人，后无来者——大桥通车后，不可能再有。

6.跨越，从岑港大桥开始

2009 年 12 月 25 日 23 时 58 分，舟山跨海大桥通车。

这一天，《舟山日报》推出了 100 版的大桥通车特刊——《跨越》。

《跨越》共四辑。首辑《一次跨越的旅行》，构思了一趟全方位的大桥之行。从岑港大桥出发，途经 5 座大桥，领略沿线乡镇风貌，探索大桥的"科技之最"，游览大桥下的人文景观。旅途中，评说了大桥对于舟山的意义，60 位市民致辞祝福，作家和诗人联袂吟唱，共同演绎了一场"纸上庆典"。

当年，我所写的这一辑序言《跨越之旅》将岑港元素融入了一个广阔的时代背景：

> 今天，我们从舟山本岛出发，经岑港大桥、响礁门大桥、桃夭门大桥、西堠门大桥、金塘大桥，抵达宁波镇海；
>
> 今天，我们从宁波镇海出发，经金塘大桥、西堠门大桥、桃夭门大桥、响礁门大桥、岑港大桥，抵达舟山本岛；
>
> 这一趟旅行，我们称之为"跨越之旅"。
>
> 穿透云水苍茫的碧海蓝天，奔向广袤的宁绍大地。
>
> 跨越山重水复的岛屿水道，扑进神奇的千岛之城。
>
> 全封闭，四车道，全程高速，风驰电掣，一泻千里。

如果知道，这跨越之旅，凝聚了 10 年的拼搏、百年的梦想、千年的期盼，那么，脚步是否还会如此匆忙？

舟山群岛形成于距今 7000 年左右，此后生活在这块土地上的原始村民就与大陆隔海相望。舟楫往来的历史，则持续了迄今为止舟山有文字记载的 5000 多年文明史。

5000 多年，多少岛民，期望自己的脚步不为风浪所阻。

5000 多年，无数志士，憧憬脚下这块丰饶的土地能冲破孤悬海外的困局。"天堑变通途"的强烈愿望，体现在观音撒沙填海的美好传说中。那是朴素的乡民，最深沉的精神寄托。

大诗人李白，面对孤舟遗海茫然四顾，感叹"海客谈瀛洲，烟涛微茫信难求"。

舟山"以舟之聚故名舟山"，但以舟为渡、非舟楫不可往来，其困苦劳顿姑且不说，阻遏断绝交通也是常事。就是有了轮渡，也无法做到与大陆无间隙对接。

岑港曾是"六国港口"，明朝"高丽、日本、新罗诸国皆由此道（舟山）以候信风"，康熙年间"西欧商船，鹜趋定海"。孙中山著《建国方略》，将舟山和宁波、上海一起列入"大洋港口"。但舟山世所罕见的深水良港地理优势，受阻于舟甬海峡割断了与大陆相携的手臂，而无法充分发挥。直至今天——舟山跨海大桥通车前，交通不便仍在制约、限制舟山迈向东方大港的脚步。

中国最好的深水岸线，岂能不与中国最发达的长三角地区广阔经济腹地连成一体？

人是自然之子，是天地间最具创造力的精灵。我们开始了历时10年寻求跨越海峡的征程，精卫填海，凤凰涅槃，风萧萧兮易水寒，壮士一去兮不复还——这种置之死地而后生的悲壮情怀，这种义无反顾的拼搏精神，成就了今天的跨越之旅。

跨越之旅是欢快的、轻松的，一往无前，所向披靡。

跨越之旅途中，还有许多诧讶、震惊。

我们所经过的5座大桥，总桥名叫"舟山跨海大桥"。一个桥名有5个"子名"，这在世界桥梁史上可能仅此一例。这桥名，是从1070个向全国征集到的桥名中，由市民投票评选出来的。

我们所经过的大桥，缔造了难以尽数的"世界第一""国内首创"恢宏图景。

我们所经过的大桥，创造了舟山地理上亘古之巨变。

我们所经过的大桥，让一个时代横空出世——舟山大桥时代。

有着这样前世今生的大桥，真该把栏杆拍遍。

有着这样奇遇造化的大桥，真是处处看不尽。

此时此刻，来自60种职业的60位市民，以掏心窝的一句话，发出百万市民以及外来新居民的一声呐喊！

此时此刻，我们当然要礼赞，以赋、以诗、以文，击缶而歌！

梦想成真日，希望扬帆时。

7.无论铁路还是公路，岑港都是枢纽式节点

2015 年 5 月 27 日新华网发布的《习近平总书记舟山行》中有这么一段话：

> "从舟山到宁波走跨海大桥需要多长时间？"总书记问。"一小时之内。"舟山的同志回答。
>
> 照片和沙盘上，全长 50 公里的一座座跨海大桥首尾相连，从舟山本岛启程，穿越里钓、富翅、册子、金塘四岛，于宁波镇海登陆，好像一条美丽的丝线将一颗颗海上明珠串联起来。
>
> …………
>
> 1999 年舟山启动"大陆连岛"工程。最初是小规模建设。2003 年 1 月，习近平第一次到舟山调研时指出："这是一个很重要的工程，连岛大桥如果建起来了，对舟山的发展是一个根本性的推动。"2004 年 9 月习近平再次到舟山调研，明确要求连岛工程快马加鞭，争取早日建成。他说，建成以后，那就是"千里江陵一日还"了……将来会产生怎样的经济效益和社会效益，怎么估计都不会过分。

正是在习近平果断决策和积极推动下，连岛工程建设步伐加快。2009 年 12 月 26 日，历经 10 年建设，我国最大的岛陆联络工程——舟山跨海大桥全线通车。

在舟山群岛区位壁挂图前，习近平认真听取浙江省负责同志汇报规划中连接宁波—舟山—上海的海上大通道建设项目。习近平指着展板说，上海在上面那个角，宁波在下面这个角，舟山的位置恰似"二龙戏珠"。

"大陆连岛"仍在进行中，岑港仍是焦点。

2019 年 9 月 28 日，横贯舟山本岛交通大动脉的舟山城市第一条东西快速路通车。东西快速路起于高速公路舟山西岑港出口，终于普陀区东港。这是连接舟山跨海大桥，直达舟山城市腹地的一条快速路。

2021 年 1 月 24 日，宁波—舟山港主要通道——全长 36.777 千米的舟岱大桥全线贯通。2021 年 12 月 29 日上午，舟岱大桥正式通车。全线开掘隧道 2 座，总长 1.028 千米，互通立交 5 处，其中富翅、涨次、烟墩 3 处均在岑港街道境内。公路等级为双向四车道高速公路，设计时速 100 千米。这是连接舟山本岛与岱山岛的唯一一海上通道。

2020 年 12 月 22 日，甬舟铁路正式破土动工。高铁终于要上岛了。它西起宁波东站，经鄞州、北仑，穿越舟山金塘岛、册子岛、富翅岛，最终抵达舟山本岛，设计时速 250 千米，全线共设 7 个站，其中新建北仑西、金塘、马岙、舟山 4 座车站，改造宁波东、云龙、邱隘3座既有站。金塘至大沙段必经册子、富翅、涨次、烟墩，延伸至大沙、小沙、马岙、干碶，终于白泉。开工启幕于册子岛，如今册子岛上正如火如荼地进行铁路建设。甬舟铁路的开工建设，意味着另一个重大工程——甬舟高速公路复线也进入实质性实施阶段。

2022年6月21日，甬舟高速公路复线金塘至大沙段工程项目PPP合同签约仪式举行。作为G9211甬舟高速扩容工程，该项目起于金塘镇化成寺水库东侧金塘枢纽，路线经册子岛、富翅岛和舟山本岛，跨越西堠门、桃夭门、富翅门3座公铁两用桥，终于舟山本岛小沙街道东岙弄水库北侧大沙村，全长约18.92千米。

未来规划中的北向通道将从上海出发，经过洋山港、岱山岛，再到舟山本岛，途经岑港，依托舟山跨海大桥，与宁波、杭州湾相连，最终回到上海，形成一个半环海上、半环陆地的沪杭甬舟交通大环圈。未来，甬舟铁路与沪甬跨海铁路相连，舟山至上海只需一个半小时。

自1999年而起的大陆连岛工程，以及自2009年而起的"大桥时代"，一直持续至今，并将在未来相当长的一段时期内继续发展。无论是海上公路还是海上铁路，岑港都是枢纽式节点。

8.解剖一只麻雀，"大桥时代"的岑港效应

如果说一个基础建设项目能够代表"一个时代"，那么在舟山，这个代表似乎只有舟山跨海大桥。

大桥时代的最初提法，是大桥经济时代。2004年10月13日，《舟山日报》发表"周仲平"评论《迎接大桥经济时代的到来》，将大桥经济时代与海岛经济时代相对应，并进行了深入阐述。一石激起千层浪。2005年3月25日，舟山市四届人大五次会议第三次全体会议通过93名代表提出的《大力推进大桥经济谋求舟山新发展》议案。

2008年底，市委务虚会议首次提出了舟山"大桥时代"。2009年5月5日、6日、8日，《舟山日报》发表"周仲平"3篇评论:《一个前所未有的大变局将要到来》《一场放大大桥效应的攻坚战已经开始》《一种面向未来的大桥文化精神亟待构建》。

评论说，大桥时代，不仅仅是指交通道路与大陆相通，而是指舟山结束了封闭、被边缘化的海岛时代历史，在思想观念、产业发展、城市空间、文化建设等方面与大陆对接。在整个大桥效应中，"第一桶金"仅仅是比例较小、为时较短的一部分，但它会对今后产生连锁反应。"大桥贯通"更是一只潜力股，发挥大桥效应更要有深远的谋略。大桥贯通对舟山的最大优势，一言以蔽之，就是打通了"以港兴市"的神经中枢。

解剖一只麻雀，岑港近20年发展恰似大桥效应的一个微观标本。

在舟山跨海大桥的5座大桥中，岑港大桥开通最早，因此它的"第一桶金"来得最早。2003年，岑港大桥合龙，岑港喊出了"大桥连通京沪杭，理想投资到岑港"的口号。过去，岑港、马目、烟墩在舟山本岛均处于被遗忘的角落，拥有企业集聚区无疑是一种奢望。2003年，岑港引进和新办各类企业32家，总投资规模3.5亿元左右，相当于前20年的经济总量；还是这一年，岑港镇工业经济总量首次突破了5亿元大关，正式步入工业经济发展乡镇行列。

不仅"第一桶金"的效应可观，"潜力投"效应在之后近20年中更是发挥得淋漓尽致。就连册子这座悬水小岛，也因深水岸线与大桥带来的区位优势叠加，而打通了发展的"任督二脉"。自2003年大桥建设起步时，浙江大舫船舶修造有限公司在小道头湾投资1.3亿元建造15万吨级干船坞；2004年5月，项目总投资2亿元的舟山南洋船舶修造有限公司落户桃天门村丁次浦；一直到近年来，册子岛北部的浙江省交通集团交投矿业大皇山矿、盐田港舟山外钓岛石油储运基地项目相继落户；2020年中奥万达220万方册子油品储运项目正式开工。在许多投资商眼中，册子等小岛一直是一个淘金地。

2021年，岑港街道企业总产值51.51亿元，招商引资完成11.7亿元，实际利用外资5510万美元，其中涉及海洋经济产业的占比超过70%，街道税收首次位列定海区第一。相比2003年，岑港上了一个很大的台阶。

如今，册子岛册北村的甬舟铁路西堠门公铁两用大桥项目现场是一片热火朝天的景象。这座大桥首桩于 2023 年 2 月 18 开钻，是甬舟铁路全线关键性控制工程，也是甬舟铁路及甬舟高速公路复线跨越西堠门水道的共用跨海桥梁，连接册子岛和金塘岛。大桥全长 3118 米，主跨采用 1488 米斜拉悬索，桥面宽 68 米，是目前在建的世界最大跨度公铁合建桥梁和世界最宽跨海大桥。大桥采用"公铁平层"布置，中间为铁路，两侧为公路。铁路为双线客运专线，设计时速 250 千米；公路为双向六车道高速公路，设计时速 100 千米。

西堠门水道上，曾经创造奇迹，还将创造新的奇迹。

建好的黄金湾水库，如平地之湖，隔着大坝便是大海。坝内是湖，坝外是海，这是世界上离大海最近的湖。水是生命之源，在历史上一直徒有其名的黄金湾，从此真的成了舟山"生命之源"黄金湾。

——题记

一江春水向东流，流入黄金湾水库。

此江，乃富春江，源头在安徽省黄山市休宁县的六股尖，主峰高达 1630 米。富春两岸雨水丰沛，江水清澈见底，水质常年保持在 II 类，属于优质原水。

流入黄金湾水库的富春江水，先是通过萧山枢纽工程，流入上虞曹娥江，再通过曹娥江大闸、曹娥江至慈溪引水工程、曹娥江至宁波引水工程，汇入姚江，途经宁波市郊李溪渡、岚山泵站，最后通过舟山大陆引水工程海底管道，输送到岑港马目黄金湾水库。

此乃舟山大陆引水三期工程的主要项目，也是浙东引水工程的一部分。20 世纪六七十年代，一批水利专家提出"把富春江水，引向绍宁平原及舟山海岛"。2003 年，时任浙江省委书记的习近平同志就解决浙东、浙北地区的缺水问题做出指示。随后，浙江省委、省政府做出建设浙东引水工程的重大决策。

此前，1999 年 8 月，大陆引水一期工程开工建设，至 2003 年 8 月 21 日正式启用，海底输水管道登岛点在岑港。

此前，2009 年 8 月，大陆引水二期工程开工，2012 年底竣工，海底输水管道登岛点仍在岑港。

就像舟山跨海大桥起点在岑港庄鸡山嘴，使岑港成了全天候通往大陆的桥头堡一样，舟山大陆引水一、二、三期工程海底输水管登岛点都在岑港黄金湾，使岑港成了舟山最大的本岛水源地。

不仅如此，大陆引水三期工程（包括舟山岛岛北引水工程和大沙调蓄水库工程，以及 6 个岛际引水项目，即金塘岛引水工程、岱山县引水二期工程、衢山岛引水工程、秀山岛引水工程、六横岛引水工程和普陀山引水工程）的水源都是大陆引水，都从岑港黄金湾水库取水。

岑港有龙潭，昔日是祈雨之地。今日的岑港黄金湾是最大的龙潭，而且不必祈雨，只要接通管道，水便会哗哗而来。

回眸历史，水荒之年何其艰难。以此衡量，今日之岑港，水利之地位非同寻常。

1.在那些旱魔袭来的日子里

舟山是个旱灾频发的城市，平均1.23年就有一次。

如今健在的年纪较大的舟山人，记忆最为深刻的应该是1967年的大旱。

在这一年，从夏天开始的4个多月时间里，舟山滴雨未下，连台风也消失得无影无踪，水库底部出现了龟裂，水井干涸。那时，舟山还是吃水靠天的年代，年降雨量比常年减少50%，导致当地连饮水都遇到了困难。到最后时刻，只能靠上海派出的4艘大庆油轮，先后运送20万吨长江水，才渡过这一难关。

如今仍铭刻在不少老年人脑海里的，是当年油轮到码头时，定海石灰道头人头攒动，大家提着各式各样的盛水工具，排着队一步步往前挪动，去取"救命水"的那一幕场景。当年二三十岁的挑水者，如今垂垂老矣，许多事已记不得，唯独1967年的大旱情景，如同发生在昨天一般。

到了20世纪90年代，旱灾仍隔三岔五地发生，虽没有1967年那般严重，但给舟山带来的经济损失，对市民日常生活的影响，以及对市民的心理冲击，却愈加严重。

1995年至1996年的一场大旱，一直被认为是1949年后损失最为严重的一次旱灾。其实，从降雨量来看，舟山多年平均降雨量为1352.7毫米，而1996年舟山降雨量为1159.9毫米。与1967年舟山降雨量仅600多毫米相比，1996年还不能算是干旱年。但自1995年8月开始的持续干旱，损失却是惊人的：

工业企业产值损失11亿元，利税减少1.8亿元；冰价提高，8000多艘渔船每逢出海充冰费增加1200万元；七八月旅游旺季，旅游收入同比减少5828万元；全市有40%的人口面临饮用水困难；实行隔日供水后，塑料水桶的价格也一度从每只9元涨至每只35元；在一些小岛乡村，村民们彻夜在井边排队取水的现象屡见不鲜；1.86万亩晚稻无法播种，而已种下的2万亩稻田则枯死……

为什么会这样？因为城市愈发达，经济愈发展，居民生活条件愈好，城市和居民的干旱承受能力就愈弱。

就像一个人洗澡，一星期洗一次澡时的承受能力，与习惯于一天洗一次澡时的承受能力截然不同；用一盆水擦擦身与非得在水龙头下哗哗淋身，对干旱的承受能力也是完全不同的。

舟山城区用水量，1979年为420万吨，1993年增加到了2541万吨。

舟山集镇供水量，1980年为88万吨，1993年增加到1758万吨。

所以，1995年至1996年间的那场大旱，虽然没有比1967年严重，但对于舟山各方面的冲击，以及所造成的危害，是前所未有的。

当时有人分析，按1979年至1993年的用水量递增幅度，舟山城市、集镇蓄水能力每年需增加近300万立方米，这还不包括农业和农村用水量的递增。

至此，海岛用水已到了仅依靠蓄水工程建设无法缓解水荒的历史时刻。

2.一项划时代的水利工程

舟山的陆地面积狭窄，山低谷低，河流源短且流急，独流入海；降水量的时空分布不均，虽然雨量不少，但难以留住。全市人均水资源占用量仅为613立方米，只有全国、全省平均水平的1/4，而且这613立方米的水资源，还有1/4分布在无人岛、盐田和海水养殖场上。

1998年，舟山与宁波达成共识，引入姚江之水。宁波姚江又名余姚江，发源于四明山夏家岭，流经梁弄、余姚、丈亭，在宁波三江口与奉化江汇合入甬江，全长约109千米。1959年7月，宁波在姚江下游建了一座姚江大闸，用于挡潮蓄淡，把原为潮汐河的姚江变成了江道型水库，集雨面积达 1918 平方千米。

舟山大陆引水工程当时被称为舟山大陆引水应急工程。为何叫应急工程？因为持久性的水荒要来了。当时舟山市水利部门有份报告：到 2000 年，舟山本岛在保证供给率 75% 的情况下，缺水量将达到 2641 万立方米，缺水率达 23.5%；在保证供给率 90% 的情况下，缺水量将达到 4631 万立方米，缺水率达 39.1%。到 2010 年，上述两档保证供给率的缺水量将分别达到 6898 万立方米和 8629 万立方米，缺水率分别达 44.2% 和 54.2%。也就是说，哪怕没有干旱，哪怕不完全保证供水，还是会发生常年性水荒，这样的日子快要来了。

1998 年，舟山大陆引水应急工程启动。它以宁波姚江为引水水源地，跨越江北、镇海两区，在镇海炼化集团岚山水库附近海岸入海，穿越杭州湾灰鳖洋海底，在定海岑港马目黄金湾上岸，以岑港水库为调节水库。工程输水管道管径 1 米，全长 67 千米，其中跨海段长 36 千米，设计引水规模为每秒 1 立方米，每日 8.6 万立方米。年平均引水天数可达 250 天，年平均引水总量可达 2160 万立方米。这项工程是当时我国长度最长、规模最大的跨海输水工程。

舟山的登陆工程自水利建设开始便选择了岑港作为"桥头堡"，这一选择是由于岑港的地理位置距离宁波镇海最近。康熙《定海县志》里《岑港峗图说》所说的"故定邑为东浙之门户，而岑峗又为定邑之要冲"又有了现代版的诠释。

在潮流湍急、地质复杂的海底铺设输水管道，在当时是个难题。灰鳖洋的测量流速达每秒 3 米，是舟山潮流最急的海域之一，而直径达 1 米的输水管道必须垂直穿越流向。在潮流如此急的海底铺设长达 36 千米的大口径输水管道，在国内外没有先例。

工程施工失败过好几次。一开始采用底拖法，即用工程船作动力，牵引输水管道，以 3 千米为一节逐步铺设，管道之间用法兰连接。但由于管道下海后阻力过大，施工以失败告终。后来又改为 1.3 千米一节，还是没有成功。工程一度停了下来。

后来探索性地采用 J 型铺管法，即在工程船上设置一个长达 100 多米的托管架，管道先在托管架上焊接好，再一节节放到海底，水下用水力开沟机辅助冲泥。这样既避免了连接管道的法兰过多易造成漏水的弊端，又减轻了管道铺设的阻力。

管道埋深作业全由水力埋设机在海下操作完成。它的工作原理是通过埋设机从喷嘴喷射出高压水流，冲击钢管底下的沙土，使其变得疏松，同时，利用埋设机后部的冷风吸泥管将部分沙土吸走。在此基础上，埋设机底部喷嘴喷出的高压水流进一步冲击已经疏松的沙土，将沙土冲向基槽两侧。此时，在重力的作用下，管道被埋进基槽中。输水管埋设在海底 2 米以下的沙土中，其投入和施工难度要比直接扔在海底高得多，但安全性却更高。

2001 年 8 月，经一年半的施工，36 千米的海底管道铺设基本完成。2003 年 1 月 26 日，在完成相关配套设施后，大陆引水应急工程进行试通水。

这一年，舟山又遭遇特大干旱，应急工程一通水即发挥了"应急"作用。

2003 年舟山旱情的严重程度，大大超过了 1996 年、1997
年大旱。1996 年 1—10 月舟山平均降雨量为 880 毫米，2003 年
同期仅为 665 毫米；1996 年 9 月舟山本岛城区开始从上海装水，
共装水 68 万吨。2003 年 8 月 28 日，舟山启用大陆引水应急工程，
当年从宁波引水 600 多万吨。若没有大陆引水应急工程，舟山城
区就无水可供，造成的直接经济损失必然超过 1996 年。

2003 年的干旱一直持续到 2005 年 8 月 "麦莎" 台风带来强
降雨才结束。从 2003 年 8 月开始的大陆引水也一直持续到 2005
年 8 月，其间，舟山共从宁波引水 3622 万吨。

3.黄金湾，从登陆点到大水库

黄金湾，是舟山最西端的通车区域。从定海出发，驾车经过
岑港，到达坞丘、赤坎后，取道马黄线，经过马目农场，翻过一
座山，驶到路的尽头，便到了黄金湾。

黄金湾本来也是个村子，后来要建设水库，村子才被搬空。
一条高标准海塘，将一片名为 "桃花涂" 的滩涂围了起来，形成
了碧波荡漾的水域。大陆引水应急工程的海底管道舟山登陆点，
就设在这里。

应急工程完工后，距登陆点百余米处的一个小山坡上，建起
了一座二级加压泵站。从大陆过来的原水，自此登陆点被引入，
经过调节池，再通过 3 台机组加压，一路输送到岑港水库。

调节池的储水量为 2000 立方米，池底下有 3 个管道口，连接直径达 1020 毫米的输水管道，通向泵房。在下沉式的泵房里，安装有 3 台机组，每台功率 560 千瓦，要用 6000V 的高压才能驱动其运转。输水管道埋在 2 米深的地底下，从马目登陆点一直铺设到岑港，总长度约 12 千米，其中包括 1.6 千米的隧洞。隧洞两端连接输水管道，原水直接从内径 1.8 米的隧洞流过。输水管道到达岑港中心区域后，分两路走：一路与岑港水库相接；一路与原有的管道相连，直奔虹桥水厂而去。

　　当舟山大陆引水应急工程开始引水时，"应急"两字已在文件和媒体报道中悄悄消失了。这意味着引水不仅是大旱时的应急措施，而且是常态之供给。到了 2004 年，也就是在引水应急工程启用的第二年，舟山水利围垦建设的重点工作中，已赫然提到了舟山大陆引水二期工程。2006 年，在浙江省水资源保障百亿工程的 20 个项目中，舟山大陆引水二期工程被列入其中。

　　二期工程取水口位于宁波姚江李溪渡，通过 20 千米的陆上管线，延伸至岚山加压泵站，再到入海口，然后通过 33 千米长的跨海双管，输送到总库容为 909 万立方米的黄金湾水库。二期建成后，加上一期工程，每年从大陆引水超过 9000 万立方米，当时预计可基本保证舟山 20 年内用水不出现大问题。

　　虹桥水库，库容量为 1015 万立方米，而黄金湾水库，则为舟山第二大水库。该水库有两个功能，一是蓄水，二是调节输水量，同时还起到"沉淀池"的作用。

　　姚江虽经生态环境治理，水质达到了 III 类，但仍受径流和丰、

黄金湾水库

　　黄金湾水库如平地之湖，隔着大坝便是大海。
坝内是湖，坝外是海。这是世界上离大海最近的湖。

枯水季交替的影响。尤其是在每年10月至次年4月，舟山、宁波都相对处于降雨较少的枯水期，水量得不到保证，而水质在很大程度上取决于水量。水量多时，经过沉淀的上层水往往较为清澈；水量少时，水质就会受到影响。

舟山水库里积蓄的雨水，作为原水，水质为Ⅱ类，因此大陆引水应急工程启用后，有些舟山人说喝姚江水不如喝舟山水库的水。在定时定量供水时，人们不会有此抱怨，但在正常供水时，水质问题就会被更多地考虑，这是人的自然心理反应，不能说有错。

二期工程的引水，经过黄金湾水库的"沉淀"处理后，再输入预处理站，预处理站对从大陆引来的原水进行生物处理，经过氧化、还原、合成、分解等过程，使水中一些有机污染物逐渐转化或去除，从而改善原水的水质。

在岑港大桥下，老塘花田畔，岑港建起了一个低密度的排屋小区，名叫桃花苑。在定海水泥厂旧址上，又建造了多层住宅"芳菲苑"移民新村。黄金湾水库移民涉及黄金湾、韭菜塘、长坑3个自然村，共500多户村民。黄金湾自然村有一块滩涂，名桃花涂，住进桃花苑的黄金湾村民倍感亲切，从桃花涂到桃花苑，一字之差让他们感到家仍是家，只是搬到了另一块地方。而原先的桃花涂，已如一束水印桃花恣意泼墨晕染，依然袅娜在黄金湾。

这些自然村原本偏僻，但黄金湾水库的建设使这些村都成了热土。黄金湾三面环山，只有西边面对波涛滚滚的灰鳖洋。它像一个畚斗，畚斗口被一条坚固的海塘围住，弓弦一样笔直的海塘将整个黄金湾围成了一个 3000 余亩的盆地。黄金湾水库便建在这里。

黄金湾村附近，还有舟山大陆引水一期工程马目二级加压泵站调节水池。岱山岛引水应急工程也由此往东北方向延伸，穿过桃花涂至岱山的灰鳖洋海域，登陆岱山岛，这也是大陆引水二期工程的一个建设项目。水是生命之源，在历史上一直徒有其名的黄金湾，从此真的成了舟山"生命之源"黄金湾。

黄金湾水库的大坝分为主坝和副坝，总长 1250 米。在滩涂上建水库大坝，其难度比建普通的水库大坝更大。施工队伍一共打下了 4844 根直径为 80 厘米的桩柱，这些桩柱的总长度达到127454 米，其中最深的一根桩柱深入地下 65 米。防渗墙是水库大坝的重要部分。在黄金湾水库大坝施工过程中，施工队遇到了一个难题：最初用挖掘机施工，但挖到 20 多米深时就发生了塌方。最终，施工队采用了打桩机打孔沉桩的方式，才建成了厚 80 厘米的防渗墙。

建好的黄金湾水库，如平地之湖，隔着大坝便是大海。坝内是湖，坝外是海，这是世界上离大海最近的湖。水库的建设将一座叫桃花山的无名小岛与马目连在了一起，桃花山上有桃花女石，桃花女石名留县志。这是一块高约 2.5 米的大石头，远远望去，好像一位少女在痴情眺望。她在眺望什么呢？清人卢坚有一首《桃花女山》献给她：

桃花女石

　　这是一块高约 2.5 米的大石头，远远望去，好像一位少女在痴情眺望。

拳石洞天婉，芳名羡渥丹。

状奇真欲拜，色秀竟堪餐。

牛渚乘槎易，洛神解佩难。

莫须怜弱质，也解障狂澜。

在马目传说中，桃花女原是仙女，来自天上，与东海孤岛一少男相恋相爱。她把长在海湾的黄颈树点化成黄金树，从此他们的住处就叫"黄金湾"。这故事的结局还是老套的棒打鸳鸯：情郎丧命，仙女变石，千古凝望。然而，故事还是留了一条充满遐想的光明尾巴：桃花女石旁长出一棵桃树，每到春天便嫣红一片，馨香百里。

正因为黄金湾地处岛上最偏僻之地，才会有人把它叫作黄金湾，并衍生出如此美丽的民间传说。如今，黄金湾真正成了黄金湾，也不枉桃花女在此站了千百年。

黄金湾有桃花女也有"桃花石"。之前有舟山民间文学家在黄金湾千米海塘堤石中发现了许多"桃花石"，石上桃花纹路自然生成，如图画一般。这些深褐色"桃花石"，采自马目石宕。据考证，它是侏罗纪晚期火山活动的产物，叫次流纹质晶屑玻屑熔结凝灰岩。

水润黄金湾，因为有了这些，才更加妖娆多姿。

　　自 2013 年，册子岛、富翅岛等 18 个面积超过 500 平方米的小岛被划入岑港街道，一个历史上从未有过的陆海相融的大岑港由此诞生。这种陆海相融的效应，如今在港口资源利用方面有了最充分的体现。随着老塘山港区的范围不再局限于历史上的老塘山地域，这种扩展和延伸意味着港口产业的裂变效应已经全面爆发。

　　　　　　　　　　　　　　——题记

老塘山，位于岑港之西岙，原是一处宕口。据说早在乾隆年间这里就开始开采石材，因此可能是舟山最古老的宕口之一。

2023年4月14日下午1时，一艘装载1.15万吨大豆的"江海直达68"散货船从老塘山中转三期码头启航，驶往武汉汉南港。8天后，该船从安徽池州装运1.35万吨砂石返回宁波。此举标志着舟山"江海直达"船正式开启准班轮化运作，舟山至长江中游地区实现了月班制运输。

岁月更迭，老塘山巨变。回顾历程，有一种改天换地的感觉。

1."东方大港"考察队最早关注老塘山

老塘山港的建设可以追溯到1984年，当年还在进行建港前的"三通一平"（路通、电通、水通及填涂围塘筑堰）工程施工。

这一年7月，浙江省"东方大港"考察队到舟山进行考察。此考察队成员包括浙江省航海学会、浙江省海洋学会、浙江省地理学会、浙江省水产学会、浙江省计经委、浙江省科委、浙江省交通厅、中国人民解放军海军东海舰队、上海市经济区规划办、上海市航海学会、上海市经济研究中心、交通部及舟山有关单位的领导、专家、教授、工程师共50余人。当时媒体报道说，组织这样大规模的实地考察，是我国有史以来的第一次。

这次考察，旨在为建设"东方大港"提出依据并设计最佳方案。考察队在舟山考察了7天，参观了金塘、老塘山、鸭蛋山、东港浦、六横、虾峙、桃花、朱家尖、马峙和小干山等港口海域。

考察结束时举行了考察论证会,有 20 余位专家发言,一致的观点是,舟山港区建设现代化"东方大港"的自然条件是得天独厚的。

一是航道和港区条件好。进港航道在低潮时平均水深约 17.6 米,平常水深约 17.21 米,可使 20 万吨级重载船在半潮时进出。港内水深为 10—30 米,浪小、避风、少淤。水域面积在 100 平方千米以上,可同时锚泊 1—20 万吨船几百艘。

二是深水岸线长,陆域宽广。舟山本岛及周边陆地可建超过 30 千米的深水泊位岸线,可建 50 万吨级码头亦不会淤积,年吞吐量可达 3 亿吨以上。

三是地理位置优越。长江干线、北洋干线和南洋干线在此交会。此处位于全国水运干线的交叉点,可直接连接经济比较发达的 15 个省市,北至天津,西到武汉,南至香港。全国最大港口上海,就在它的背后。所有外国船舶进出北仑港、上海港,都需经过舟山航道。

可以说,这是 1949 年以来,舟山港口资源的第一次全面普查,后来有关舟山港口资源优势的种种提法及数据,大多源自此次考察。这时的老塘山,还隐没在一大串待开发的港区名单中,并不起眼。但有 3 点还是引起了特别关注:距北仑港 7 海里,陆域宽广且避风条件好,距岸线 400 米处水深达 20 米。

这时发生了一件事。我国第一个工业性直流输电试验工程——舟山直流输电工程,原计划从镇海半岛的峙头向外长峙铺设海底电缆，但经过勘探，这段水路水流湍急，海底怪石嶙峋，不适宜铺设海底电缆。因此改为从镇海大碶镇整流站到金塘、岑港老塘山、鳌头浦逆变站的线路铺设。此事加深了人们对老塘山地理位置优越的印象。

2.一期临近煞尾，二期紧跟上马

当时建设的老塘山万吨级码头，是舟山"六五"期间的重点项目之一。重点项目除了老塘山码头，还有汽车轮渡、定海华侨商店、舟山纺织厂等。40多年过去了，当年的大部分项目都已完成历史使命退出舞台，而老塘山却一枝独秀，越做越大。

1986年4月16日，老塘山万吨级码头打下第一根桩。码头平台宽22米、长130米，栈桥总长140米。这便是老塘山码头最初的规模。

站在码头眺望，西有里钓、外钓等小岛，西南金塘岛赫然在目，再往前便是北仑港，彼此相距7海里，两港共享同一片海域。左右环顾，沧海茫茫，浪平潮缓。老塘山可开发的海岸线长达10千米之多，可利用的10—20米的深水区有38平方千米之多，当时建设的仅是其北端的一小部分。

在老塘山万吨级码头建设之前，舟山港只有定海、沈家门2个港区，因此老塘山被人们寄予厚望。一期工程还没建成，二期工程的2.5万吨级码头和3000吨级码头已进入扩初设计阶段。

1987 年 2 月，一期工程临近煞尾，二期工程紧跟上马，以风驰电掣来形容当时的建设速度也不为过。

老塘山一期 1.5 万吨级码头原是件杂货和煤炭散货泊位。二期码头建成后，一期码头改为件杂货专用泊位，二期码头全部用于卸煤和装煤。这是浙江省最早的大型煤炭中转作业区。在此之前，浙江省的用煤主要依赖上海转运，而不是直接从北方港口直达浙江，这不仅增加了运输成本，还难以保证煤炭的质量。

从一二期项目的规划来看，当时的老塘山码头主要着眼于国内煤炭的中转货运。然而，1997 年发生的一件事预示着此码头的前景将不仅限于此。

是年 3 月 17 日，应邀前来舟山参加 1987 年全国平板玻璃可供资源会议的中国建材供销总公司副经理谈剑虹考察了老塘山码头。谈剑虹说，老塘山码头能够直接停靠万吨轮，其各种条件优于广州黄埔港和厦门港等中转港，今后国家进口水泥完全可以在这里中转。

在现存的历史资料中，这是首次提及老塘山码头的进口中转。当然，受限于当时的各方面条件，要想真正做到这一步，还有很长的路要走。

3. 20世纪80年代的港口建设战略

舟山港的对外开放时间是 1987 年 4 月 1 日。当时，对外开放的陆域只有沈家门墩头和老塘山作业点，而海域则仅开放了虾峙门锚地。

若老塘山码头一二期工程全部建成并投入使用，舟山港的货运年吞吐量将超过200万吨，从而使舟山港成为我国的中型港口之一。那时期的老塘山一下子成为舟山港冲刺中型港口的主要砝码。

20世纪80年代，舟山港口建设主要是为了配合舟山的经济建设，尽快改变落后的面貌，增强海岛经济发展的后劲。至于港口仓储、中转、海运业、加工工业、商业、金融业、服务业等综合性港口产业，当时还仅仅是一个战略性的方向。尽管后者的意义已经超过了为舟山本地经济提供配套服务的范畴，但当整个国家的国民经济还未发展到以外向型经济为主的时候，或者仅仅只是显现出这一趋势的迹象时，画再大的"饼"也无法真正解决实际问题。

这时候，舟山工农业总产值与港口货运量的相关系数为0.95，大致上工农业总产值平均每增加1万元，港口货运量需要相应地增加40吨。老塘山码头一二期规划主要围绕这一需求，并预留了一定的发展空间。

4.老塘山码头让舟山开始"押宝"外向型经济

但舟山港的发展速度还是让人超乎意料。

1988年1月5日，一艘巴拿马籍货轮"南方商船"号从马来西亚米里港装载8266.6立方米的圆木抵达舟山港，并在老塘山码头卸货。现有资料显示，这是老塘山码头第一次靠泊外轮并进行卸货作业。

从1987年4月1日开港至此时，舟山港已接纳外轮20艘次，吞吐进出口货物达13.4万吨。

到了1988年2月，老塘山码头又迎来两艘外国货轮。一艘是利比里亚籍"银杉"轮，卸下一批木头；另一艘是新加坡籍"维玛林"轮，同样也是卸下木材。

集装箱班轮首次挂靠舟山港，停靠的也是老塘山码头。那是在1990年12月14日下午，浙江远洋运输公司的"浙雁"号集装箱轮，载重吨位达9600余吨，装载着舟山出口的装满冻梭子蟹、冻虾仁和玩具的11只集装箱，离开老塘山万吨级码头，启程驶往香港。

"把舟山甩向国际市场"，由此开始成为热门话题。这时候，国际经济正经历"二战"后的第三次产业转移浪潮，发达国家的劳动密集型产业开始向泰国、马来西亚等国转移，部分产业已露出向我国珠江三角洲地区转移的端倪。面对这一机遇，一些舟山人算了一笔账：

当时，舟山的工业用水每吨0.281元，用电每度0.162元；而内陆地区的用水每吨约0.13元，用电每度约0.15元——这简单的数据表明，生产同样的工业品，舟山的水电成本高于内陆地区的成本。假如面向"内陆"市场，原材料从内陆运入，产品返

老塘山港区泊位

外轮靠泊老塘山港区并装卸货物。

销内陆，舟山产品的优势无疑较弱；而反过来，如果面向"海外"市场，那么舟山的区位优势就明显地显现出来。以日本大阪为例，它与福建相距 1200 海里左右，与广东黄埔港相距 1500 海里左右，而与舟山只有 800 海里左右。运距短，费用低，使得舟山的产品在国际市场竞争中有了相对优势。

舟山有底气进行这一谋划，很大一部分原因在于老塘山码头此时已建成万吨级泊位 1 座，同时 1 座 2.5 万吨级的泊位正在施工中。

5. "龙头"昂起，带动"龙身""龙尾"

舟山本岛西南端有一条野鸭山岸线，南起黄沙山，北至老塘山，全长约 8344 米，因中间有座野鸭山而得名。

野鸭山原本是座孤岛，之后围海造田才使它与北面的老塘山和南面的黄沙山携起手来，陆域面积约 14 平方千米。

也正因如此，那里水深坡陡，海域宽阔，港域面积约 58 平方千米。以野鸭山为界，南段 20 米等深线距岸 100—300 米，北段 15 米等深线距岸 700—800 米。港西有金塘、大榭等岛屿作为天然屏障，围蔽条件极好。总之，这里是一个建设深水良港的理想之地。

有人将这段岸线连同老塘山岸线比作一条"卧龙"，其中老塘山是"龙头"，野鸭山至黄沙山一段则是"龙身"和"龙尾"。

1992 年，"龙头"已经昂起，"龙身"和"龙尾"也蓄势待发。到 1994 年，"龙身""龙尾"真的动起来了。这年 8 月 23 日，野鸭山海域锚地揭开了我国海运史上浮吊连续水水中转作业的新篇章。中外合作舟山首和中转储运有限公司首次在锚地中转巴拿马籍 13 万吨级"大洋洲"号轮的铁矿砂。至年底，该公司为首都钢铁总公司累计中转了 95 万吨秘鲁进口铁矿砂。

"龙头"带"龙身""龙尾"，原本就是顺理成章。

6.老塘山码头第一次全自动化卸货

老塘山码头首次接卸并中转来自北方的煤炭是在 1992 年 8 月 5 日，舟山第一海运公司的"浙海 717"轮在老塘山卸下了 6250 吨大同块煤。这些煤炭，从天津港运来，通过老塘山码头，转运至温州、台州等地。

此时，沿海的沪、甬等主要港口在煤炭运输上面临着需求量大，但卸港、转运、储藏能力不足的困境。天津市的一家煤炭经营单位因此与舟山达成煤炭中转的协议。

此时，老塘山二期码头尚未投用。二期码头是专为煤炭中转规划和建设的，其年吞吐能力达 400 万吨，占当时全国沿海煤炭专业港口年总吞吐能力的 17.8%，堆煤场可一次性堆煤 25 万吨，配套设施包括皮带机转运楼、皮带机高架桥、斗轮机轨道等。

1992 年最后一天，老塘山二期码头完工。经过竣工评审、验收等一系列程序，于次年5月15日迎来了卸煤船舶的首次重载试车。

这天一早，舟山第一海运公司的"浙海717"轮满载6295吨从山东龙口港装运的民用煤，静静地停泊在码头。由于泊位规模较大，这条载重量7000吨级的货轮显得很不起眼。

9时14分，随着指令下达，卸煤机上7吨自重的抓斗通过横梁滑道行至货轮上空，张开似红旗蟹大钳的双扇斗门，凭借4根杯口粗的钢索，俯冲入船舱，在煤堆里狠狠地"咬"了一口。"这一斗有9吨煤呀。"工程技术人员的介绍让在场观摩者不禁惊叹。

抓斗以每40秒一斗的速度"吞吃"着船舱中的煤，而后不停地吐进卸煤机腹中的落煤斗。通过落煤斗分道，煤均匀地泻入飞速运转的皮带机输送带。1500多米长的输送带尾端是一台高大的斗轮机，斗轮如同盛开的葵花。斗轮机伸展长长的手臂，把输送带运来的煤缓缓地撒向广阔的堆场。不一会儿，堆场上积起了一座煤山。

每小时卸煤1650吨，6295吨的船煤，不到4小时就卸完了。

这种不用凭借人力的全自动化卸货，在舟山还是第一次。

然而，载重量6295吨的船舶与老塘山码头的规模并不匹配。到了10月14日，码头终于满负荷靠泊，天津远洋运输公司3万吨级散货轮"莺歌海"号满载2.3万吨煤炭，靠上煤炭专用码头并开始卸煤。卸下的煤几天后便分批中转给货主单位——宁波鄞县咸祥燃料供应站。

老塘山码头的煤炭中转自此开始。但由于当时正值计划经济向市场经济的转型期，一直没有落实正常的煤炭货源，这一中转业务在完成 25 万吨中转量后戛然而止。直到 1997 年 10 月，舟山港务管理局与浙江省电力公司正式签订煤炭中转协议后，老塘山二期煤炭中转作业才重新启动，自此电煤中转步入正轨。1998年，电煤吞吐量达 244.52 万吨，占舟山港货物吞吐量的 64.9%。2003 年，煤炭吞吐量达 376.42 万吨，首次突破设计吞吐能力。2004 年，煤炭吞吐量突破 600 万吨，创下历史纪录。

7. "龙头"与"龙身""龙尾"的合体

野鸭山岸线原本计划要再建一个独自的港区，但 1994 年8 月的一次矿砂中转，却让"龙头"与"龙身""龙尾"合为一体。

8 月 23 日，在野鸭山锚地，巴拿马籍"大洋洲"号轮满载的12.99 万吨秘鲁铁矿砂，通过 2 台 25 吨大型浮吊，分次卸入 2 艘661.5 千瓦的拖轮和 6 艘 2500 吨级的驳船，运送至老塘山港区。自此，老塘山又开辟了大型矿砂船的水水转运业务。

这是国内首次矿砂水水中转。而它背后的故事，也颇有意思。首都钢铁总公司斥资买下秘鲁一座储藏量达 4.6 亿吨的铁矿，并租用大型船队运送矿石归国。然而，北方的码头无力承接 10 万吨以上的巨轮，而南方码头的泊位也面临着货多港紧的困境。巨轮被迫压港，运输成本急剧上升，高炉急需补给……在这种情况下，人们将目光投向了舟山。老塘山港区优越的水水中转能力在实践中得到了充分验证。

这也标志着老塘山"龙头"与野鸭山"龙身""龙尾"优势的真正融合。

水水中转的成功依赖于大型港口设备的支持，这是首次水水中转成功得来的经验。1995 年 7 月，一座大型散货抓斗式浮吊"首和 3 号"出现在老塘山港区。

这座浮吊由荷兰最负盛名的浮吊制造公司"FIGEE"与首都钢铁公司镇江谏壁船厂联合制造。其主机重达 478 吨，功率达到 2060 千瓦，能够在 48 秒内装卸货物 36 吨，日装卸货物能力达 4 万吨。当时，它是国内装卸货量最大的散货抓斗式浮吊，世界同类大型浮吊仅有 8 座。

"首和 3 号"浮吊投入使用后，老塘山港区的大宗散货水水中转能力跃上了一个新的台阶。

8.老塘山港区拓展至岑港之外

老塘山三期工程于 2002 年 2 月 5 日开工，次年底投用，之后又进行了扩建。

三期区域位于岑港之外，在舟山岛野鸭山西端。"龙头"与"龙身""龙尾"终于完全合为一体。

目前的三期码头已经过扩建，呈 T 字形，T 字两头是 5 万吨级兼靠 8 万吨级、5 万吨级兼靠 7 万吨级的散货卸船码头，并配有一个 5000 吨级的散货装船泊位。码头上配备了 5 座门座式起重机，它们犹如《星球大战》中的机器人，形状酷像仙鹤，因此也被称为"仙鹤吊"。

"仙鹤吊"不简单，其巨大的机械手能够一次性抓起 30 吨粮食并放入输送带，全天候可接卸粮食 2.2 万吨。

三期工程的最大特点是利用码头的门机可直接进行减载过驳作业。这一特点显现后，老塘山港区便成为"海进江"减载业务最便利之码头。仅 2004 年，它就为长江沿线 50 余艘散货船装卸粮食、煤炭、矿砂、钢锭、硫矿等货物，共计 111.86 万吨。2006 年，这一数字上升到 664.26 万吨，老塘山港区成为南京、南通、张家港等长江沿线港口进港船舶的重要减载地。

老塘山四期工程设有一个 2 万吨级兼靠 3 万吨级的件杂货泊位，为后方工业企业配套服务。在四期工程后侧约 250 米处，则有老塘山港作船码头，其接岸栈桥与四期工程共用，设有一个泊位，能够兼靠 2 艘港作船舶，并配备一座 3000 吨级的滚装码头，于 2007 年底完工投用。尽管港区范围已扩展到马岙地区，但依然被称为老塘山港区。

随着老塘山港区的范围不再局限于历史上的老塘山地域，这种扩展和延伸意味着港口产业的裂变效应已全面爆发。

老塘山五期码头位于野鸭山岸段的中部，老塘山港区三期工程的南侧。它拥有一个 12 万吨级兼靠 15 万吨级的卸船泊位，一个 3.5 万吨级的装船泊位，以及一个 1 万吨级的装船泊位。码头岸线长 400 米，设计年通过能力为 1145 万吨，满足了到港船舶大型化的发展需求，大幅提升了舟山港域公共码头的接卸能力。五期码头于 2009 年底建成投用时，已获准进行水水中转试运行。

水水中转，为老塘山港区带来了一系列的新嬗变。

9.粮食集散中心

宋元时期的昌国是粮食集散中心，那时，有大量粮船集聚昌国。《金史》之《刘豫传》中，就有"（昌国）其县在海中，宋人聚船积粮之处"之记载。元代，昌国州烈港（今金塘沥港）为漕粮北运的中转港口。但从历史的角度看，这一现象只是昙花一现。

老塘山三期码头建成后，舟山顺应了天下大势之变化，提出了建国际粮油集散中心的构想。

历史上，中国粮食供应一直以"南粮北调"为主。

明朝，京杭大运河从南向北运粮的漕船超过 9000 艘。清朝，每年从南方征收并北运的漕粮多达 400 万石。

这个格局，直到 20 世纪 90 年代后期，才有了根本性变化。

那时，我国粮食生产地域的重心由南向北、由东向西逐步转移。东北地区成为粳稻、玉米的主要供应地，外调量占全国的60％。"南粮北运"变成"北粮南运"。

与此同时，粮食运输方式也发生了变化。

在铁路出现之前，水运是粮食运输的主要方式。有了铁路后，火车运输比木帆船、铁壳船运输便捷且安全，粮食运输慢慢转成陆上运输。

然而，随着海运船只越来越大，同时铁路运力开始紧张，粮食运输又重回海运。大型船只的出现降低了运输成本。还有一点，粮食要进口，进口粮食只能靠散货船从国外运到中国。

无论是北粮南运还是粮食进口，都需要有一个粮食集散中转地。而先前的粮食码头，无论是连云港、南通、江阴、张家港，还是上海、宁波，都只能停靠3万吨级的船，且需要候潮进港。国际上目前通用的是巴拿马级货船，装载量一般为6万吨左右，上述粮食码头如果不进行减载，根本无法接纳。

浙江是全国第二大粮食主销省份，约有一半的粮食需要从省外调入。因此，浙江也必须有个粮食集散中心。

凡此种种，使得老塘山港区迎来了成为粮食集散中心的机遇。

2007年，国家发改委发布的《粮食现代物流发展规划》明确了我国主要粮食物流节点布局。其中，广州新沙港、舟山老塘山港区、大连北良港为我国南、中、北3个重要散粮中转枢纽。《浙江省粮食物流发展规划》则将舟山粮油集散中心列为全省粮食物流的龙头，定位为进口粮集散平台。

10. 天下粮仓

仓廪实，天下安。在电视剧《天下粮仓》里，由舟山籍画家朱仁民绘制的两幅长卷中国画——《千里嘉禾图》和《千里饿殍图》，形象地说明了粮仓乃国之命脉的道理。

自古以来，天下粮仓一般都建在交通便捷之地。漕粮和古运河相连，藏在浙江的古粮仓富义仓。该仓始建于清光绪六年（1880），坐落于运河最南端，现今的地址是杭州霞湾巷8号。

得良港之利，实天下仓廪。2004年，在老塘山港区，投资近亿元的"天下粮仓"开建，当时被称为"省级中转储备粮库"，如今更名为"浙江省舟山储备中转粮库"。

粮库最初库容量为8万吨，经过扩建，到2022年已达到33.45万吨。

与内陆地区的粮库不同，面朝大海、临近码头的舟山粮库储存的主要是进口粮食，品种主要是小麦和大豆。

大型货轮把小麦和大豆从国外运抵老塘山港区，通过3千米长的输送廊道运至粮库。粮食在入库前，需经过水分、杂质、容重、色泽、气味、面筋吸水率等多项品质检测，检测合格后方可入库。这样的检测，在满仓、出仓时也都要进行，日常还要抽检，一年还有两次普检。

粮仓里的精食保质，主要依赖于良好的储存条件。古代粮仓，多以干燥、通风、避光、低温来储存粮食，现在亦如此。舟山粮库面临大海，空气潮湿，台风多发，因此控制粮库的温度和湿度尤为重要。夏天要给小麦吹空调，冬天要给粮堆盖被子，还要根据天气情况，对粮库进行通风和除湿。

藏在舟山粮库的粮食，一般每5年轮换一次，换下陈粮，换上新粮。

除了浙江省舟山储备中转粮库，中储粮集团浙江粮食仓储物流一期项目也在老塘山落户，规划建设仓容为50.4万吨的浅圆仓。建设这个项目，不仅有助于维护浙江的粮食安全，还将为中储粮在长三角地区的粮食调控提供物流节点，同时畅通进口粮食向内陆地区流通的主要通道。

截至本文写作时，这个项目的一二期已投运，三期也已开工。它将为老塘山港区带来150万吨左右的年吞吐量，其操作模式为"前港、中仓、后厂"，将有效地促进粮油加工企业的聚集。

11.天下粮市

口粮自给率不足10%的舟山能成为天下粮市，这在过去是难以想象的，但今天的岑港老塘山，确实已成为天下粮市。

粮市的根本在于流通，它把天下粮食汇聚拢来，再分发开去。老塘山港区有这个条件。

2008年，老塘山港区进口粮中转量超过了宁波港。到了2022年，它的进口粮中转量约占全国的18%，达到了2500万吨。

这样的中转量，放在传统粮市中是无法想象的。

回顾老塘山"天下粮市"的形成过程,2014 年是个重要节点。那年 10 月, 舟山获批为全国首批进境粮食指定口岸。此时, 老塘山的粮食仓储能力已接近 80 万吨。

获批当年, 舟山便成为我国最大的进境粮食公共中转港区, 进境粮食种类涵盖大豆、玉米、大小麦、油菜籽和高粱, 进境粮食来源国有美国、巴西、阿根廷、澳大利亚、加拿大、乌克兰、乌拉圭和法国。通过老塘山港区中转的粮食, 被输送到上海、南通、张家港、泰州、镇江、南京、九江、武汉、长沙、芜湖、重庆等地。

这样的格局, 称之为"天下粮市"一点也不为过。

获批第二年, 舟山口岸进境粮食达到 304 批次, 总量 439.12 万吨。若按每人每天消耗 0.4 公斤粮食计算, 以舟山 100 万人口为例, 那么这一年进境的粮食量, 几乎可满足 30 个舟山一年的需求。

12.粮油大厂

从"天下粮仓", 到"天下粮市", 再到"粮油大厂", 依托老塘山港区的区位优势, 一条产业链顺理成章地发展起来, 并由此形成了位于岑港港区老塘山作业区后方的舟山国际粮油产业园。

中海粮油是这个产业园最早的一家粮油工厂, 它的全称是舟山中海粮油工业有限公司, 早在 2004 年 2 月就投产了。当时的规模是一条日加工 2000 吨大豆、油菜籽的生产线, 具备年产 50

万吨高蛋白豆粕和 10 万吨食用豆油的生产能力。投产两年后，中海粮油一跃成为当时舟山工业产值最大的企业。2008 年 4 月，中海粮油启动二期工程建设，再增一条日加工大豆 3000 吨的生产线。

作为资金密集型的粮油加工企业，中海粮油利用老塘山港区的优势大进大出，大豆全部由 6 万—6.5 万吨级的船舶从南美、北美装运进口，因此产品成本低于内地加工企业，具有明显的竞争优势。其产品除 60% 供应浙江省市场外，还进入江西、湖南、湖北、四川等省的市场。2015 年，中海粮油凭借豆粕、豆油两种产品，敲开了国际市场的大门。目前，中海粮油已跻身中国食用植物油加工企业 50 强，并成为浙江食品工业百强企业之一。

继中海粮油之后，舟山国际粮油产业园又有泰丰粮油、百威英博等粮油加工企业落户。粮油大厂的规模正在不断扩大。

老塘山港区从 1984 年开始的嬗变，历时近 40 年。

13.从老塘山到册子，陆海相融的岑港特色

自 2013 年，册子岛、富翅岛等 18 个面积超过 500 平方米的小岛被划入岑港街道，一个历史上从未有过的陆海相融的大岑港由此诞生。

这种陆海相融的效应，如今在港口资源利用方面有了最充分的体现。

现在的岑港街道外钓山岛上，建有一个 30 万吨级的公共油品码头。它于 2017 年 8 月开工建设，次年 12 月就建成转入试运行。试运行期间，200 余艘大型油轮完成接卸作业。2022 年 7 月，码头正式投运。

码头属于舟山港外钓油品应急储运有限公司。这家公司的外钓山岛油品项目，除了 30 万吨级的公共油品码头，还有 55 万立方米的油库和 13 千米长的输油管道。它是舟山绿色石化基地国家级战略项目的配套工程，负责进口原油的接卸、转输和储存，是中国（浙江）自由贸易试验区油品全产业链的基础设施。同时，它还承担着宁波舟山港域及周边海域大型船舶应急靠泊、事故船舶油品紧急转驳和储存等应急处置功能，是宁波舟山港域重要的海上溢油处置基地之一。

定海油品储运交易基地，以岑港区块和马岙北部为主要集聚平台。由此，定海一半以上的油品库容集中在岑港。辖区 9 家油品储运企业，已建成总库容达 900 余万立方米的储油设施，配套建设 20 余座不同吨位的码头，并敷设 4 条输油管线。同时，区域内分布着油污水和油泥处置等协同企业。

全速推进的盐田港油气产业链项目，正是西部油品储运交易基地发展的缩影。2021 年，浙石化册子至马目配套油管建成投用，油气吞吐量将近 1 亿吨。

产业发展带来了企业间的融合，而这一融合过程离不开街道的牵线搭桥。老塘山的一家油品贸易企业计划拓展储罐业务，而烟墩的一家油品仓储企业有意拓展油品贸易业务，但受到了土地、资源等要素制约。在街道的牵线搭桥下，两家企业牵手合作。

陆海相融的效应，在国家战略实施过程中得到充分体现。

老诗人方牧曾为老塘山港区赋词《沁园春·老塘山万吨级码头竣工》：

鬼斧神工，沉璧浮金，剪彩挂红。遣诸天力士，移山填海；六丁六甲，缚虎擒龙。车吊驱潮，引桥镇浪，堆栈连云动远空。争顾盼，试从容吞吐，南北西东。

九天快哉雄风，揽万里航程入怀中。集欧金美错，他山玉石；天涯地角，凤鸟梧桐。轨接长江，碇移上海，豪气纵横意若虹。回眸间，看飞扬光热，大吕黄钟。

岑港古村落的前世今生

熟悉又亲切的风景，朴素又简洁的画面，将人的记忆带到遥远的乡村。山花溪水，石桥老宅，还有那心底唤起的浓浓乡愁。此生，无论脚步走得多远，也不会忘却那乡村的山水草木、风土人情。

——题记

岑港境内散落的古村，像中国大地上无数古老的村庄一样，拥有一大片绵延铺展的青山绿水。

每一个村庄都有不可替代的景致，宛如一幅生动的乡土画卷。

当我们的乡村仍能保有一方土地，让村民种瓜得瓜，种豆得豆，在飞速发展的时代中慢慢度过光阴时，我们的村庄便不会沉睡。古村落也会成为美丽乡村中的点睛之笔，在传统文化与现代文化的交融中重放光彩。

1.司前老街

整齐的石板路，斑驳的灰墙面，还有那悠长的街巷，由东向西，蜿蜒而来。

司前老街，岑港的一道隽永风景，古色古韵，朴素自然；没有雕琢精美的装饰，没有气派华丽的台门，只有褪尽繁华的淳厚。街道两边有木结构古民居，沿街而立；旧时的临街店铺依然存在；偶尔可见屋檐下镂空的木窗花，灰白的墙面上镶嵌着一块块里钓盛产的红石板，煞是夺目。红白相间，如同一幅立体画，简洁、明快，却又不失和谐。这片海岛乡村留存下来的古街其实已经不多了。历经风雨，唯有这般朴实无华，才能坚守长久。

可是，这样的老街，似乎与江南其他古街相仿，它又有什么与众不同之处呢？

行走在司前老街，仿佛踏入了厚重的往昔。我们努力寻找着一种别样的气息，尽管岁月换了容颜，历史的印痕却从来没有在人们的心中消逝。乡土的记忆，就像迷失在长长巷弄里的青石板，每一步都能发出轻微的颤动之音。指尖触摸那青藤缠绕的残垣断壁，目光划过的一瞬间，恍若隔世，似乎隐约中看到了那市井喧哗的景象，听到了那船舶鸣笛的声响，闻到了那硝烟弥漫的气味。是的，这不正是我们心中探寻的沧桑画面吗？

历史是一本厚重的书卷，沉淀在时光的长河中，必须静静翻阅。古时的岑港，也叫岑江，"以两碶夹山，故名岑；以海尾冲入，故名港"。而司前是岑港中心之所在，因元朝时设巡检司而得名。岑港坐落于舟山岛西岸，得天独厚的地理位置使其既得舟楫之便，又享山海之利，形成了独特的自然禀赋。港口背面靠山，一年四季风平浪静，是本岛及国内外出海船只的避风良港。

咸涩的海风从港口缓缓吹来，夹杂着海的腥膻气息，让原本就热闹的司前街更增添了几许喧嚣与嘈杂。千帆云集，百舸争流，我们仿佛看到了港口岸边，人来人往，川流不息；挑担装货，奔波忙碌；吆喝叫卖，此起彼伏，到处一派繁盛景象。元大德《昌国州图志》载，南北舟舶辐辏于此，亦海州之一镇云。因此，岑港被称为"六国港口"。每逢台风来临之际，来港避风的船只以及路过停靠的经商船挤挤挨挨地停泊着，从毛湾山咀一直排到老塘花田海口，船只首尾相接，连成一片，人们可以从船只北口走到南口。港内船桅林立，各色各样的船旗迎风飘扬；夜间更是灯火璀璨，彻夜通明。港口欣荣，商贾云集，催生了司前街的兴旺人气。那条东西延伸约650米的老街，商铺林立，人头攒动。货郎担、渔货行、水果铺、肉铺、酒坊、茶铺、粮店、布庄、铁铺等，从日用品、海上用具、小吃海鲜到衣服配饰，应有尽有，可谓南北货物一应俱全。来自异乡的船员、商人满怀好奇、新鲜之心，或闲逛于街头，或吃饭喝茶；海鲜干货铺柜台前总是挤满了人，讨价还价声不绝于耳，各地的方言混杂在一起，那情那景，令人回味无穷！

自古热闹非凡的港口之地，必定伴随着是非纷扰。偷盗、抢掠、争吵、打架等寻衅滋事之举屡禁不止，加之岑港地处海道险要，是海岛西部的重要关隘，历来是屯兵储将的好地方，自然也就成了兵家争夺之地。元世祖忽必烈统一全国后，一面发展海运，南粮北运；一面壮大原建水师，远征他国。此时，岑港作为军事海防要塞，其地位愈发重要。元军抓了很多熟悉海上作业的船工和水手，造海船、习海战。连年的对外战争导致民不聊生，民心大失。为此，成宗即位后，停止了战争，岑港成了元朝同朝鲜、日本、越南等六国通航驻泊的港湾。之后，岑港设巡检司，虽地处偏远海岛，但肩负着防范海盗抢劫来往商船的重任，亦兼盐监之职，以确保港口的安宁和谐。

明朝的海禁使岑港成了海盗和倭寇的巢穴。倭寇凭借着岑港群山逶迤，崎岖狭隘，呑口众口，地形复杂，易守难攻，且港口能泊船舰之优势，率兵驻守，居高临下，据险死守；并与海盗勾结，走私猖獗，烧杀抢掠，致使岛民"人心震骇，咸思逃避"，繁华的司前街，亦冷冷清清，一片惨淡。倭盗占尽了岑港地利之便，致使明军清剿阻碍重重。

烽火岁月，硝烟弥漫，岑港注定逃不过这一劫难。抗倭之战的鼓角吹响，平倭将士的震天杀声传来，岑港之战打得惨烈，死伤遍野。又时值雨季，"风雨交作，山水骤发"，倭盗"兵多漂死"，明军也"死者过半"。遥想当年，岑港海域炮声轰响，烽烟滚滚，汇成一片火海。大街小巷遭战事牵连，生灵涂炭，一片狼藉。岛民们家破人亡、流离失所。

清朱绪曾有诗："岑江碇齿凿巉巉，六国舟航尾并街。欲指木城谈往事，白龙拖雨带腥咸。"此诗更是隐含了岑港平倭之战的腥风血雨。然而，不论历史书卷记载得多么详细，电影拍得多么逼真，老人讲述得多么悲怆，我们所能了解到的，仍不过是皮毛。当我们闭上双眼，聆听那穿越时空传至耳边的苦难呼声，甚或是嗅到吹至鼻尖的呛人硝烟，都能感受到那种深深的疼痛与悲悯。

20世纪80年代，岑港司前街曾是舟山本岛西部的商业中心，紫微、烟墩、马目乃至册子等附近乡镇的人，都会来岑港赶集。司前街的中段保留着许多古民居，纯木结构一层或两层，四合院形制，石板道地，屋檐墙角留着不经意的木雕。这里没有特别大的宅子，却透出江南的婉约灵秀。在岑港司前街的居民中，费家、董家、孙家、施家等为大姓，不少人家经营着街面上的棕绷店、棉花店、老式理发店……这些在城市里已很难找到的店铺在这里顽强地生存着。

几百年过去了，烽火烟云早已散尽，岑港的前世今生一点一滴地凝固在司前老街布满青苔的灰墙墨瓦间。往昔繁华似旧梦，唯有老街深处的那份古朴与宁静，依然流淌着旧时光的韵味。岁月磨洗，让历史与记忆成为涓涓细流，永远流淌在人们的心底。

2.柴戴村

柴戴村，位于岑港街道桥头村，东北邻小沙，东南近紫微狭门，北靠岑港岭。这个远离城市尘嚣的古村落，群山环抱，溪水长流，以其原生态的风貌，吸引着众多游客不远千里前来探访。

沿着岑港水库上游的公路一路前行，几个原生态的古村子依次呈现，分别为岩头王、新生、柴戴等。300多年前，柴家、戴家、王家先祖们从宁波、镇海等地跋山涉水，来到了这个深山野岙，开荒种地，繁衍生息。目前，村中尚存石路、石居、石溪、石弄堂等遗迹，它们诉说着历史，保留了那份原始而质朴的风貌。

深藏在狭长山坳里的柴戴村，虽然偏僻，但也通公交车，每天有4班公交车通柴戴，出行还是比较方便的。村子边上新修了一条岑港至小沙的公路，往日清寂的小山村便多了些生气。

走进村子，自然而素朴的气息扑面而来。清澈见底的小溪自上而下，穿村而过，淌过大大小小的溪石，蜿蜒而来，缓缓地向东流去。村民傍溪而居，一座座黑瓦石墙的古民居错落有致地散落在山坡上。弯弯曲曲的石弄堂散发着古老的气息，低矮的石墙上爬满了密密麻麻的葱绿藤蔓，一股时光缝隙间溢出来的盎然春意，不经意间弥漫了整个村落。沿溪而行，溪水清清，水声潺潺，给静谧的村子增添了几分生机与灵性。

行走在柴戴村，原本是被这土生土长的地名所吸引，误以为"柴戴"是"柴担"的谐音，因为村子深处山坳，取之不尽的便是柴木，村民生火烧饭亦离不开柴木，所以就地取材，连村名也和柴木有关了。后来寻问村中老人，方知村名源于姓氏，因为村民多数姓柴和戴，故名柴戴村。这个直白而简单的村名，亦蕴含了村子的原汁原味、朴实无华。

　　溪畔，一株挺拔苍翠的古樟树，浓荫蔽日，旁逸斜出，茂盛的枝叶将几座老屋掩隐在绿叶之中。听村里的老人说，这株古樟树有200多年树龄了，与村庄一样古老，它默然矗立着，静守着村子的前世今生；大树下的石条凳上，总会有几位老人闲坐在一起，聊着村里的往事，老人与古树共同构成了一道和谐的风景，因为他们一起见证了村庄的悠悠岁月。

　　遇见这样的古樟树，我们怎能不拿起手中的相机拍照留念呢？一位老大爷眯缝着双眼，笑着来搭讪："葛统是定海来滴哦，有嗖好拍呀，现在城里厢人统欢喜到阿拉岙里头来呀！"是呀，对那些日日与山水草木相伴的老人来说，眼前熟悉的景致，亦如他们平淡如水的村居生活一般自然。而对于久困城市樊笼的人来说，这里是一个被遗落的世外桃源，一方人间净土。在这里，我们远离浮躁，避开纷扰，暂时忘却凡尘琐事，在青山碧水和田园微风中走一走，歇一歇，也算是放下了负累，舒缓了身心。

　　伫立在石桥上，溪水淙淙地流淌，这声音也淌进了流水人家的心坎里。门前小溪的欢快与门后老屋的静默，就这样糅合在一起，既有小桥流水人家的韵味，又有山野村居溪石的质朴。村民

柴戴古村落

　　这个远离城市尘嚣的古村落，群山环抱，溪水长流，以其原生态的风貌，吸引着众多游客不远千里前来探访。

的日子如缓缓的溪水一般，安然而恬淡，他们守着几亩薄田和几畦菜园，不惊不乍地过着属于自己的田园生活。树影交错的乡间小道上，有放养的鸡鹅在散步，农家院落里摆放着坛坛罐罐，叠放着柴草毛竹，偶尔的犬吠鸡鸣，更是营造出一种难以言喻的宁静与闲适氛围。

3.岩头王村

像大多数海岛古村落一样，岩头王村也几乎成了只剩下空巢老人留守的一个空壳村，那些建造于 20 世纪 80 年代的两层砖石楼房，高低错落在葱茏树木间。在砖楼之间，还夹杂着几幢古旧而质朴的传统木质民居，呈四合院或者三合院样式。这些清末民初的古民居，有的保存较好，有的摇摇欲坠，尚未坍塌的也是满目沧桑，而那些黛瓦粉墙下百年前的故事依旧古老生动。

岩头王的故事，源自老人的口口相传。这里的村民几乎全姓王。据说从小沙迁来的祖先与复翁堂的王国祚是同族，王国祚是舟山历史上的名人，在明洪武年间皇帝下诏舟山岛民大迁徙时，他以一介平民的身份斗胆进京向明太祖进谏"舟山岛民不可迁"的建议，促使太祖留下一批岛民，从而延续了瀛洲民脉。

我们不清楚岩头王的"岩头"是什么意思，连村子里 80 多岁的老人也说不出所以然，可能是山上的岩石极多，形态各异，质地坚硬。村子里的每一条弄堂，每一条小路，其表面都用圆润紧密的小石头铺就。这些石头路曲折地穿行在巷弄之间，与左右两边同样用石头垒出的房墙相互映衬，足见当时筑房铺路的精工细作，所耗费的工夫绝非一日可成。屋墙上缠绕的藤蔓，石缝间生长的青苔，几乎让人不忍心踩踏上去。村中不知岁月，古村落的时光仿佛缓慢得如蜗牛在斑驳的石墙上爬行。

几乎每个古村落都有民间信仰点，岩头王村也不例外。村子里有一座沙黄塘庙，只是里面供奉的不是佛像，而是一位姓傅的小沙人的塑像。传说，过去岩头王村村口有一大片水稻田常被大水冲毁，百姓叫苦连天。有一天，一位身穿长衫、头戴大帽的六旬老先生路过，看了看地形，指着被冲毁的土地说，用沙泥、黄泥在上边打起一条塘，以后就无虞了。说完他就往小沙方向走去了。村民依言建了沙黄塘，果然水稻田再没被冲毁。感恩戴德的村民跑到小沙打听，原来老先生姓傅，可惜已经去世了。村民就在沙黄塘边造了沙黄塘庙，塑像以示纪念。

无论岩头王人是不是源自小沙王氏的分支，世世代代的岩头王人都以民间信仰的方式记住了小沙人的恩德。朴素的山里人懂得彼此尊重。同一条连接小沙和岑港的山岭，岑港这边的白茅山居民称之为小沙岭，小沙这边的居民呼之为岑港岭。彼此以对方为尊，这一独特的地理文化现象演绎的是海岛居民以客为尊、和谐共处的精神。老祖宗设身处地地教给了后人这一低调谦卑的处世哲学，这正是后人的福分，也是后人的文化遗产。

沙黄塘庙门口的李家老宅，是村子里颇具特色的古民居。木雕的门窗，饰以简洁的花纹，木窗下的墙壁上镶嵌淡粉色的石

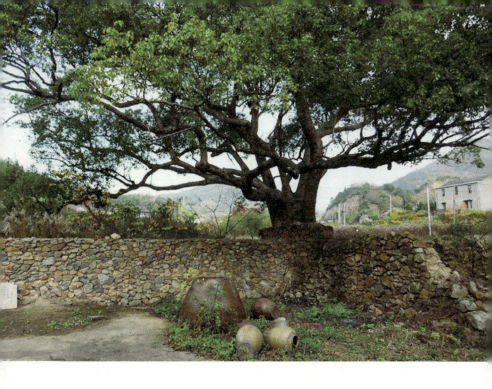

古樟树

　　一株挺拔苍翠的古樟树，浓荫蔽日，旁逸斜出，茂盛的枝叶将几座老屋掩隐在绿叶之中。听村里的老人说，这株古樟树有 200 多年树龄了，与村庄一样古老。

板墙裙。门前的檐廊也不是很宽广，只有 1 米多宽，但屋前的院子面积比较大，足有 200 多平方米。低矮的石头墙外，一条清澈的溪流潺潺而过。李家老宅的进门设在院落边角上，墙门并不高大，老石地坎还在，最吸引人的是一只绘在白墙上展翅飞舞的红凤凰。这似乎是一幅用红色颜料绘就的彩画,凤凰的线条细腻流畅，惟妙惟肖。墙上还题有"凤鸣岐山"4 个字,凤凰是传说中的吉祥鸟,想来也是传递了李家老宅主人祈求和谐、吉祥的美好愿望。

4.涨次村

大地上的每一个村庄都不一样，因为不同，每一个村庄都显得格外珍贵。岛上的乡村农舍依山而建，向海而生，更是显得格外鲜明，余韵悠长。

位于岑港司前西北端的涨次村，单从地名看，便浸透着浓浓的海味。涨次，古时称涨起，又称涨齿岙，其三面环山，一面环海，以山为多。先民们生活在海岛上，因山岙濒临海岸，自然日日与潮水相伴，潮涨潮落，生生不息，绵延至今。

每次走进涨次村，让人感受最深的就是干净。村道整洁，溪水清澈。白色的墙，黑色的瓦，融汇在一座座古朴的院落中。村中的公园里还有一个偌大的篮球场，每逢节假日，总能看到孩子们在球场上自由奔跑，他们的身影矫健而充满活力，他们的欢笑声响彻村里，成为最美妙的旋律。

现代与古老交融的风格，似乎是当下乡村独有的韵味。村子里的村民以陈、曾、倪、叶四大姓为主。志书载，清乾隆年间，陈氏、曾氏先后从福建跋山涉水，辗转来到此小岛，开垦荒地，种植作物，耕海牧渔，开创家业。随后，倪、叶等姓氏也相继迁入。随着时间的流逝，陈、曾、倪、叶四姓族人丁兴旺，家业昌盛。涨次村的先辈们勤劳勇敢，眼界开阔，头脑灵活，他们不安于平淡稳妥的农耕生活，而是敢闯敢拼，"涨次人历代榉大船"，周边村民常如此评价。涨次人出门做生意，主要以运输业、开宕口、打石头、产石板等为生，发家致富。在岑港，曾流传一句俗语："涨次老婆坐檐阶，龙潭老婆拖青柴，菰茨（古茨，现称富翅）老婆编箩筐，马目老婆捡沙蟹……"这样的朴实俗语，不仅总让人津津乐道，也折射出涨次家族曾经的富足美满。

如今，村子里保存着近十幢百年以上的老宅，它们是涨次家族昔日荣耀的最好见证，比如，叶家"三星宕"，以及"倪天房""万兴房"等大宅，它们在定海西乡片也有一定的知名度。

老宅的记忆，浓缩着村庄的沧桑变迁。

位于涨次村152号的叶家老宅，现存一座台墙门和5间正屋，而这老宅背后的故事，更耐人寻味。叶家"三星宕"是涨次叶家的一个宕号，更是当年小有名气的宕号，叶家的先辈有不少以开宕口为业。宕号相当于商号，能够拥有自己的宕号，想来是历经了几代人的辛苦打拼，并逐渐形成了一定的规模，因此叶家"三星宕"在宕口界享有好口碑与好声誉。叶家祖上曾是岱山著名的景点——双合石壁的开凿者之一。双合石壁原先是一处采石场，

彩虹树

　　一棵黄连木，突然间树叶变
红了。那一年，各地都在晒自家
的"彩虹树"，晒一棵火一棵。

鬼斧神工的石壁上，留下了涨次叶家先辈们开采凿石的点滴印记。

位于涨次村65号的倪家大院，是村子里保存最完整的古民居，倪氏先祖于清光绪初年从镇海迁居涨次时始建。这座崇尚龙纹雕饰的老宅，是典型的江南民居院落。四周外墙由石块垒砌而成，院落中间是四四方方的道地石条、石板、石窗、石阶……这些充满海洋特色的石头元素，无不彰显出海岛民居古朴简洁的风格。

依山傍水的村落，自有溪流从山上潺潺而下，汇成一处大溪坑，溪水绕村，流经百年。有山，村显得踏实；有水，村就显得灵动。清澈的溪水载着光阴，也载着昨天和今天的故事，在古老的石桥下静静地流淌。

村里的小店门口，常有一些老人坐在石墩上晒太阳、听广播、聊天。时光过得很慢，日子过得很闲。这样与世无争、自得其乐的恬淡生活，不正是很多城里人向往的回归乡村、亲近自然的理想生活吗？

乡村的美好亦如流水，在世世代代的时光里绵延不绝。

5.白茅山

桥头村的白茅山因漫山遍野的白茅而得名，山势陡峻，是舟山本岛西部海拔比较高的山脉之一，其中有3个海拔超过300米的高峰。一个个充满山野玄怪的传说，遗留在密林间的神奇洞穴中。

沿着山竹坑左侧的山道前行，其实上山根本无路可循，只能

古窑里

　　旧时岑港民间常用土窑来烧制砖瓦。这处小舀瓦片窑是舟山罕见的保存完好的瓦片窑遗址。

一路披荆斩棘，艰难跋涉。这是一场近乎自虐的探险，既寻求刺激，也收获惊喜。白茅山其实叫白猫山，山上有猢狲洞、红蛇洞、白蛇洞、野猫洞等。相传，白茅山上有3棵金松，勤劳善良的人有机缘得到；而贪婪邪恶的人，即便明明见着密林中闪着金光，进山后也只会一无所获。很多地方的乡村都有类似的民间传说，神秘背后亦是蕴含着平凡的人生智慧。

走了40多分钟后，丛林中赫然出现了一块光滑平坦的大石壁，右侧是陡峭的悬崖，石壁上似乎有人工采石的痕迹，但走近一看，原来是一块天然形成的大石头。难道这就是传说中的猢狲洞？在石壁的顶端，我们发现了一个天然洞穴，弯腰低头走进去，里面可容纳五六人，石洞的西侧还有一个露天洞口，向外延伸。在猢狲洞旁的石道上，有一个平整的石块，似一把天然石椅，刚好可以坐一个人，村民称之为猴王座。猢狲洞缘何而来？传说，当年齐天大圣孙悟空从东海龙王处借得定海神针作为兵器，乐不可支，便带领他的猴孙们来此戏耍。但也有村民说早年的时候，此洞确实栖住过一群猢狲。

山上还有一个红蛇洞，隐藏在白茅山顶峰的一个坑中，据说洞口已被山石堵塞，很难找到。当地村民说，很早以前，红蛇洞洞口呈椭圆形，深20余米，悬生在峭壁上。民间流传，梦见红蛇，便会有喜事降临，所以当地村民都相信红蛇洞里住着一条红蛇，终年盘踞在此，食草药，护山林，庇佑村民。所以大家对红蛇洞怀有一种神秘的敬畏之感，尽管没人真正看见过红蛇。

红蛇洞夹在两块峭壁之间，顶有石盖。峭壁下有一段疑似半人工开凿的石阶，印证了这里过去经常有村民出入。洞内有一高一低的两个天然滴水潭，其中一潭形状宛如心形。水滴从巨岩缝里渗出来，湿润了整块石岩，有绿色的苔生植被依附其上。水不断地渗，不停地滴，形成并维系着这个几乎世间独有的洞穴微循环系统。洞内似乎隐藏着另一个神秘莫测的世界，想象也罢，传说也罢，在老人的记忆里，扔块石头进去可以"咕隆咕隆"好一阵子。于是，民间便演绎出了红蛇洞通海、红蛇可以与海龙宫沟通、蛇龙合一的奇幻故事。

神奇的传说与意外的收获，是机缘巧合，抑或是鬼斧神工，似乎冥冥之中早已注定。大自然的馈赠，无疑为白茅山增添了无穷的奇幻色彩。

绿树浓密的白茅山，静谧无语，那一片绮丽的风景仍寂寞地展现在那儿，从容淡定地等待着人们来撩开它的神秘面纱。

6.欢喜烟墩

烟墩村，地处岑港中部，三面环山，一面临海，是定海西北角一个传统的农业村。村子历史悠久，据传先祖夏氏从宁波镇海迁移而来，全村人大多姓夏，故有"烟墩夏"之说。

整个村庄依山而建，一条山溪从陡峭的高处顺流而下，汇入龙舌水库。一水护田将绿绕，水库上游有一座形若雄狮的青山，叫狮子山。明代时，为了抗击倭寇，明军在狮子山炮台上用石头、泥土垒筑"土墩"，建成烽火台。每遇倭寇入侵，明军就在土墩上点火起烟，传递信息。浓烟笼罩整个村庄，这正是"烟墩"名称的由来。如今，烽火台遗址仍保留完好。

这个不起眼的地名，蕴藏着深厚的历史故事，承载着丰富的文化底蕴。

近年来，富裕起来的海岛乡村都在争相做着美丽乡村的规划，要把自己的村庄建设得更加生态化，更加宜居，更富有人文气息。

曾经的烟墩村，显得过于平凡，弥漫着老旧的气息，但它正在悄然发生改变。恰如一个少年郎，蹦蹦跳跳地出现在人们面前。它的面容如春天般葱茏滋润，身体则似夏天般活力四射。而所有的生机与活力都源自岑港街道的美丽乡村建设项目——"欢喜烟墩"。这个传统村庄正在经历一场"蝶变"。它仿佛感受到了泥土最初的生机，从沉睡中苏醒。一座"有农有牧，有景有致，有山有水"的现代农业园已悄然崛起。

在万物复苏的春季，"欢喜烟墩"如一幅色彩斑斓的乡土画卷徐徐展开。画卷中有广袤的土地、清新的田园、朴素的农舍、整洁的河道、油绿的果蔬、绚烂的花海，还有悠然自得的人群。他们纷至沓来，暂时逃离城市的喧嚣，回归田园牧歌般的生活，寻找乡村的烟火味道。

看山水，逛田园，认动植物，钓农场里的鱼，种农场里的田，采摘农场里的时鲜果蔬，自己动手烧烤、炒菜……这一切使得这里俨然成为一个田园综合体，丰富多彩的野外活动应有尽有。

村里依托农耕文化和农业资源，打造了一个农业科普研学基地。基地以"研学"为主题，集休闲、观光、科普等功能于一体。来这里研学的学生们，既可以在农场实地学习和了解各种农业知识，又可以亲身体验劳动的快乐。他们手握锄头，翻土，浇水，播下一粒粒种子；他们搭起锅灶，在柴火灶上一展身手，重温童年的味道。饭后，他们还参加了一场用独轮车运送粮食的比赛，体验"劳动最光荣"的真谛。这里不仅是孩子们的乐园，大人们也可以尽情享受慢时光。无论什么时候想要摆脱束缚，乡村田野总是最自然的放松之地。这些悠闲的场景在绿色田园的映衬下，交织成一幅生动而活泼的画面，画面里装着世间美好田园的梦想。

在不远处的生态循环农业示范区，莲花池塘边的木制栈道已建成，站在栈道上向东边远眺，视野开阔，美不胜收。远山一片青绿，白墙黑瓦的民居散落在山坳里。绿水悠悠流淌，空气中阵阵青草和泥土的气味逸散开来。

只见近处湿地的绿荫丛中，几只白鹭鸶正在悠闲地觅食。鹭鸶是一种古老的鸟类，对生存环境颇为挑剔，喜欢沼泽、池塘、湖面或水边树林等温润的湿地环境。它们是湿地生态系统中最重要的标志性物种之一。在海岛乡村，因为生态环境优越，故而快乐地生活着各种鸟类和其他小动物。它们在这个绿色家园中繁衍生息，不愿离去。相信能够让鹭鸶栖居的地方，一定环境优美、空气清新，所产出的各种食物也安全健康。

稻谷、玉米、土豆、番茄、西瓜、橘子、甜瓜……这些时令蔬菜和瓜果，每一种都散发着自然的新鲜气息。它们是村里人致富的宝贝，也是生态环境营造的主力军。"休闲 + 体验 + 网创"

的现代化农业模式，作为一种新业态，正引领着乡村美丽经济向前发展。

7.万花谷

万花谷是一座休闲农家乐园，更是岑港"田园文化"赋能乡村振兴的成功典范。

"这里有迷人的阳光，四季鸟语花香为伴，绿色铺满整个园子，植物肆意生长……"，莫奈笔下的花园，恰如万花谷，或许正是每个人心中对田园生活的向往。

岑港恰有一个万花谷，隐在幽深山林间。你丝毫想不到，如此荒山野岭、曲径通幽处，竟藏着一片世外桃源。

不远处，一片开阔的山地上，赫然耸立着一座玻璃建筑，全透明的玻璃墙，配以木门，外观时尚却不失古朴。轻推门扉，一处江南韵味十足的景致映入眼帘。各种奇异花卉争相怒放；葱绿盆景错落有致地摆放着；一溪流水，花草芬芳，随处洋溢着盎然生机。木桌、木藤椅、木茶几、木梯子、石子路，还有那精致的内饰点缀，每一个细微之处都流露出万花谷谷主的心思与品位。置身其中，冥冥中感知一份雅趣、一份禅意，或许源于一盏吊灯，或许源于一把木桌椅，抑或是案几上的一套紫砂茶具、花房里的那一架古筝。无论如何，在这里，心灵都会慢慢地感受到那份惬意与舒畅。

热情的谷主给我们介绍了万花谷里的特色花卉，品种多达50种，还有四季水果20多种，可谓百花争艳，果香四溢。来这里，可以踏青寻味，感受乡野风光，体验采摘之乐、野趣之盎然。谷主还讲述了创立万花谷的初衷和理念，尽管创业不易，但他多年来一直坚守着，初心不改。他选择了万花谷，更多是源于一种情怀。因为这里是他的村庄，是养育他的乡土，那一份无法割舍的乡愁，时时牵绊着他。

三毛说，每个人心里一亩田……种桃种李种春风。种下桃李，播下春风，期待着收获果实，享受甘甜。万花谷，正是谷主心中那片永远的田园。

劈山耕地，植花种树，是他所钟情之事。若有一天，繁华看尽，年华老去，他隐逸于万花谷中，闲事花草，返归田园，亦是心中所愿。如今，谷主已经在山间空谷种满了花草果木，杨梅、樱桃、蓝莓、橘子、桃子、李子、柚子、桑葚……漫山遍野，郁郁葱葱。只待花果成熟之季，尽收满园盛景、瓜果飘香。

午后，闲坐于幽静宽敞的玻璃房中，和煦的阳光洒落进来，温暖而舒心。"闲心对定水，清净两无尘"，沏一壶清茶于杯盏，细斟慢饮，余味袅袅；于屋内焚一炉香，听一首古曲，读一册书卷，静享流年时光。几盏清茗饮尽，洗去一身铅华，悲欢冷暖，清澈明净。山水有情，草木通灵，一朝一夕，流转变迁，也不过是和世间草木久别重逢；只愿时光可以慢些，再慢些，让我们有足够的光阴，任性消磨，从容洒脱。

远离尘嚣的万花谷，是一座绿色森林氧吧，云深雾浓，山高

万花谷

　　"这里有迷人的阳光，四季鸟语花香为伴，绿色铺满整个园子，植物肆意生长……"，莫奈笔下的花园，恰如万花谷，或许正是每个人心中对田园生活的向往。

水远。春天，迷醉于绚丽的繁花丛中不知归途；夏天，满眼的青绿让你流连山谷，枕着暮色中的蛙声悄然入眠；秋天，五彩斑斓的落叶浸染你的双眼，累累硕果唤醒你的味蕾和记忆；冬天，一缕缕山谷暖阳滋润了心田，温柔了岁月。

推窗望外，碧草如茵的山坡上，一座座小木屋掩隐在绿树丛中。在谷主的带领下，我们拾级而上，领略别样的民宿。每个房间各有特色，原木背景，风格简约却不失雅致。择一间而居，放下手机，点一盏灯，沏一壶养生花草茶，配上美味的点心，或翻一翻闲书，或发一会儿呆，或静听窗外风吹树叶，沙沙作响，偶尔几声虫鸣，安然入梦……清晨，伴着几声清脆的鸟鸣，自然醒来，起身漫步草坪，细碎的阳光洒落于花草间，清新的空气沁人心脾；抬头远望，重重山峦在云雾缭绕中更添几许醉意与诗情。

沿着曲折的山路前行，新开辟的山道铺就碎石，落满枝叶，红的、黄的，零落一地。"闲花落地听无声"，走着走着，眼前的景致，似曾相识，那分明是外婆家的后山林。翠竹依依，流水潺潺，几顷茶园，几畦菜地，几间木屋，隐于青山绿水间。还有这片茂密的松树林，更让我们想起了儿时和阿姐采摘松花的情景，那么近，又那么远，仿佛就在昨天，怎奈时光早已悄然流逝。熟悉又亲切的风景，朴素又简洁的画面，将人的记忆带到遥远的乡村。山花溪水，石桥老宅，还有那心底唤起的浓浓乡愁。此生，无论脚步走得多远，也不会忘却那乡村的山水草木、风土人情。

四季花开，人间草木，皆是风景。竹篱木屋，择水而居，素衣简食，不知归处，唯愿在一片静谧深谷中修行修心。

那个年代，真正是苦中作乐——生活虽然很苦，但他们的内心是丰盈的。因为纯真的心灵，因为年轻的活力，因为青春的无畏，所以劳动也是快乐的。这样的苦乐年华，是他们这辈子刻骨铭心的记忆。

——题记

马目农场和定海西部开发

在山海间，一片广袤的土地上，满眼的碧绿冲击着人的视觉神经。草木葱茏，流水淙淙，一派绿意盎然的田园风光。

这是春天的马目，所有的绿都源自生命的力量。然而，谁能够想到，60多年前，这里曾是"潮来水汪汪，潮退白茫茫"的一片不毛之地？

1.马目绝壁坎

"马目直壁坎，一年吭没三餐饭看见。"马目，位于舟山本岛西北端，是向北的海口。荒凉孤寂、偏僻闭塞曾经一度是它的代名词。每到冬季，寒风刺骨，凛冽咸湿，素有舟山"西伯利亚"之称。

马目，原是一个悬水孤岛。绝壁坎，也叫"直壁坎"，在马目的最北端，三面环山，北邻灰鳖洋。绝壁坎，意为山势险峻的悬崖绝壁，绝世而隐秘。这个名称透露了它的地理位置，古人取这样直白、朴实的地名，其实是蕴含智慧的。

地名释百意。马目是一个有意思的地名，古称马墓，民间传说三四百年前，马目荒无人烟，草木茂盛，是放牧的好地方。明末，马目东面的烟墩有个在外做官的人，他的一个痴呆儿子和几个牧童在此放牧，故名"马牧山"。又因常葬马于此，称马墓，后改写为马目。有一首民谣，生动地诠释了马目的地理特征："小小马目岛，三山九岗十八岙，四面环海浪滔滔，三天无雨苗发黄，一场大雨泥冲光。"即便是这样恶劣的自然环境，也阻挡不了人类

绝壁坎村

　　绝壁坎，意为山势险峻的悬崖绝壁，绝世而隐秘。过去这里荒凉孤寂，如今只留下古村遗址。

寻求生存的决心。这种环境激发了人类与大自然顽强斗争的力量与精神。

过去，岑港与马目并不是连在一起的，像隔着银河的牛郎和织女，朝夕相见，却守望千年。马目如同漂泊的游子，在潮涨潮落间，默默地繁衍生息。当地老人有一句话："马目港潮水两头拔。"马目港，两头通海，涨潮时可以行船，落潮时是一片滩涂。

《定海乡土教科书》记载：居民五百余户，因港道淤积，难以用船航行，舟山至马目济渡用拖桶。这种"拖桶"，又叫"推桶"，是马目人专门发明的一种便捷实用的交通工具。这种椭圆形的木桶，像小船，桶的两头装有推把，方便推桶者用力。桶底两头翘起，以减少阻力，利于在泥涂上滑行。当时，马目村民若要去岛外办事，年轻人一般是在潮水退去后，靠双脚跋涉过泥涂，少有人坐"推桶"，尽管只要一二角钱，却也舍不得花。而老年人与小孩，因体力不支，无法前行，就只能依靠"推桶"出岛。20 世纪 50 年代末，马目与岑港相连，"推桶"的历史就此结束。

曾经，绝壁坎没有水田，作物只有玉米、番薯、大麦，还有土豆，所以"一年呒有三餐饭看见"并非夸张。一位当地老人说，他家虽然也种点田，但一年四季吃不上几顿白米饭。平时吃得最多的就是"焐蕃干"，当时生活的穷困可想而知。后来，绝壁坎人陆续搬迁到了马目的宫前村。几十年的荒废，使绝壁坎的村落早已破败不堪，杂草丛生，倒塌的乱石墙上爬满了藤蔓。几幢斑驳的石头房子，或许还能留存一些古老零碎的记忆。

《舟山渔歌选》收录一首渔歌——《马目吃到白米饭》，其中写道：

> 过去：马目港潮水两头开，面临海来背倚山，隔港如隔万重山，廿岁后生出门难。渔民生活苦连天，一件棉衣穿了十八年，全县闻名绝壁坎，终年不见一餐大米饭。现在：马目港潮水两头拦，千年海涂变良田，大岛小岛紧相连，从此过"港"水不沾。学校、商店岛上有，渔民捕鱼机帆船……常年可吃白米饭……

时光荏苒，岁月变迁。马目绝壁坎的故事依然在流传。

2.围海造田

荷兰人填海的壮举，展现了人与自然的搏斗。即使最终以失败告终，也依然给人一种悲壮感。

一方水土离不开大海的哺育。自古以来，土地便是极其珍贵的资源。在海岛上，地狭民稠，粮食供给不足，围涂垦田一直是岛民争生存之要务。海岛的围垦历史至少可以追溯到明末，但是，真正取得成功的，还是在中华人民共和国成立以后。大规模、有组织的围垦始于 20 世纪 50 年代末。

这是人类向大自然索要的土地，这是海岛人向大海讨生活的勇气，这也是人类对于大自然的一次再创造：是怎样的劳作，成

俯瞰马目农场

　　今天的马目农场，其实只是一个名称了，这些新的土地，早已和原来的土地连成一片。区域的界限已经模糊，如果要说区别，那就是曾经视野中的那种空旷，尽被一片片郁郁葱葱、生机勃勃的绿色覆盖。

就了这一变迁？

时光回溯到 1958 年。

那是一个激情燃烧的年代。在"自力更生"的口号下，马目正经历着一场浩浩荡荡、艰苦卓绝的围垦战役。筑塘围涂，靠的是围垦大军的辛勤劳动，靠的是人海战术的集体力量。这是一项浩大艰难的工程，特别是在刚开始围筑堤坝时，由于没有经验，新围好的堤很快被潮水冲走，只得重新来过。围垦都是在年底开始的，因为这时候潮汛最小。尽管天寒地冻，天气恶劣，但各村有劳动能力的男女齐上阵，只留下老人小孩守家门。当时有一句口号："老少齐出动，男人不够女人补。"男男女女全部战斗在冰冷的围垦第一线。几百号人推着手拉车，背着锄头钉耙，肩挑土箕，手握铁锹，个个精神抖擞。这是 60 多年前参加筑塘围涂的人们劳动场景的鲜活再现，即便遥望那个年代，也能感觉到那份沸腾的热度。他们每天踏着露水，向大片的滩涂出发。他们风餐露宿，夜以继日，终于将海涂制服。一条巍巍的拦海大堤筑起，如同一条保险带将堤外滚滚浪潮阻挡。依靠坚固的堤坝，围海造田取得了重大进展。1958 年，通过围垦马目港，一片新土地应运而生。

4015 亩，这是从海龙王手里"抢"来的土地。然而，土地围垦出来后却寸草不生。由于常年受海潮侵袭，过度的盐分堆积使得这片土地变成了盐碱地，并不适合植物生长。因此，马目盐场成了这片新土地的第一个功能区。从 1959 年开始，盐场从单一的盐业生产、经营转变为水产、畜牧、养殖、农耕齐头并进。从那时起，盐场改为农场，马目农场的历史缓缓拉开序幕，从晒盐的生涯正式向农耕种植转变。有农人，有稻菽菜棉，有机声隆隆，从此，马目的土地不再感到孤寂。

沧海变桑田，其过程是何等艰难。这片新开发的土地一开始并非良田，它需要改良，需要变得有用。由于曾是贫瘠荒凉的盐碱地，土壤板结严重，再加上缺乏科学的方法和实践经验，马目农场试种的农作物几乎颗粒无收。然而，围垦出来的土地从来不缺乏生机，无论环境多么糟糕，土质多么恶劣，只要人和动物在这样的地方停留得够久，便不会轻易离开。

3.知识青年

在马目农场建立、发展、变迁的漫漫长河中，离不开一群年轻人的努力。或许，他们就像当年围垦滩涂上的一粒石子、一块泥土，把自己火热的心，把自己萌动的青春，奉献给了这片辽阔的土地。

20世纪六七十年代，历史选中了那些年轻的男女，他们拥有一个影响深远的名字——知识青年。这个名字承载着活力、担当，也伴随着当时无法完全理解的环境和处境，给人一种希望。似乎他们可以改变历史，至少可以改变脚下的这块土地。在轰轰烈烈的知青"上山下乡"运动中，他们在马目农场这片西部围垦土地上，挥洒了满腔热血的青春。

1960年以后，马目农场招募了来自定海、普陀、岱山，以及杭州等地的知识青年、农技人员及社会闲散劳力，共计 200 多人。他们投入热火朝天的农场建设中。然而，在盐碱地上发展农业谈何容易。尽管如此，知青们依旧渴望它能变成良田。从干部到职工，农场上下退无可退。他们已经在"西伯利亚"刮来的大风、大浪中激发了血性，发誓要人定胜天。他们如愚公移山般大搞水利建设：开凿出 2 万多米的灌溉渠道；挑泥掘沟，开挖出一条内河，新建水闸，还购置了一艘 58.84 千瓦的机动运输帆船；又兴建淡水坑水库，放水引淡洗咸。为了加速土壤改良，他们大面积种植田菁草，再将田菁草割下来，埋入泥坑里，当作绿肥，从而改善土质。

与此同时，为增强土地肥力，农场的工作人员挨家挨户收农家肥。有时，他们还挑着粪桶到周边几十千米外的大街小巷，淘厕所，积土肥。后来，农场动员周边村民每户至少养一头猪，发动男女老少共同割青草，然后把猪粪和青草混合在一起制成土杂肥，运到垦区。土杂肥一遍遍地撒到围垦地里，效果立刻显现了，原先白花花的盐碱泥涂变成了黑黝黝的肥沃土壤，板结的泥块也变得疏松，呈颗粒状。改良后的第一年，农场开始种植棉花，因为棉花比水稻更具适应性，且更抗盐碱。那年秋天，棉花开出来了，白茫茫一片的棉田，一望无际。第二年，农场开始种植水稻，头年种的晚稻终于有了收获，村民们有史以来第一次吃上了围垦土地上种出来的大米。就这样，为了保持土地的肥力，棉花和水稻每年交替种植。之后，大麦、蚕豆、油菜、番薯等作物也在这片广袤的土地上播种开来。1964 年，农场有耕地 1250 亩，当年大麦总产量 8600 公斤，最高单产 100 公斤。

1972 年，来自定海、普陀、岱山、嵊泗的 350 名知识青年奔赴马目农场，从此赋予了马目农场"知青农场"的称号。在这里，所有的工作都在户外进行，没有任何遮挡与庇护。那些来自城市的知识青年，尤其是那些曾经娇生惯养的姑娘，过早地抛弃了一切，在海水与盐碱的环境中，在大风大浪里，学习新的生存技能。他们要生存下去，必须首先改变自己，适应周边的环境。知青们住工棚，睡泥地，遇到干旱只能喝咸水；夏天大蚊虫，冬天西北风，他们披星戴月；晴天一身汗，雨天一身泥。就连上厕所也是件麻烦事，从田间地头到厕所得走上很长一段路，急的时候根本来不及。可想而知，条件极其艰苦。

几年后，随着各项政策的调整，知青们的境遇发生了显著变化。有的被推荐上了工农兵大学；有的回到当地有了工作；有的在恢复高考后参加考试，进了大学；有的被招进了工厂……

因为年轻，再艰难的境遇，他们都能坚持下来。这注定是一场奇遇，青春与荒芜，热血与冷静。这注定是一场抉择，痛苦与迷惘，奋斗与希望。带着时代的烙印，他们几乎无法脱离自己的时代而存在。

马极小学

　　画面上的小房子，是马极小学。当年的学子们半日识字习文，半日田间劳作。它位于舟山群岛西部最偏远的村落。如今村落旧屋已无影踪，唯留下这间学校。

4.宗庆后的农场岁月

有时候，尘封在心灵深处的往事，会因某个触点而突然被重新唤起。就像中国知名饮料企业娃哈哈的创始人宗庆后所回忆的农场生涯那样，他把人生中最美好的青春岁月献给了马目农场和绍兴茶场。

1963 年，马目农场从杭州等地招收了一批知识青年，其中有一位 18 岁的小伙子，他就是宗庆后。

当时，为了减轻父母的负担，初中毕业后，他毅然放弃学业，选择赚钱养家。当听说舟山马目农场正在招收知识青年时，他立马跑去招工处，接待他的是一位朴实的中年男人——马目农场的书记。面对前来咨询的知识青年，这位书记热情洋溢地介绍了农场的美好发展前景。农场就在大海的边上，那里有广阔的土地、成片的盐田，是年轻人施展才华的好地方，正等待着革命青年的到来。

农场书记颇具感染力的介绍，将宗庆后的满腔热情迅速点燃。他觉得，那片陌生的土地，正是自己努力追寻人生价值的舞台。于是，他怀着对美好未来的希冀，告别家人，奔向马目农场。

刚到马目农场的那一刻，宗庆后的心就凉了半截。眼前这个人迹罕至的地方，根本不像农场书记所描述的那样，只能用偏僻和荒凉来形容，这跟想象中的热土简直相去十万八千里。既来之，则安之。宗庆后调整好心态，很快地投入农场劳动中。也许，越是艰苦的地方，越能磨炼人的意志，何不欣然接受命运的安排？

他回忆在马目农场的日子，只有一个字"苦"。每天不是挖沟修坝，就是拉土堆石，繁重的体力劳动令人难以承受。有时，一车千余斤重的泥土，拉一个来回就要往返 30 里，哪怕是再强壮的人，拉完一趟也会累得骨头散架。然而，宗庆后一声不吭，只埋头苦干，虽然劳动强度极大，但他原本瘦弱的身体在抬石头、打石头、挖沟中变得更加结实、强壮。虽然比不上那些正值壮年的工人，但他身上却有一股不认输的韧劲。别人见到成堆的石块就头疼，宗庆后却主动参加劳动竞赛，比赛拉石块、堆土方。他不善言辞，却喜欢思索，身上似乎散发着一种与生俱来的凝聚力。

宗庆后的吃苦耐劳和朴实谦虚，源于他天生的良好品质，这是他品性中固有的特点，并不是为了出人头地而专门做给别人看的。他之所以干得比别人出色，正是因为他具有出色的能力。因此，他当年被评为舟山地区上山下乡的积极分子。在马目农场，他只干了 1 年，之后又辗转去了绍兴茶场。默默苦干的宗庆后似乎被遗忘了，这一干又是 14 年。他将 15 年的青春和满腔热血留在了农场，经历了人生最严峻的考验，承受了刻骨铭心的磨砺，最终完成了历史赋予他的特殊使命。

2018 年，73 岁的宗庆后登上央视《朗读者》舞台时，曾和主持人董卿讲起这段农场往事。在最好的年纪，他干过农活、挑过大粪、打过石头、修过大坝，甚至学会了杀猪。岁月教会了他"吃苦"和"坚韧"，这就是一种财富。事实上，连他自己都没有想到农场苦干会持续这么多年。只是从此之后，"遇见困难不被吓倒"这样的信念已经变为宗庆后血液中的一部分。这 15 年的艰苦岁月，不仅磨炼了他的意志，增强了他的斗志，还练就了他强壮的身体，为以后创业打下了扎实的基础。

5.邂逅青春

高尔基曾说："青春是一个普通的名词，它是幸福美好的，但它也充满着艰苦的磨炼。"这句话仿佛就是对那一代年轻人说的。他们的青春虽然经历了知青岁月的艰苦，内心却依然美好、阳光。

劳动之苦、收获之乐，在那些亲身经历围垦造田的知青的记忆里，是多么清晰而又深刻。他们爱过，苦过，哭过，也笑过。

我们采访过一位定海的女知青叶阿姨，她是 20 世纪 60 年代末高中毕业后插队落户马目农场的。虽然上了年纪，但讲起那段经历时，她依然激动万分。她回忆说，那年她正好 18 岁，还是个五谷不分、四体不勤的学生。来到农场后，她每天与农民们一起挑担、割稻、插秧……干各种农活。一开始她非常不习惯，一天劳动下来，腰酸背痛，有时连手臂都肿得不能动。特别是到了冬天，马目的气温要比定海低 2—3℃，西北风呼呼吹着，凛冽刺骨。那时候，男女都一样，妇女个个铁姑娘，挖沟挑粪，遇到台风、暴雨，义无反顾地奔向海塘堤坝，扛沙袋、搬石头，双脚浸泡在冰冷的海水里。叶阿姨就这样得了妇科病，经常肚子痛得在地上打滚，从此落下了病根。

想起叶阿姨，我们总记得她清爽白净的面容，即便容颜老去，但她脸上绽放的笑容，亦纯真得如一朵莲花。她柔和的声音，时时萦绕在我们耳边："阿拉做小娘时，阿拉姆妈当我是宝呀，在农场那几年，活也干了，苦也吃了，人也黑了……"我们想象着她在马目农场的姑娘时光，她的青春、迷惘、汗水和泪水。她一定喜欢过农场里的某个男知青，或许那个男知青也喜欢过她，那段苦乐相伴的青涩岁月，她穿着卷起袖子的白衬衣，梳着乌黑油亮的麻花辫，弯腰劳动时定是迷倒过几个情窦初开的小伙子。而当我们让她回忆农场里的恋爱经历时，她却像小姑娘一样腼腆起来："没有啦，那辰光，只想着什么时候能回城里头啊，也没想男的，只想家，想阿拉姆妈呀！"

叶阿姨小心翼翼地拿出一张发黄的老照片，那是一张 6 个姑娘站在棕榈树旁边的黑白照片。6 张灿烂的笑脸，尽管衣着朴素，但丝毫掩饰不住她们眉角眼底流露出的纯真和欢喜。叶阿姨感慨地说："这是我们农场六姐妹留下的唯一一张老照片，多少珍贵呀，想想当年，农场的姐妹们不比男人弱，能抵半边天！"

和叶阿姨同一批去马目农场的一位老知青，至今还清晰地记得有一年春节，他们十几个下乡知青没回家过年，却组成积肥队，一大早拿着扫帚、铁锹和麻袋去周边村子猪场积肥。不知缘由的村民以为这些城里来的小后生犯了错误，被罚清理猪粪。知青们却无所谓，偷着乐，也不觉其臭。等晚上满载肥料归来，还特地向渔民买了刚捕上来的新鲜的虾、鱼、海瓜子等海货，自己动手烧菜，也算是改善伙食了。大家一起喝着小酒，说说笑笑，过了个快乐的春节。用老知青自己的话，这是他"有生以来过得最有意义且终生难忘的一个春节"。

那个年代，真正是苦中作乐——生活虽然很苦，但他们的内心是丰盈的。因为纯真的心灵，因为年轻的活力，因为青春的无畏，所以劳动也是快乐的。这样的苦乐年华，是他们这辈子刻骨铭心的记忆。

6.绿色农业基地

春日的午后，车子一路向西，驶过叶阿姨曾经挥洒青春的马目农场时，车窗外的景物早已不是她离开时的模样了。今天的马目农场，其实只是一个名称了，这些新的土地，早已和原来的土地连成一片，区域的界限已经模糊，如果要说区别，那就是曾经视野中的空旷，尽被一片片郁郁葱葱、生机勃勃的绿色覆盖。

马目农场，已然开启了农业现代化的新征程，变成了一片绿色果蔬基地。绿色的波涛里，有丰茂的植被，有苍翠的竹林，有整齐的民房，有茁壮成长的庄稼，有叫不出名字的各色灌木与乔木，有一丛丛绚丽多姿的花儿绽放，有大片大片的瓜果飘香……

春来后，马目这片大海上生长出来的热土，焕发出新的光彩。十里花海，扮靓乡村，吸引了无数游客慕名而来。远处田野上的油菜花海一片金黄，宛如波浪层层起伏。近处的桃树、梨树、樱树婀娜多姿，在视野中渐渐展开，一树一树的花正待盛放。路两边的千亩橘子园，盛开着洁白素雅的橘子花，清香飘万里，引来蜜蜂飞舞。这片土地上的色彩，嫩的、绿的、黄的、白的、粉的，交织在一起，在明媚的春风里，宛如一张张美人的笑脸。

从马目隧道南口向北望去，马目农场里 400 亩麦田即将进入丰收季，一株株麦穗粒粒饱满，海风吹过，成熟的小麦轻轻摇曳，仿佛金色的海浪在涌动。附近成片的绿色高粱地一眼望不到边，高粱正向大地展示挺拔、整齐的身姿。等到秋天收获时，那一株株缀满穗粒的红高粱，将犹如一簇簇燃烧的火焰，那时，田野里又将洋溢着丰收的喜悦。

2017 年的一个春天，300 多名知青相约重访马目农场。这些 20 世纪 60 年代的少男少女们，如今都已经两鬓染霜。他们中年龄最大的已经 80 多岁，最小的也有 60 多岁。他们专程从上海以及杭州、宁波、舟山各地赶来，回到阔别几十年的农场，寻找曾经的青春足迹，重叙知青情深。那一幢幢简陋的知青宿舍，还保持着原来的模样，熟悉又亲切。那一片片茂盛的小树林，留下了几对年轻情侣学习、约会的身影。那水库、河流、池塘、水井……旧景旧物，历历在目。回想起当年艰苦奋斗的知青岁月，他们都感慨万千，心潮起伏。

最让知青们感到欣喜的是，曾经偏远闭塞的马目，如今道路畅通，交通便利。这片他们奉献青春的土地，如破茧成蝶，华丽转身，成为舟山最西部的一片黄金之地。

7.黄金湾

自古以来，马目便是一块风水宝地。光绪《定海厅志》载：

> 马目山离县约六十里。山高三十余丈，周围二十余里，泉甘土肥，巨公多隐居于此，上有天妃宫，一名马墓。

这么一个海角天涯的偏远之地，巨公们为什么要隐居在此？一种说法是明朝名臣夏言（夏阁老）的后代聚居于此。夏言在嘉靖年间为首辅，被严嵩陷害而灭九族，夏言是无后的，族人逃命至此，在本岛最西部隐居下来，所以马目大多居民姓夏。还有一种说法是康熙收复台湾时，福建的一些豪绅为躲避战火，一起找了一个行船便利的沿海小岛隐居起来，所以岛上曾有天妃宫，供奉妈祖，福建人信奉妈祖，似乎也符合"巨公多隐居于此"之意。但历史的真相究竟如何，仍是一个无法考证的谜。

然无独有偶，似乎冥冥之中早已注定，时代的目光自然而然地聚焦在马目最西边的一个名叫黄金湾的小村子。为什么取名"黄金湾"？或许曾经"巨公多隐居于此"，带来了很多金银财宝，也形成了绝佳的风水，故名。只是后来，因为交通闭塞，世事变迁，黄金湾村渐渐被人们遗忘在岛的那一端。

定海民间有这样一句话"东到塘头，西到坞丘"，说的是本岛上从东到西的两个极点。其实，坞丘村并不算是舟山的最西边，本岛最西端应该是这个叫黄金湾的小村子。它背倚桃花山，面朝

马目风车营地

在不同时间点欣赏营地远景，总给人带来不一样的感受。白色风车的剪影，每一刻都构成捕捉光影的绝佳画面。

大海，静静地坐落在本岛的西端。

因为直面灰鳖洋，因为大陆引水工程，黄金湾这个曾经"巨公隐居"的风水宝地，再次被推上时代的舞台，以华丽的蜕变展现在人们的视野中。

大陆引水工程，即把内陆的淡水引入舟山，实现最优的水资源配置，让这股水流穿过茫茫大海，为舟山开辟一个恒久的水源地。而这个水源地的登陆点，就是马目黄金湾，因为这里离宁波最近，是大陆引水工程线路的最佳登陆点。工程在这里登陆，润泽舟山大地，黄金湾同它的名字一样，成为名副其实的黄金海湾。这难道不正印证了当年"巨公多隐居于此"之说吗？历史的巧合也好，时代的选择也罢，有了引水工程，黄金湾注定成为真正意义上的黄金海岸。

如今，黄金湾大型水库已蓄满水。内陆源源不断的水，穿过汪洋大海，涌入舟山大地，滋润着每一个舟山人。而黄金湾村的村民们也搬迁到了岑港安置小区——桃花苑，真正地过上了桃花源般安居乐业的生活。

春风吹拂，芦苇摇曳。几只白鹭仿佛从远古的传说中飞来，它们俯瞰着湛蓝的湖水，望见汩汩流水从海底深处汇入那一片清澈的水域。白云悠悠，海天一色。两岸青山倒映，水光潋滟。山在水里走，水在山中行。被落日余晖洒满的黄金湾水库，恰似一幅美丽的山水画卷，静静地铺展在广袤的天地间。

8.白色风车与波斯菊

　　航拍镜头下的马目，除了碧波荡漾的黄金湾水库，还有绵延起伏的山脊上巍然耸立的一架架巨大的白色风车。它们正不知疲倦地在云雾中呼呼旋转，若隐若现。这就是舟山岑港海上风电项目的独特景致。在岛上装上大风车，拉上高压电线，海风一吹，电力就源源不断地产生，引领"低碳风尚"。风能拥有一个美称——"蓝天白煤"，是一种洁净、环保的绿色能源。风能是可再生能源，没有丝毫环境污染和温室气体排放。白色风车高耸挺立，连成一片壮观的风电场，默默地履行着它们为百姓发电的使命。它们将随风而来的能源转化成电能送到千家万户，惠及寻常百姓的生活。

　　看到白色风车，人们自然想起"风车王国"荷兰，只是荷兰太遥远，想要欣赏风车舞动的身姿，何必舍近求远，爬上马目山顶即可一览无余。荷兰的风车，现在的意义多在于文化和旅游；而舟山的风车，除了旅游观光，还有更重要的使命。它们给海岛输送电力，为人类节约能源，更为保护环境做出了巨大贡献。舟山作为我国最佳风能区之一，风能资源总量占浙江省的1/3，风力发电的风车，被形象地比喻成"捕风者"。而岑港风电场，目前是舟山第二大风电场，拥有风车数量30台，23台风电机分布在马目山上，7台风电机耸立在狮子山上。有数据显示，岑港风电场年发电量0.81亿千瓦，节约标准煤0.324亿千克，减少排放二氧化碳0.807亿千克，相当于每年种植44628棵树。

　　这就是神奇的海上风力发电，风的力量在波涛汹涌中，创下

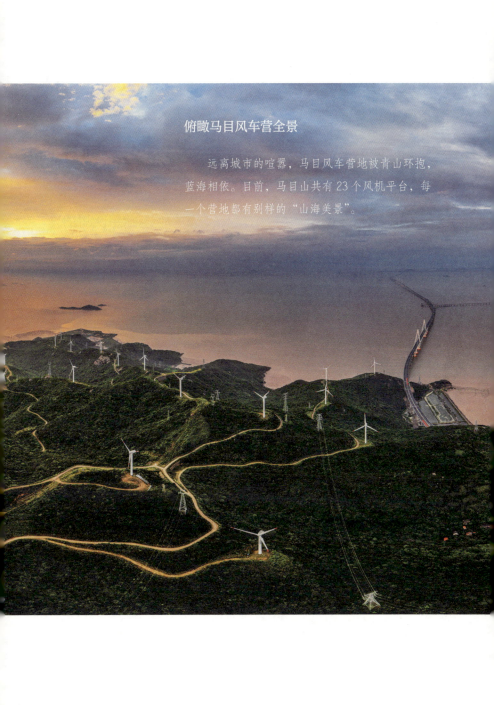

俯瞰马目风车营全景

　　远离城市的喧嚣，马目风车营地被青山环抱，蓝海相依。目前，马目山共有 23 个风机平台，每一个营地都有别样的"山海美景"。

了一个又一个奇迹。

"随着风的方向，穿过山海故乡……"抬头望见山顶的白色风车，不禁让人想起《白色风车》这首歌。蔚蓝的天幕下，白色的风叶在海风的吹拂下，徐徐转动，那唯美的画面，仿佛来自童话世界。

车子在马目山蜿蜒的公路上缓缓前行，沿途风光旖旎，天空蓝得让人心醉，游走的白云在空中勾画出几道淡淡的痕迹；山路两旁成片的波斯菊，仿佛铺开了一张金黄的地毯。漫山遍野的波斯菊在风中自由绽放，轻盈、浪漫、美好，宛如一幅色彩鲜明的油画。随风而转的白色风车，在波斯菊的映衬下，舒展着婀娜的身姿，在阳光下闪烁万点金光，形成了一道悠闲亮丽、如诗如画的风景线。

面朝大海，春暖花开。绿色农场、黄金湾水库、白色风车、波斯菊……江山风物，尽在眼底，人们欣喜地发现，马目的春天已经来临，美，正在这一片土地上生长、蔓延。

· 卷三 ·

岑港，邂逅自然之美

鸟岛，岑港的自然秘境

岑港老宅的沧桑之美

海州古镇语境下的"水孕岑港"

垂纶海上钓，挥笔菰茨册

民间传说中的岑港意蕴

鸟岛，岑港的自然秘境

海岛的美，鸟儿知道；鸟儿的美，人类也知道。它们飞翔的曼妙身姿，永远是心中梦想的开始。呵护鸟儿，不就是在呵护人类的梦想吗？

——题记

在距离舟山本岛西北约 7 千米的灰鳖洋上，散落着大五峙山、小五峙山、龙洞山、丫鹊山、馒头山、无毛山、老鼠山等 7 个悬水小岛和几处暗礁。大五峙山之西南端有灯桩一座，小五峙山依在大五峙山西北侧，而从大五峙山东南角远眺整片海域，仅能见到 5 座小山，故名五屿，后改称五峙。

这些岛屿，有的生长着蓊蓊郁郁的灌木，有的则光秃秃的，"一毛不长"，但它们都有一个共同的特征——人迹罕至。然而，正是这些岛屿孕育着极为丰富多样的海洋资源。

正是这样一方水土，每年吸引着数以万计的不同种类的水鸟到此栖息和繁衍。日落时分，海天之间，密密麻麻的海鸟，漫天飞舞，形成了童话般的"海鸟天堂"。

1.在五峙山列岛看鸟

海鸟，是生活在岛屿上的精灵，是岁月留给海岛的清澈记忆。在那苍茫辽阔的孤岛上空，成千上万的鸟儿展翅飞翔，铺天盖地的阵势蔚为壮观。

在护鸟人的带领下，我们坐着"浙定五峙山"巡逻船，驶向不远处的一座绿岛。海上的薄雾在阳光的照射下慢慢散去，天地之间显现出一片青蓝色。越靠近小岛，空气中的雾气越发浓郁，它们扑面而来，夹杂着野草的清香。

跟随护鸟人的脚步，我们登上云雾缭绕的鸟岛。隐约中，看见几十只白鸥在海上空自由飞翔着，越来越近了……在海岸积雨水的小潭里，成百只鸟儿舒展着灰白的羽翼，追逐、嬉戏。有些鸟儿，一个挨着一个，像水鸭子一样簇拥着，你挤着我，我挤着你，或觅食，或玩耍；有的昂首挺胸，旁若无人地踱着步，发出"嗷""嗷"的叫声；有的扑腾着双翅在低空盘旋，像是故意展示自己美丽的翅膀。不远处的湿地上，悠闲地聚集着各种叫不出名的鸟儿。有些洁白羽毛、细长双腿的鸟儿，像是白鹭，它们一身"白衣"，一身"仙气"，没有华丽的外表，却已足够惊艳。还有些嘴黑、脚黄褐色、尾巴灰灰、羽毛银白的鸟儿，它们自恃与众不同，在离我们不远的地方一动不动地凝视着我们。这举动忽然让我们觉得很不安，似乎我们这些不速之客会侵扰它们安静的生活。

每年 5 月至 8 月，有时也会延长至 10 月，成群结队的海鸟从北方飞至五峙山列岛，在此停歇、栖息和繁殖。岛上有灌木，周围海域有小鱼、小虾、小蟹，礁滩上布满贝类和各种浮游生物，这里还有适宜的海洋气候和不被打扰的生态环境，所有的鸟都为此迁徙而来，择岛而栖。

一阵阵清脆悦耳的鸟鸣声在海上回响，这是大自然的天籁之音，是鸟类生生不息的生命力的真实写照。它是珍贵的，把自然之声带到人间，人们喜欢听鸟儿鸣叫的理由，或许正是鸟儿自由飞翔的理由。

在这里拍摄到的海鸟有 48 种，分属 7 目 10 科。鸟类数量从起先的 300 多只，增长到最多时的近 2 万只。除中华凤头燕鸥外，还有国家二级保护动物小天鹅、世界濒危物种之一的黑脸琵鹭、

五峙山列岛

　　每年有数以万计的不同种类的水鸟到此栖息和繁衍。日落时分，海天之间，密密麻麻的海鸟，漫天飞舞，形成了童话般的"海鸟天堂"。

世界易危物种黄嘴白鹭等在此"安营扎寨"。

　　在岛上，若能遇见几只珍稀的鸟，那可是一种难得的缘分。在护鸟人的指引下，我们站到了一块光秃秃的礁岩上，这是一处观鸟的好位置，既能和鸟儿保持不远不近的距离，又不会惊扰到它们。如果鸟儿停在稍远一点的地方，还可以借助望远镜细细观察，我们只需要耐心等待。果然，在不远处的海岸边，出现了正在觅食的黑脸琵鹭。只见一只通体白色羽毛的琵鹭，摇晃着脑袋，脚步轻巧，姿态欢快，顾自在岸边滩涂上觅食。它那扁平如汤匙状的黑色长喙，不停地插入泥水中，尽情享受着觅食的乐趣。护鸟人说，这是初秋的第一批黑脸琵鹭，共有十几只，从东北那边飞过来，作为全球仅剩 600 羽左右的世界濒危鸟类，能在五峙山列岛上见到它们落脚的踪迹，无疑是一件令人振奋的事。

　　1988 年，"鸟岛"五峙山列岛被列为定海区级自然保护区。2001 年，这里成为浙江省唯一的省级海洋鸟类自然保护区，以及浙江沿海一带的湿地水鸟重要繁殖地之一。如今，五峙山列岛不仅是全国三大鸟类保护区之一，还被列入中国重要鸟区名单，成为保护珍稀鸟类的重要基地。

2.岛上鸟儿的生活

　　对于人类的到来，鸟儿们表面上看似乎很不在意，但如果你想靠近仔细观察它们，或想触摸它们的身体时，它们便会受惊般张开翅膀，呼啦啦地飞散开来。有几只警觉性似乎特别强的鸟儿不停地在低空盘旋、徘徊，并用叫声向同类传递信息；有几只却很是洒脱，旁若无人地梳理着自己丰盈的羽翼，倏忽之间，却已展开双翅，飞翔在茫茫海天间，那是多么唯美的一幅图景。它们优雅地画出弧线，在远处的海滩重新落下休憩。

岛上遍地都是由干草和羽毛混杂筑起的鸟巢，许多鸟儿甚至在自己同类的风干尸体上筑起爱巢。这里的鸟巢几乎是连成片的，巢与巢之间仅相隔几厘米，鸟巢面积也很小，只够容纳鸟儿的身体。虽然鸟儿们各自的巢穴离得那么近，但它们绝不会侵占同伴的领地。早起觅食，晚起归巢，它们都安分守己地落在自己的窝里，一切都是那样的井然有序。那些在广阔天地间自由翱翔的鸟儿们，回到家却能和邻居们零距离和睦相处，这种能屈能伸的特质，在鸟儿的世界里始终秉持着。这不禁让人联想到"秩序"二字，原来秩序并不只是人类的专属，连蚂蚁出行都排队成行。这便是大自然的生存法则，遵循自然，维持秩序，大自然才能平衡有序，才能生生不息。

为了近距离地观察鸟巢，我们只能小心翼翼地踮着脚尖行走，因为地面和岩石表面是坑坑洼洼的，就像密密麻麻的马蜂窝，一不小心就可能踩到鸟窝鸟蛋。每走一步，我们都很仔细小心地回头看一看。没走多远，我们在靠近海岸的峭壁间，惊奇地发现了一群出壳不久的雏鸟。它们依偎在一起，耷拉着小脑袋，瞪着圆圆的、乌溜溜的小眼睛。隔着一层浅浅的茅草，只见它们尖尖的小嘴，灰灰的、湿湿的羽毛，颤巍巍地扑棱着刚刚长出的嫩灰茸毛的小翅膀，啾啾直叫。

护鸟人说，这是小苍鹭。它们是生活在岩石峭壁间的一种鸟类，靠捕食小鱼、小虾等生物来生存。它们把巢筑在峭壁间，在躲避天敌的同时，对自己也是一种挑战。对岛上的鸟蛋和雏鸟们而言，最大的天敌便是游隼、王锦蛇和老鼠。通过日常监测守鸟的监控摄像头，我们意外地看到了"蛇吞蛋"。一条蛇趁夜色爬到鸟巢边，竟将巢内的鸟蛋慢慢吞掉，然后逃之夭夭。小生命还没机会看到阳光，便葬身蛇腹之中。尽管很残忍，但这正是大自然的生存法则。

鸟类与人类一样，为了生命而绽放。虽然鸟儿在大自然面前显得渺小，但是每一个生命都是可贵并值得敬畏的。一个脆弱的小生命要慢慢成长，得经历多少风风雨雨，才能在天空中展翅翱翔。从自由飞翔，到独立捕食，再到繁衍后代，鸟类以其生生不息的生命力诠释了自然的伟大。

3.护鸟人王忠德

鸟岛是一块净土，是鸟儿的乐园，更是岑港的自然秘境，需要人类无私地保护和关爱。被当地人称为"东海鸟王"的护鸟人王忠德，守护了鸟岛30多年，默默地守护着岛上的精灵。从发现"鸟岛"起，他就像一个"鸟保姆"，密切关注和掌握着岛上鸟儿的所有情况。从毫无经验的"门外汉"变成懂鸟的内行人，经历了黑发变银丝，他已然成了名副其实的岛主和护鸟专家。

时光回溯到 1986 年。担任定海区马目乡林科员的王忠德，在协助有关部门进行海岛资源调查时，发现五峙山列岛"留守"了 300 多羽海鸥。于是，领导指派他担任护鸟的工作。

当时 37 岁的王忠德接手护鸟任务时，完全是个"鸟盲"，没有工作经验，没有知识储备，更不知道怎么保护这些鸟，于是，他只能开启起早贪黑的护鸟模式。

他每天早上 5 点起床，背上干粮，拎上水壶，戴上草帽，便出门了。乘着租来的小机动船航行个把小时，抵达鸟岛附近海域，绕岛巡查。等他回到家，往往已是黄昏。这样看似简单的体力活，日复一日，既枯燥又寂寞，能坚持下来，已属不易。

每年酷暑时节，正是夏候鸟产卵孵化的日子。毒辣的太阳将巴掌大的小岛照得一览无余，凝固闷热的空气中夹杂着黏稠、咸湿的海风和鸟粪的腥臭，但王忠德依然在岛上不厌其烦地数鸟蛋。几天后，身上被晒脱了一层皮，皮肤被海风吹成古铜色。

在海上巡逻时，他也曾遭遇极端恶劣天气。虽然出门前收听了天气预报，知道傍晚会有一场雷阵雨，但他估摸着自己在风雨到来前可以返回。可恰是在返程途中，狂风暴雨提前到了。小机动船在海面上不停地颠簸，很快船舱开始进水。命悬一线之际，王忠德帮着船员掌舵、往外舀水，开足马力，急速前行，终于侥幸得以靠岸。经历了这样的惊心动魄，王忠德的出行变得更加谨慎了。他觉得只有保护好自己才能看好鸟岛，但护鸟的任务依然被他视为最重要的，早出晚归的巡逻任务依然风雨无阻。有人不理解他，有人说他很执着，也有人说他很傻，为了看护几只海鸟，不要命，但他看到岛上鸟儿数量逐年翻番，觉得自己的付出是值得的。

王忠德说，这些辛苦其实不算什么，最让他头疼的是劝阻上岛捡鸟蛋的渔民。当时，对渔民来说，捡鸟蛋是一件"天经地义"的事情。鸟蛋是不可多得的稀罕物，何况在无人的小岛上捡拾，不要钱。有的渔民背着鱼筐来捡鸟蛋，半天就能捡几筐。这些鸟蛋，多以"野味"之名出售给城里的夜宵排档。对留守荒岛的海鸟来说，它们的天敌除了老鹰、鹞子、蛇等，还包括登岛捡鸟蛋的人类。于是，王忠德想尽一切办法劝阻渔民捡鸟蛋，但依旧没少受过冷眼、挨过拳头。对上岛打算捡鸟蛋的渔民，他好言劝阻，有的渔民听了会回去，但也有不客气的。有一次，他就被打了。一个拳头打过来，他的脑子嗡嗡响。这群人最后没有拿走鸟蛋，骂骂咧咧地走了。

为护鸟，他敢担当，不怕得罪人。碰到偷拾鸟蛋的，他一管到底，通过执法部门对这些人进行曝光、处理。他的铁面无私震慑了上岛捡鸟蛋的人，违法现象逐渐销声匿迹。为此，他还在每个岛上都设立了宣传牌和警示牌，联系广播站循环播放保护鸟类的宣传内容和要求，甚至亲自到附近村庄挨家挨户上门分发宣传资料。

这些年，王忠德的工作已不仅仅限于为鸟儿"站岗"了，他觉得只有了解海鸟的特性，才能更好地保护它们。每次在岛上巡逻时，王忠德都随身携带一个宝贝，那是一本厚厚的鸟类观察笔记，上面详细地记录了各种鸟类的进岛时间、数量，以及它们的捕食、筑巢、产蛋、孵化、育雏等生活习性，内容之丰富，堪称一本鸟类百科全书。

在与海鸟的朝夕相处中，王忠德发现了鸟类的很多秘密，也摸清了鸟类分区域筑巢的"门道"。每年5月上旬，海鸥和白鹭最早飞到五峙山列岛搭巢筑窝。白鹭的窝多筑在灌木丛中，窝筑得相对精致，一窝蛋一般三四只，最多可达6只。海鸥的窝多筑在山坡草丛，也有不少干脆直接筑在裸露的礁岩之上，多用软草为材料，筑得相对简陋。鸥巢一般面朝大海，没有任何遮挡，海鸥随时准备出海捕食。一旦遇到狂风暴雨天无法外出觅食，海鸥就会啄破那只未孵化的蛋，供雏鸟食用，以维持其幼小的生命。必要的时候，王忠德将黑尾鸥蛋、白鹭蛋带回家进行人工孵化、喂养，他自掏腰包购买小鱼、小虾喂养雏鸟，逐步摸索出海鸟的孵化周期、生长周期。

除此之外，王忠德还肩负了鸟类研究、候鸟栖息地管护、全球鸟类同步调查等任务，为生态环境建设出谋划策。他俨然成了鸟类专家。

每次上岛，王忠德都倍加珍惜和鸟儿们的相处时光，随身携带照相机，一旦发现新成员，他就给它们来张"全家福"，包括鸟巢、鸟蛋、雏鸟、成鸟。随后，他会请教鸟类研究专家，及时分享自己的新发现并提供各种研究线索。

鸟岛虽未对外开放，但慕名而来的国内外鸟类专家、新闻媒体可不少，但凡去过鸟岛的人都知道，王忠德的"脾气"不小。

每次带客人上岛之前，他总要先开个会"整顿"纪律，搬出他的3条"天堂法则"：注意脚下留情；勿摸蛋、勿抓雏鸟；上岛只能待20分钟。

这20分钟，对王忠德来说颇为紧张，他不仅要当好解说员、引路人，还要眼观六路、耳听八方，决不允许发生"踩踏事件"。20分钟一到，他便下逐客令，不管对方的级别和身份，一视同仁。

对人的约束是为了给鸟儿更多的自由。鸟类很敏感，有人上岛，鸟就不敢孵蛋、不敢喂食，时间一长，蛋会发臭，小鸟会饿死。王忠德每次带客人上岛，都让他有种负罪感，唯恐打扰了鸟儿们原本平静、和谐的生活。这30多年里，他的家人一直被他隔绝在鸟岛之外。儿子和妻子从电视、报纸上看到鸟岛的画面、照片，总会萌发上岛看看的想法，多番请求，都被他断然回绝。他以怕年幼的孙子调皮捣蛋为由，不让他们上岛观鸟。

鸟类专家说，海鸟的记忆力是不差的。当它选定的繁衍地受到人类过多打扰，鸟蛋经常失踪没有办法孵化时，它就会判定这里不安全，会永远放弃这个繁衍地。

鸟儿是有灵性的，当它们得到人类的善待后，栖息在岛上的候鸟就会越来越多，它们不再迁徙，成了"留鸟"。

4.发现"神话之鸟"

在王忠德坚守鸟岛的第22个年头，鸟岛爆出了一则震惊世界生物界的消息："世界 100 个最濒危物种"之一，列入《世界自然保护联盟濒危物种红色名录》极危（CR）保护等级，且被《国家重点保护野生动物名录》列为一级保护动物的中华凤头燕鸥，第一次在五峙山列岛出现了。

曾经，为了恶补鸟类知识，王忠德特地买来《中国鸟类图鉴》等书籍，反复翻阅，学习研究。在书本中，他第一次认识了黑嘴端凤头燕鸥。这种鸟头顶有黑色羽冠，嘴呈橘黄色，前端 1/3 为黑色，最尖端又有一抹白。这一珍稀鸟类天生丽质，行踪隐秘，人类确切观察记录其行踪的次数极少，其中包括在山东和福建沿海采集的记录标本。鸟类学家根据其形态特征，称其为黑嘴端凤头燕鸥，也称中华凤头燕鸥。王忠德亲切地称其为"海凤凰"，它无疑是五峙山列岛最珍贵的金名片。

2008 年 5 月，王忠德照常巡岛，在丫鹊山和无毛山之间听到了陌生的鸟叫声。透过望远镜，他从一大群常见的大凤头燕鸥中，突然发现了几只全身白羽、嘴端处为黑的燕鸥。他的心怦怦狂跳，脑子里快速闪现曾在书中看到的黑嘴端凤头燕鸥的样子。他忙把眼睛揉了又揉，仔细看了又看，还是不敢相信。他立即拍下照片发给鸟类学专家。最后通过拍照对比，终于确认这就是传说中的"海凤凰"，世界上极危的鸟类之一。因数量稀少、行踪隐秘，中华凤头燕鸥被称为"神话之鸟"。

在此之前，浙江鸟类专家在宁波象山韭山列岛偶尔发现过中华凤头燕鸥，但它们出现在五峙山列岛还是首次。这一发现让王忠德异常兴奋。他突然意识到，过去有人上岛捡蛋，使得成鸟躲躲闪闪。如今，捡蛋、猎鸟现象被杜绝后，连"神话之鸟"也来了。

传说，隋侯出行，见大蛇被伤中断，以药封之，蛇乃能行。岁余，蛇衔明珠以报之。自古以来，动物报恩的故事层出不穷。也许，"海凤凰"就是鸟儿为王忠德带来的最好、最宝贵的礼物。

自从鸟岛上驻栖了"神话之鸟"，只要有人问起中华凤头燕鸥的事情，王忠德都会热情地介绍：这鸟容易被天敌发现，或许是为了自保，它们在岩石草丛间筑巢，通常与大凤头燕鸥混在一起生活。群居时为维护领地，中华凤头燕鸥会用鸣叫传递情绪，以喙啄驱赶"不速之客"。它们以鱼虾及昆虫为食，飞翔能力极强，累了可漂在海面上休息。它们每年只下 1 枚蛋，按照寿命 15 年计算，它们一生只产 10 多枚蛋……

中华凤头燕鸥落户五峙山列岛，使这一岑港秘境愈加神秘。随着五峙山远程监控系统的建成，利用光感传输技术，鸟类生长、繁衍及日常生活等情景得以实时记录，王忠德不用再风里来、雨里去地现场察看鸟岛了。他每天坐在办公室电脑前，通过远程监控系统就能观察岛上的情况和鸟儿们的动态，尤其对中华凤头燕鸥给予密切关注。一旦发现异常，他会立即采取行动。

5.一场"视觉盛宴"

一件事情，如果坚持了 30 多年，即便是再普通的事情，也会变得意义非凡。当年的小王变成了老王，但守护鸟岛的职责依然占据着王忠德的内心，这已不仅仅是一份工作，而是一种难舍的依恋和不弃的责任。如今，王忠德已退休，但仍担任着鸟岛的顾问，并肩负着培养年轻护鸟员的任务，延续五峙山列岛上的人鸟情缘。

五峙山列岛守鸟的这根接力棒，交到了年轻人的手里。有前辈的坚守和努力，年轻护鸟员们更不敢松懈。每年 5 月，以中华凤头燕鸥为代表的燕鸥大家族落岛繁殖。为确保繁殖孵化顺利，护鸟员们每周 3 次上岛，除草、抓蛇鼠、修缮设备、保障电力和网络……那颗绷紧的心，直到看到燕鸥们落岛产蛋才放下。

与此同时，护鸟员们还运用人工招引技术，制造大凤头燕鸥和中华凤头燕鸥模型，放置在岛上，再模仿其叫声，播放模拟鸟鸣，让盘旋空中的鸟类，误以为自己的同伴先自己一步抵达，从而寻伴而降。这样就吸引了种群前来落户繁衍，使中华凤头燕鸥繁殖成功率大为提升。

据不完全统计，全球现存的中华凤头燕鸥种群数量不足 150 只，五峙山列岛是重要的繁殖地。2020 年、2021 年，护鸟员们共观测到中华凤头燕鸥成鸟 76 只，繁殖成功 23 只幼鸟。

2021 年，中华凤头燕鸥被认定为国家一级保护野生动物。2022 年繁殖季，岛上发现 58 只中华凤头燕鸥成鸟，数量是历年中最多的。有关部门决定举办一场"视觉盛宴"，用 5 台摄像机多角度直播中华凤头燕鸥在五峙山列岛的生活。其中一台摄像机记录了一对"夫妻"20 天的孵蛋过程，以及幼鸟破壳后 10 多天的状况。前来观看的网友竟然超过 6520 万人次。

"神话之鸟"

在王忠德坚守鸟岛的第22个年头，鸟岛爆出了一则震惊世界生物界的消息："世界100个最濒危物种"之一，列入《世界自然保护联盟濒危物种红色名录》极危（CR）保护等级，且被《国家重点保护野生动物名录》列为一级保护动物的中华凤头燕鸥，第一次在五崎山列岛出现了。

在直播的一个多月里，王忠德像年轻人一样兴奋不已，每天除了吃饭、睡觉，几乎一直盯着电脑屏幕，还不时做一些解说。王忠德想，这么多人围观中华凤头燕鸥，却又不给鸟儿造成任何干扰，这在以前是不可想象的事。中华凤头燕鸥的神秘面纱一旦揭开，人们对它们的保护热情必定会越来越高。

6.岁月静好，鸟儿安详

鸟是人类最亲密的朋友之一。它们翱翔蓝天，带来美丽风景。在鸟儿身上，人类感悟到了许多道理：对大自然的敏感，使它们不惜万里艰苦迁徙；对爱的忠贞，令它们总是双飞双宿，一路歌唱；对孩子的呵护，让它们不辞辛劳地筑窝和觅食。

随着人类生活环境的变化，许多地方的鸟儿数量逐渐减少，这促使人们开始守护鸟儿。对大自然而言，鸟类又何尝不是一群维护生态平衡的天使，正是它以自己的数量稀少乃至濒临灭绝，迫使人类重新审视自己对自然的占有。其实，人类并不需要占据地球上所有的土地、海洋，而应主动让出一些地方，让其他的动物拥有自己的家园。

鸟岛的西侧，熔金的夕阳把翠绿的灌木林染上一层金黄，湛蓝的天、白色的云倒映在海水中，不远处，两只形影相随的海鸥在海面上飞舞。它们体态轻盈，很是闲适，无忧无虑，时不时飞向我们的身边，似乎喜欢与人亲近。此时的海风变得温柔起来，海面轻轻泛起片片涟漪，这里宛如成了鸟儿们安宁、静谧的港湾。海风吹拂的轻柔，波光散尽的余温，伴随着清脆的鸟鸣、啾啾的虫语，共同绘出一幅岁月静好的画卷。

那两只海鸥渐渐展翅远去了，我们猜想它们可能是一对情侣，想象它们的爱情或许经历了惊涛骇浪，正是经过风雨的磨砺，才有如今的相依相随、默默厮守。海鸥是非常专一且长情的飞鸟，一旦选择了伴侣便会终身相依、双宿双栖。任光阴交替流走，任孤岛长夜漫漫，只要灵魂相互依偎，无论飞到哪里，都有属于自己的栖息之地。

细细思量，每年春暖花开的时候，鸟儿们都会从遥远的地方飞到这里，留鸟们成群结队地在岛上辛勤筑巢，它们遵循自然规律，飞翔于天南地北，却不忘在这里安家落户，生儿育女，繁衍后代；更多的候鸟则是选择无数次反复地迁徙、流浪。因为它们的生命在于不停地迁徙、飞翔。这让人想起了一部纪录片《迁徙的鸟》。

那鸟儿，手无寸铁，张开优美的翅膀，翱翔于天际之间，从陆地到海洋，到高山，到沙漠，到天堂，那是对回归的承诺，按照自己的习性，飞向它们心中的天堂。

那过程并不是安全的，途中它们需经过各种磨难，大自然的，还有我们人类的。飞翔的确是一种奇迹，没有什么能比鸟儿的飞翔更能唤起我们的畅想，激发我们对空间和自由的渴望。

7.因为翅膀能带着梦想起飞

爱在延续，越来越多的护鸟志愿者加入守护海鸟、保护海洋环境的行列之中。

一个又一个春天，一次又一次遥望，鸟儿在蓝天白云下，如海浪般翻滚、起伏。和它们在一起，护鸟人从不孤独，因为他们正在做有意思且有意义的事。

海岛的美，鸟儿知道；鸟儿的美，人类也知道。它们飞翔的曼妙身姿，永远是心中梦想的开始。呵护鸟儿，不就是在呵护人类的梦想吗？年轻的护鸟人，以梦想为羽翅，托举着鸟儿向着更光亮处飞翔。

天色慢慢暗了，鸟儿已渐渐地飞离了我们的视线。静静地仁立在礁石上，我们聆听着大自然的声音，遥望着鸟儿自由自在地飞翔。挥手与鸟儿告别，俯身捡拾一片白色的羽毛，将来，无论是封存，还是珍藏，我们都知道，有一次鸟岛之行，流淌在心间，可以唤起记忆，洗净灵魂。其实，人生之路，亦如候鸟迁徙一样，在停留时温暖相聚，在远行时微笑别离。

五峙山列岛慢慢地淹没在暮色中了，看不到成群的鸟儿，却依然能听到它们的鸣叫，从遥远的海那边传过来，婉转、悠长。它们舒展着翅膀，纵情飞翔，因为它们满载着人类心中自由的梦想。精灵就是精灵，每一个细胞都是灵动的，因为翅膀，能带着梦想起飞，更能在平凡之中注入盎然生机，让一切都活灵活现。

精美的石头仿佛会唱歌。时至今日，老宕已成为岑港独特沧桑之美的象征。

——题记

岑港老宕的沧桑之美

石头是人类最早利用的自然物之一，早在远古时代，它就被用来制作工具。与木器、铁器相比，石器可谓"母器"了。

"宕"，是越地方言，意即采石场。在越地，有的地方叫石宕，有的地方叫岩宕，有的地方叫"硐"，也有称"窟"的。以上称呼中，"石宕"使用最为普遍。采石是越地（主要指浙江省）的传统产业，所采石料主要用于建房、铺路、修桥、造园或修墓等。

岑港岩石资源丰富，蕴藏量大，由此衍生出历史悠久的采石文化。岑港石板闻名海内外，尤其以里钓山石板、老塘山石板最为著名。

1.老塘山石窟，静静地伫立在岑港乡村

据传，岑港的老塘山石窟，开凿始于明嘉靖年间，至今已有四五百年了。在抗倭时期，岑港已存有大小石窟，百姓为躲避战乱，曾躲藏在石窟里。

老塘山石窟，位于岑港司前社区西岙老塘炮台下。和温岭长屿硐天、绍兴柯岩、龙游石窟一样，这里的岩石都是火山凝灰岩，利于人工开采。

长时间的开采，留下了特有的石窟风貌。遗留下来的古宕，也让后人触摸到了古人开山取石之痕迹。

石宕的开采方式，自古以来有露天作业和地下作业两种，露天竖井式开采尤为常见。这种开采方式是越采越深，最终在山体

内部形成巨大的洞穴，这就是所谓的"窟"。

开采石材，不能用炸药，而要依靠一锥一锥地开凿。采石匠根据上一辈传下来的经验，判断石头的肌理、形状、大小，根据不同的情形选择开采方式，有些自上而下开采，有些则从山的中间向上或向下开采。在一代接一代的开采中，锥与岩的无数次撞击，凿出了一个个石窟。

老塘山石窟，与岱山双合石窟、里钓石窟一样，在相当长的时间里，是当地的一个产业。这里产出的石板，岩质坚韧，结实而细密，不透水，不易腐烂，是比较理想的雕刻和建筑石料，故供不应求，纷纷销往舟山本岛及内陆。尤其是当时建造坟墓时用的石板、搁梁条等，几乎都来自老塘山石窟。

据一位在这里开采石材30余年的西岙村村民介绍，老塘山石窟采石的历史有几百年了，他家老祖宗就在这里开采石材，到他这一代已是第九代。然而，现在已经几乎没人在这里开采石材了，第一个原因是石材市场萧条，第二个原因是做石工太辛苦，从事这个行业的人越来越少。采石业日渐式微，石窟也随之废弃。

深入石窟，窟内有大小不等的数个洞窟，它们构成了洞中有洞、洞洞交错、洞上有洞、洞洞相连的洞窟群体。窟壁四周呈乳白色，形如曲线花纹，皆是采石匠万锤千凿留下的痕迹。曾几何时，西岙村村民聚集在石窟中，召开村民大会，这里至少可以容纳500人。窟内冬暖夏凉，夏天可以避暑，冬天可以御寒，像装了一台大空调。石窟废弃后，鸟兽及大风将植物种子带入洞中，草木竟然也能生长起来。石窟四周洞壁垂直，慢慢积满的山溪水

老塘山石窟

  岑港的老塘山石窟，开凿始于明嘉靖年间，至今已有四五百年了。石窟废弃后，四周洞壁垂直，慢慢积满的山溪水在洞内形成一个天然窟池。

在洞内形成一个天然宕池。曾经，池水清澈见底。那水，清冽，淡绿，富有一种深潭的韵味。冷硬的石壁，因水而柔美，水给窟以灵气。在水的滋润下，洞窟显现出柔情的一面。昏黄的阳光从石顶与山崖之间的空隙中照射下来，宛如一线天。波光粼粼的水面，斑驳陆离的倒影，恍若一个虚光幻境。

几百年的手工开凿，形成了错综复杂的岩石肌理，让石窟内每一处空间都独具特色。石壁经过风雨的侵蚀雕琢，呈现出露天和半露天的自然奇观，原始且神秘。石窟虽是废弃的采石场，但这些大大小小、形态各异的采石遗址，安静地躺卧在山脉之上，似一座座雄浑粗犷的大地雕塑。石宕不仅是建筑、纪念空间，更是一种艺术。那些令人叹为观止的石窟艺术，有的壁立千仞，有的结构精巧，共同构成了一个巧夺天工的隐秘世界。

老塘山石窟依然静静地伫立在岑港乡村。它是凝固的历史，体现了采石业曾在岑港人民生活中占据的特殊位置。而那些因自然资源开发而留下的石窟遗迹，期待被唤醒与活化，在自然与艺术的交汇中，沉睡的石宕将转变为宝贵资源，"点石成金"，形成一道别样的风景线。

2.里钓山，沿海一带少见的石板村

除了老塘山石窟，里钓山的石宕也是舟山古老的石宕之一，里钓山更是沿海一带少见的石板村。奇异的石头，是这个古村落的主角，精美的石头仿佛会唱歌，这里盛产的红石板，色如肉红，鲜艳夺目，质地坚硬。尤其可贵的是，里钓山红石板具有鲜明的辨识度，在众多不同的石材中一眼便能认出。

里钓山岛位于舟山群岛的西部，仅有 1.64 平方千米的土地，上面静卧着一座充满海韵风情、原汁原味的古村落。在舟山跨海大桥没有开通之前，往返里钓山岛只能靠小船摆渡，一条狭窄的航道隔断了里钓山与岑港。若有人在其中一个码头上大声喊叫，声音可以传到对岸。与里钓山相近的还有中钓山和外钓山，中钓最小，外钓其次。里钓岛上有夏家、南岙、傅家、张家、庙山头和里钓山等自然村。里钓山全村有户籍人口约 300 户，不过实际居住的只有五六十人，且以老年人为主。

里钓山是远近闻名的石头村，最吸引人的便是石宕和石屋。因其石砌建筑群落保存完整，且较多为清中晚期建筑，充满浓厚的海岛地域文化特色，故被列入第四批浙江省历史文化街区、名镇、名村名单。

石头成为一面面峭壁，峭壁组合成一座座攀宕，这些神奇景观都是采石工们一锤一锤挥汗锻打出来的。他们的艰辛劳作给石以生命，石所裸露出来的自然气息在石宕里绵延流长。谁能如石这般有着原始粗犷的性格？

里钓山的攀宕，或如利斧削过一般，陡峭耸立；或如钝刀劈过似的，表面略带弧度而整体依然平坦。有的宽广、伟岸、光滑，像浑然天成的山崖，高高耸立；有的狭长、弯曲，呈不规则形态。攀宕悬垂，自上而下，雨水或者石崖渗水，缓缓流淌，勾勒出一幅宛如蜗牛爬过般灰红相间、黄绿同染的画面。或深或浅的线条倒挂在石壁上，这也许是石头的色彩，又或是石头的纹理，流淌着岁月的痕迹。周边翠绿欲滴的藤萝倒垂在石宕上，让这人工开凿而成的痕迹充满诗情画意。

逐级而下，近处的一个石窟改造成了一口水井，名爱乡井。以窟为井，这也许是舟山唯一的石宕井。据说，此井深邃，即便用 7 米长的毛竹也无法触碰井底，水源充足，水质又好，即使在最旱的年份水也不会干涸。1991 年 7 月，台胞庄兴隆先生捐献1000 元美金，择此凿井，造福桑梓。一块刻着字的红石碑竖嵌在爱乡井对面的石宕壁上，立碑命名，让碑回归石宕壁，就像游子把魂刻在故乡的宅墙上一样。

在攀宕之北，还有一座神奇的穿宕，因石宕取石打穿了山顶而得名。有一块硕石因底部掏空而塌下来，奇怪的是，硕石滑到一半突然止住了，这是女娲的神力吗？置身其下，再也不用担心硕石继续下滑，经年突兀于山体的石头成为一个岩壁。蔓延的苔草与藤萝，却在这坚硬冷峻的岩壁上泛出一缕一缕生命的绿光。

3.因缘际会，注定里钓山要与石头为伴

里钓山开宕采石的历史，虽在志书中没有确切记载，但大约始于清初。清光绪王亨彦所编《定海乡土教科书》记载，石矿有钓山石、两头洞山石，质最粗，颇资民用，业此者谓石宕……以

里钓山岛石头村

　　里钓山是远近闻名的石头村，最吸引人的便是石宕和石屋。因其石砌建筑群落保存完整，且较多为清中晚期建筑，充满浓厚的海岛地域文化特色，故被列为第四批浙江省历史文化名村。

钓山先两头洞而开采也。两头洞，即岱山双合村，由此可知，石宕的开采时间，里钓山是早于双合村的。虽然现在开山采石早已被禁止，但那段千锤万凿的历史，还是留在了那一座座气势恢宏、形态各异的石宕里。

清嘉庆初年，来自宁波慈溪的闻氏一族发现了里钓山这个海边小岛，因缘际会，注定了里钓山的前世今生要与石头为伴。

原来，闻氏是一石匠，曾在慈溪一个石宕打石头，以此营生。只是石宕老板非常刻薄，给石匠们的工钱很低。打石头本是一项辛苦活，凿石板时，石粉吸入肺里，对身体不好，导致石匠们寿命缩短，所以石匠们赚的更是血汗钱。石匠们如此艰辛，老板却很苛刻。实在忍无可忍了，领头的闻氏号召石匠们罢工，争取应有的权利。老板恨之入骨，准备对带头闹事的闻氏下毒手。得到消息的闻氏，连夜携妻儿老小，逃离慈溪，漂洋过海，来到了里钓山岛这个荒无人烟的小岛避难。

这个名叫闻日戌的采石匠，成为里钓山岛上最初的居民。岛上，除了满山裸露的石头，其他什么都没有了。但对于石匠来说，有石头就够了，石头是天然的财富，是天赋的缘分。

闻石匠就地取材，垒墙造屋。他用牛角锤、开门锥等最简陋的工具，把一块块巨石凿成平整的石板。一天，他无意间选取了一块平整的大石头，不料，几枚钉锤下去，竟撬开了一块一面凸起、一面平滑的石块。石色呈肉红色，石质坚韧，不易产生裂缝。闻石匠不禁惊叹，这质地上佳的红石板，世间少有，真是上天对他的眷顾与恩赐。于是，闻石匠凭借灵巧的双手，辛勤劳作，辟垦创业，渐渐在里钓山扎下了根，成了当地铁锤钉石板师傅之首。随着闻氏一族的繁衍生息，一座又一座石头房子在里钓山拔地而起。石块垒砌的墙壁，青瓦覆盖的屋顶，伴着几许腥鲜的海风和拍岸的浪声，年年岁岁，绵延至今。

石头建筑从形成之始，就是人类活动与自然环境相互作用的结果。里钓山石板属于典型的火山喷出岩，是一种酸性岩石，尤其以其肉红色质地鲜艳著称。其质地上乘，不管风吹雨打，年久不变色、不风化、不变形。

采石业的兴起，带动了海运业的发展。靠着"石头"和"缆头"两方面的发展，这里有了"梯山航海""视若户庭"的岛居人家气派。这里的石板在民国时期供不应求，畅销浙江沿海地区，以及上海、福建等省，甚至远销东亚、南洋。民国《定海县志》载：

> 海山产石极多，率质粗不中斧凿，岑港西南三钓山有石宕，每年所出颇资于用，运至他处销售者均系砌路用之版，俗呼钓山版。

20 世纪 80 年代，赶上上海浦东开发，里钓山的采石业迎来了短暂的回春。成块成块的大石头被采出，运到上海当建筑材料。石匠们不仅开采石板，还自己跑船将石板运往外地。在采石业最兴旺的时期，几乎每天能产出石板几十块，宕口周边平地几乎堆满石板。石匠们分工协作，有的把石板凿成石窗、石门框、过桥板，有的把石条凿成石柱，有的在石板上镌刻花草，有的凿成三尺五板墓碑，还有的把石头凿成石狮子、石曲纹等，种类繁多，工艺不同。

钓山石、钓山板，成了一个建材符号，一个石头的名号。里钓山让自己行销四方，也让渔村的风情远播到了海岛以外的地方。

4.石屋的生活，如一株幽兰摇曳生姿

"层层房屋鱼鳞叠，半依山腰半海滨。"里钓山村有 100 多座原生态石屋，其中 30 多座被列入不可移动文物（历史建筑）。走进村子，古朴的气息扑面而来。这片古朴与"石"息息相关。几百年的石屋、石窗、石巷、石阶、石井、石磨、石门、石墙、石柱子、石捣臼……弥漫着浓浓的石文化气息。

石屋依宕而建，沿着山坡矗立，随地势的升降而起伏，高低有序，形成山上石宕深深、山下石屋幢幢的独有画面。画面里，石墙夹着石巷，石巷连着石屋，石屋依着石阶，构成一个石的世界，层层叠叠，错落有致。碎石铺就的小路，曲折悠长，人行其中，如游画中。高低错落的石屋之间，巷弄纵横，相互连通，似有"山重水复疑无路，柳暗花明又一村"之感，往往就在一转角处，便会与一座古老的石屋不期而遇。

石屋规模小一点的，呈一字形排列，如里钓山 18 号。规模大点的，则呈合院式布局，讲究的合院甚至会建有台门。里钓山 72 号便是一座典型的三合院建筑，坐北朝南，院落由大门、正房、

左右厢房及围墙围合而成，占地面积约 421 平方米。再如里钓山45—47 号的民居，石基石墙四檐屋堪称标杆之作。层层薄片状的石板叠压成一个老宅的墙基，自下而上，成为百年来独具特色的建筑风格。

石屋的围墙多用条石砌成，或者由不规则的方形石块筑就。石块与石块之间交错而筑，一些零打碎敲的石头稍作整修，拼接在石缝间。整个墙面笔直、规整，看不出粗糙或者缺角，条石的整齐光洁，砌筑的细致工艺，完全融入在这一堵堵石墙里。

石屋的风格古朴简约，保留了明末清初的建筑风貌。门和窗是木结构，门的样式普普通通，窗户则透着几分韵味。坚硬厚实的墙体，总让人感觉有些沉闷，于是便在墙体上开一个正方形或长方形的石雕花窗，窗花宛如一幅幅立体画，顿时给平直的墙面增添了生气和变幻感。那些镂空雕花，图案花纹各异，或是花鸟鱼虫，或是人物故事，或是几何图案，这些石窗纹理端庄细腻，虽然经历风雨的侵蚀和岁月的洗礼，显得斑驳和苍凉，但依然生动传神，让人一眼就能读出它的精巧和雅致。

石屋大都是单层结构，也有几幢是两层结构，屋顶均为小青瓦铺设，没有雕梁画栋的厅堂，没有气派奢华的台门，只有洗尽铅华的朴实与宁静。这里过半的石屋基本已被闲置，院落前都砌有一堵低矮的石围墙，随意而粗放，野草乘隙生长，绿藤蔓延，几乎将整堵石围墙覆盖住，宛如一道绿色的屏风。

而有人居住的石屋就不一样了，充满了人间烟火味。院子里栽满了橘子、柿子、文旦等果树；一架丝瓜，花儿黄黄，开得正艳；门前屋后，一畦畦菜园，青翠鲜嫩。角角落落，处处透着生机与绿意，那么自然，那么清新，那么恬淡，让人不忍离开，只想沉醉其中。人们种菜、捕鱼、织网，过着与世无争的田园生活。或者选择和爱人一起，牵手漫步海边，日伴海风，夜听涛声，静待时光远去，感受流年缓缓消逝。

站在村落的最高处远眺，灰砖青瓦的石屋，掩映在苍翠的绿树中。远处港湾波澜不惊，渔船点点，海水与天空浑然一色，一片宁静安详。但是，大海并不总是这么风平浪静。台风来袭所带来的，不仅仅是呼啸的风声、强劲的风力，还有倾盆的大雨。石屋宛如一道屏障，把狂暴的风雨阻挡在外。

坚固的石屋，既可阻台风，又能避寒暑。炎炎夏日，海边的石屋里，清凉一片。巷弄之间形成穿堂风，透凉透爽。

石屋的生活，如一株幽兰摇曳生姿。

5.老人与石宕似乎早已融为一体

岛居海边讨生活的村民，靠山吃山，靠海吃海，日出而作，日落而息。尽管里钓山并不富裕，但他们依然在耕海牧渔中以"吃苦耐劳"秉持着生存的道义。老辈们采石、凿石、琢石的艰辛岁月，不能忘记，他们的名字，从闻日戌开始，到闻昭相、闻明忠、闻端行、闻仲方、闻孝龙，再到丁信康、赵国平，一一闪烁在传统工艺的历史记忆中，甘心抱朴守简，将时光的印痕凝固在古石宕中。

看到这些名字，不由得遐想采石劳作的画面：在那个巨大的石宕中，传来一阵阵铁与石的清脆碰击声，采石匠把一枚枚钉锤进石头里，然后用铁杆使劲地将石块撬动，那些凹凸不平的石块，在采石匠反复地敲打中，渐渐锻造成形。他们一锤又一锤，时而用力将鼓凸的外表锤去，时而又轻轻凿打，一点一点地磨平石块的表面。烈日下，他们赤裸上身，汗流浃背；寒冬里，他们衣衫单薄，亦是湿透衣背。身旁堆叠的永远是毛坯的石块，那些已打磨完毕的石块早已被运出去，成为石屋的基石。

在留守村子的老人中，还有几位当年的石匠。其中有一位 80 多岁的闻氏老人，他 20 多岁时就跟着父亲打石板，20 世纪 60 年代曾到杭州钢铁厂当过工人。他感叹道，打石头是个体力活，更是个技术活，不过已经过时了。而且打石头对健康有很大影响，像他这样的石匠都落下了咳嗽的老毛病，因为肺里吸入了大量的石粉。所以，石匠寿命往往不长，他爷爷当石匠，60 岁就去世了，他爸爸 57 岁就没了。

很多在城里生活的子女想把老人们接过去。有的老人怕生不想去，有的去了，过段时间还是回来了。无论时光怎么流转，对他们而言，小岛如故。即便现在人丁稀少，日常的生活仍然没有太大改变。到如今，从山里走出去的里钓人还有不少从事着跑船业。里钓山的船越开越远，石头却留了下来，和老人们一起留守山村。

在古老的石宕下，建了一座休息廊轩，红柱黑瓦。每到夏天，老人常常坐在廊轩的石凳上，纳凉、休憩、聊天，悠闲地过着属于自己的日子。老人与石宕似乎早已融为一体，因为他们一起见证了里钓山的岁月与变迁。

6. "石头村"渴望着美丽蝶变

里钓山的石宕静静地屹立在山坡上，面向浑黄的大海，俨如历经风雨的老人，透露出一种沧桑的静谧。行走在这座石头垒砌的村落中，任时光尽情流淌，古朴的风韵伴着咸腥的海风，流露出岁月深处的诗情画意。一石一瓦，一门一窗，一草一木，都让人深深地沉醉。

双手触摸那些坚硬而冰凉的石块，内心却是温润而丰盈的。时光的印痕，一点一滴，悄然凝固在这些石头中，无声地诉说着前尘过往。

潮起潮落，云卷云舒。"石头村"正等待着焕发新生，渴望着美丽蝶变。

"临水应知得月先"，此月，既指天上之实体月景，也指倒映于水中的虚体月景，更可指周边与水、与月融为一体的自然之景、人文之景。对岑港来说，这里不乏临水且充满历史遗痕的人文景观。

——题记

"淡水，是'真正的神水，清凉之水，解渴之水'，是所有民族、所有时代、所有场合崇拜，奉若神明和圣化的水。"这是法国作家弗朗索瓦丝·德·博纳维尔在《原始声色：沐浴的历史》中说的。

据康熙《定海县志·岑港岙图说》，岑港"岙形如曲尺。自大岙至碶头为直，其径短；自碶头至烟墩下为横，其径长"。岑港岙西南桩次、烟墩海边有两横两纵的桩次塘、三角塘和塘碶。碶西北还有坞丘塘，岑港岙东也有海塘。小岙上面山上有龙潭，龙潭所在山系发脉的山溪，经过虞家桥、三官堂，流经司前老街，入海。

光绪《定海厅志·岑桩庄图》中有两条水系，一支源自摩鼻岭南麓，一支来自白龙洞白龙潭。前者过家溪桥、古峰庵、万安桥等，后者流经永义桥等。烟墩桩次片有永绥塘、中塘等，以及涨次桥、五龙桥等。

康熙《定海县志·册子山图》中，册子山有东西两浦，东曰乱石浦，西曰大岙浦，均平行向南入海碶，有海塘被两碶所分。在临近入海口处，东西向河道沟通两浦。另有碶庙一座。光绪《定海厅志·册子山图》中，又有太平桥、龙王宫之标注。

1.依山傍水　向海而生

"临水而居，择水而憩"，自古以来便是人类亲近自然的表现。

在中华传统堪舆学中，依水而居，且处上风上水之地，被视为吉祥之所。人们对水的依赖，对水的追求，如同对空气、阳光的依赖，对空气、阳光的追求。水乃生命之源，润泽万物、滋养生灵、孕育人类，也孕育了人类文明。依山傍水是岑港先民的不二选择，尤其是在面对向海而生的困境时。

我们看到岑港周边一个个由河谷形成的山岙村落，在开发海岛、草创家园之初，先民们筚路蓝缕、披荆斩棘地辛劳付出，浚河挖沟、凿井筑塘，建堰坝、造水库，以改造山川来改变家园，以改变家园来改善民生。岑港街道的柴戴、小岙一线，均具有以山溪—河流为中心延伸至两岸的特点。人们临水而居，择水而憩，在河谷间耕耘、灌溉、劳作，将河谷腹地变成沃土膏壤，建造出美好家园。

岁月积淀，何曾能少灵动的水流？九曲回肠，蜿蜒在山丘田畴之间，流淌在门口与庭院之前，萦绕在我们过去、现在和未来的梦乡原野。

如果要追溯那种文化印痕，那便是岑港人的河谷文化。点点滴滴，珍珠般遗落在河之畔、谷之腹，遗落在一代代人的口述中、记忆中，需要后人重新捡拾起来，一颗颗串联起来，澄净如镜、光泽如银、闪烁如练，这便是一串串岑港水文化的珍珠项链。

是的，无论是城邑还是乡郊，岑港的岛在海上，岑港的山在岛上，岑港的水穿梭在山麓、河流和城池，溪啊、河啊、浦啊，无处不在的水依着街镇依着村落流淌。人呢，在河畔，在水中央，在人们魂牵梦萦的海岛水乡。

长于斯，耕于斯，守于斯，葬于斯。农樵者饮雨露、汲山泉，渔猎者食海鲜、披潮卤，不难理解世世代代的岑港人对水满怀亲近而又崇拜敬畏的特殊情感。

百姓依托山谷之河，聚于河道两旁搭建棚栅，开辟田园，种植庄稼。但海岛地域，濒海而多山，山在岛中央，将本来就不宽阔的岛分成南北两麓，甚至有的岛纵横并行多座山体，每座山体均分南北两麓，以致土地局促、空间狭窄。囿于山低溪短，百姓们又在河道两旁拓修碶闸、堰、洞、池、塘、埠头，挖掘溪坑、歧河，凭此挡堤筑碶蓄水，围海造涂增加耕田，故有"捍卤蓄淡"，但遇大旱年，往往庄稼干枯，稻谷绝收。百姓无奈挖坑道井，寻找地下流水以求补给。

水莫大于海。舟山历来发生的重大灾害大多来自海上，一旦遇到大风潮，海水溢陆地数十里，毁船、毁田、毁屋，溺死人无数。定海由于海近山低河流短，"捍卤蓄淡"成为海岛治水的既定方略。为御海潮入侵，舟山从南宋开始逐步发展了筑海塘、建碶闸工程，留下了310条历史海塘名和444条一线海塘名，留下了数百个与碶闸有关的地名。

水潭、堰塘、河道，皆是先民们基于民生的需要，择水而居后改造自然的水利基础设施。先民们一声对水的远古呼唤，乃是基于水惠民生、水润民利的呼唤。乡贤们对水和水利建设乐此不疲，公益付出。所谓"水善利万物而不争"，表达的是乡贤们一种积极向上的人生态度、上善若水的境界和向海而生的胆识。

木本水源，源远流长。百姓希望家族繁衍如瓜瓞绵绵，生生不息，其实跟泉源水脉的自然之道相通，中华民族的传统道德文化中向来崇尚水利之善行，将其视为为民众、为子孙后代积德积福之举。这恐怕也是民心向着水利建设的一个重要考量。

2.潭曰白龙　井曰金水

清朱绪曾《昌国典咏》和光绪《定海厅志》俱引《郡国利病书》衍文介绍了岑港小峧的龙潭。《郡国利病书》载：

> 岑港有龙洞，其神甚灵异，其出入地方可得而知。竹叶向内，则龙在洞，竹叶向外，则龙在外海。向有一人失足入洞中，云洞直通响礁门，洞内俱干，复得出。万历二十六年，有施姓者，因天旱，祈祷无雨，施愿舍身为一方请雨，随至龙洞口投下，继而尸即浮起，顷刻大雨如注。

这是古书中的记载，民间版本多有演绎。其一说是此龙为老白龙，曾化作渔夫，到福建替一个叫青莲的寡妇捕鱼，后来白龙回岑港，青莲问如何去岑港找他。白龙说，他姓白，家住定海岑港岭下，屋前挂着三丈三尺白布。后来青莲找来，在小峧龙潭前看到三丈三尺白瀑布，明白替自己捕鱼的是此龙潭里的白龙，于是跳下龙潭，与白龙结成了夫妻。

岑港小岙有一口方井，井圈长宽均为 1.6 米，井深也为 1.6 米。中间石横梁宽 0.28 米，厚 0.16 米，石横梁中有凹槽。周边则铺有石板。井底和井壁皆石块所叠。方井东侧井墙边有一座用大理石建造的井神小香堂，为村民抬请井潭姑娘或者进行丧事念伴取水之时焚香点烛祈祷所用。井畔有此设置，在舟山罕见。在宋宝庆《四明志·昌国县志》中，小岙被叫作小岑江。因白龙潭实在太著名，所以小岙又叫龙潭小岙。2011 年 8 月，人们在修建方井时竖了一块黑底金字的"岑港古方井"铭碑：

古井滋司前，乡贤倍珍惜。

久饮方井水，延寿百年春。

仙泉似良药，神灵赐众生。

冬夏温凉赠，腊月无丝冰。

水旺清澈镜，可口鲜甜美。

方井源龙潭，百姓之仙泉。

宋朝时期潭，年复而不涸。

虽然这 14 句 70 字既非古体诗、近体诗，也非打油诗、顺口溜，但民间热心人士的信仰和热情依然令人感动。碑里所提到的"仙泉、良药、延寿、温凉、清澈、甜美、不涸"等词描绘了方井的特点，但也是许多井泉的共同特性。虽然有的未见记载，真伪难辨，但碑文中的潭指的正是白龙潭。宋宝庆《四明志·昌国县志》中最早提到了岑江潭："在西小岑江上。遇祷而应，蜥蜴必出。"此岑江潭就是今天的白龙潭，而宝庆年间岑江潭中的蜥蜴，后来演绎成了白龙潭中的白龙。后来的志书中还记载，明时倭寇盘踞岑港，曾以小岙之嶙峋怪石和龙潭之水负隅顽抗以对明军。

水的诞生，在一些民间故事中，与神灵的眼泪、血液等不无关系，民间信仰将水神格化，水的兴起和衰退都受到神明控制，这也可解释定海何有如此众多龙潭、龙泉、龙王的传说。

《淮南子·氾论训》云：

> 今世之祭井灶、门户、箕帚、臼杵者，非以其神为能飨之也，特赖其德，烦苦之无已也。是故以时见其德，所以不忘其功也。

王充《论衡·祭意》也说：

> 五祀报门、户、井、灶、室中溜之功。门、户，人所出入；井、灶，人所饮食；中溜，人所托处。五者功钧，故俱祀之。

自古以来，井被列入著名的"五祀"祭典，形成了从天子到庶民都要应时祭井的隆重礼仪，千年传承不辍。井是营造居住建筑的"六事"（即门、厅、室、井、灶、厕等）之一，对古人的日常生活至关重要。

王家金水井，位于岑港水库大坝之下，在桥头社区里王村里

王 11 号宅院墙门外。金水井井圈石壁,方形,高 0.4 米,长宽皆 0.7
米,井圈厚度 0.12 米。4 块石板内皆有阴刻文字,西南、东南、
东北、西北石壁分别刻有"金水井""私记井""庚辰年""里大
房"。井圈下部为基座,由一整块石板雕成,厚薄均匀,折角分明。
基座下横垫两道石梁,呈西北—东南走向。目测井深有 5—6 米,
长方形直壁,石块砌成,形制规整。在定海农村,有这样明确题
刻的水井不多,可谓珍贵。

为何称此井为金水井? 金、水为五行之其二,古人相信,金、
水命格的人聪明灵巧,具有技术天赋。他们惯于横向思维,思维
容易发散,向宽阔处发展,此可能为王氏祖先的良好愿望,此其
一也。《大明一统名胜志》有载:"宋永初山川记云:此城中有井,
出泉二色,半青半黄。黄者如灰,作引粥,并金色而且芬香。"
曹叔雅《庐陵异物志》云:"人呼灰汁为金水。"金水,是指植物
灰浸泡过滤后所得之汁。主要成分为碳酸钾,呈碱性,可供洗濯用。
金水浸泡后烧出的饭粥金色而喷香,此其二也。金水,也是金贵
之水的意思,喻此水来之不易,后人当珍惜,此其三也。

里王祖先源于山西太原,明洪武年间迁小沙,"济"字辈又
从小沙迁出至此。初来乍到,要去邻村打水,日久就遭人嫌弃。
于是决定自力更生,自己凿井。当时选了两处地方,带了两处地
方的泥土,供奉在菩萨面前,一番祈祷之后,请菩萨指点哪里凿
井更好。据说,菩萨选择了现在的金水井所在处。

王氏祖先于是发动族人凿井,凿了五六米深,也未见井水。
有经验的老族人说了,还得请一下井潭姑娘。井潭姑娘到哪里去

白龙潭

临水而居，傍水而赖，
人们对水的依赖，对水的
追求，如同对空气、阳光
的依赖，对空气、阳光的
追求。

请呢？族人四处寻找，终于在梅园村里找到一口井，井水甚是清冽甘甜，于是像请菩萨一样，采用茶壶桶引水的办法，把梅园村这口井的井潭姑娘请到了里王金水井。族人先在梅园井边祈祷一番，再一边敲锣打鼓，一边用茶壶桶打出井水，沿路浇水至里王，并引入刚开凿的金水井里。果然，两天后，金水井里便有汩汩清泉流淌出来。自从井潭姑娘来到金水井后，梅园井里的水就日渐减少。梅园人不服气，又来金水井处请井潭姑娘，希望她重返"娘家"。王氏族人说，井潭姑娘很乐意住在金水井里，梅园人请了几回也没有请回去。

很明显，这种茶壶桶引水的办法，源自元大德《昌国州图志》中洪氏为道隆观圣母池万里引圣水的记载，它展现了浓厚的民间民俗色彩，与其说这是迷信，不如说是民间智慧的体现。

据里王 11 号王宅男主人介绍，金水井的开凿时间应该在他的曾祖辈一代。如果按照这样测算的话，井壁上所刻的庚辰年应该是 1880 年，距今 144 年（《海山风物》推测为 1760 年）。金水井西北、西南两侧井沿由 9 块石板栏围成，井台大致 4.7 米见方，原铺石板，"大跃进"时期石板被撬走，后来改用水泥铺设。井台上有石凳、石圆桌和洗漱用的台板。

距金水井东边 20 余米处，是里王老祖堂，里王老祖堂后面有座小山，这座山因金水井而被命名为井头山。

3.涧流溪河　流淌人文

今天的岑港境内（含原岑港、烟墩、马目、册子）平原区块呈条状分布，地势由山丘向滨海倾斜，地面高程在 1—3 米。辖区内共 9 个村，水库众多，河道纵横交错，水资源较为丰富。大小河道 74 条，流长 1 千米以上的共 17 条。唯岑港河（岑港水库—毛湾大闸）为县级河流，全长约 3.76 千米。其余 16 条分别是凉亭河（岑港河—龙眼河）、拜石岩河（何家弄水库—寨山闸）、紫窟支河（江白湾—紫窟老塘）、马鞍河（半塘里—戴家塘河）、西岙河（小西岙山塘—直属粮库）、淹低洋东河（新坝弄山塘—岑港河）、册子岛南岙河（道头湾—南岙闸门）、大涂面河（鸡骨礁闸门—孙汉东牧场）、北岙河（卢家岙—北岙闸门）、富翅岛外厂河（桃天门山嘴—新建闸）、步枪湾河（太婆岙—步枪湾闸）、小岙河（龙潭水库—兴港河）、西坑河（涨次水库—大溪坑闸）、涂面新河（拜石岩河—鸡骨礁闸）、里钓岛南岙河（老庙山—埠头）、蛟下河（脉山水库—蛟下海塘）。岑港街道编号池塘有 42 口。

自岑港东北角小沙岭下水库而出的柴戴溪坑，流经岑港水库后，为岑港河。其东与之并行的为淹低洋东河（起源于里王村南山塘，终于岑港河，全长约 1530 米），两河汇合后再与隧道口河汇合，贯穿桥头村，向西北径入岑港司前街区与来自龙潭水库的小岙河汇合，再与南来之河交汇，入毛湾泵站，至毛湾大闸入海。岑港河全长 3.76 千米，是岑港片区最主要的行洪排涝河道之一。南来之河，由西岙河、老鼠山河、龙眼河、凉亭河、田岙河等交汇成双鸦河（西岙水库—凉亭河）。

此区域内的柴戴、岩头王古村落，有小沙岭、青岑岭、鹅鼻岭上3条古道通往小沙，也有几处充满故事的地方：王古岙（王虎岙），因古时曾有老虎出没而得名；林步数，古称领婆孙，源自岩头王一户因家庭不睦而由祖母带孙子定居于此的故事；花盆里，俗称花坟，因有一座大理石砌成的富家坟墓而得名；四石坑，则是对稀石坑的误称，实际上是位于大小金山之间的一条山溪坑。

这里有鹅鼻岭和大仙留下的脚印的故事、王修植夜宿梅园并题匾古峰庵之后经郑思岭返回皋泄老家的故事、李家老宅中的凤鸣岐山图绘以及李家人在上海发迹的故事，更有白茅山与猢狲洞、红蛇洞与"出屚"（泥石流）、傅郎中与沙黄塘庙菩萨等，扑面而来的是一个个充满山野玄妙和人文气息的传奇。

岑港大庙位于庙湾山脚下。北宋靖康二年（1127），由当地夏、卢、陈、罗四姓村绅发起，联合周围村民共同募捐建造此庙，以纪念太祖赵匡胤。

司前街是岑港最著名的街道，因古代曾在此设有巡检司而得名。"永年桥头淡包一只油条一根"是许多"70后"的记忆，跨河而立的大饼店是"街里人"每天一早的"功课"，那店中央仅容一人的河道取水井口至今封存着。中街曾是这里的行政中心，北面约有4亩地盘是巡检司的旧址，据说巡检司的宽大石门槛仍然沉睡在"卢家道地"之下。下街部分有向家弄，是昔日通向聚水塘、冷蒲湾、小岙、涨次的必经之地，连接着岑港山下蜿蜒的石蛋村道。

烟墩这一地名的来历，源于双狮山上建于明中后期的烽火墩。烽火墩是明代抗倭期间传递信息的重要设施，见证了舟山先民抵御外侮、保家卫国的辉煌历史。1993年6月，该地被列为定海区级文保单位。

龙舌水库东岸有花岩庙。相传明隆庆元年（1567），朝廷为纪念首辅夏言及其堂孙夏朝庆，拨专款建造该庙。

自坞丘到烟墩区块，先后有紫窟河、坞丘河、赤坎河、马鞍河、戴家塘河、横河、矸门河、大涂面河、直河、拜石岩河、寨山河、峧下河，此外，还有龙舌、麦山和何家弄3座水库，田弄、乌贼坑、鬼叫坑上、鬼叫坑下、横头潭、坞丘、蛟龙、虎涂、后溪坑下、路岭、馒头山、金塘弄、后沙庙、前寨山等山塘，以及长丰、长了尚、马鞍、鸡骨礁、鸡西、船厂等闸，鸡骨礁、马鞍、紫窟等泵站。

过去，烟墩的坞丘，大坞丘、小坞丘、坞丘岭、坞丘塘构成了本岛最西端的地名系统。故舟山本岛有"东到塘头，西到坞丘"之说。直到1958年，东海农场开始围垦，马目岛与舟山本岛相连。

民间地名朴素、通俗，源于对地理环境的自然描述和生活生产的真实体验。舟山本岛西端坞丘地名的产生，绝非刻意，而是与当地的地理环境紧密相连，并巧妙地演绎了先民骨子里最深沉的海洋图腾情结。

"坞"与"乌"谐音。乌，鸟也。古有乌鸟、乌鸢、乌鹊之说。又因神话传说中，太阳被称为三足乌，人们便以"乌"代称太阳，如乌阳、乌轮、金乌、赤乌等。丘，山丘也。太阳西沉，从舟山本岛的西端落下，看夕阳落霞，又有百鸟归巢之情境，离坞丘不远的五峙山，至今仍是蔚为壮观的五峙山"鸟岛"。附近还有富翅、大鹏两座形态逼真的岛，所以，坞丘的来历跟鸟和太阳有关。不信吗？可以看看与坞丘等距离的一左一右的赤坎和紫窟这两个地名，它们有着鲜明的落日霞光色彩的意境。

东海农场，又叫马目农场，片区内有 5 条宽度为 5 米以上的主干河道。分别为：西塘河（马鞍泵站—西江咀泵站）、宫前河（西江咀—淡水坑水库）、中塘河（西塘河—东塘河）、场部河（马鞍—锅齐山）、东塘河（淡水坑水库—泥湾里）。

马目古称马墓，相传 300 多年前，马目岛荒无人烟，却是放牧的好地方，有一夏姓痴呆儿子和几个牧童在此放牧，故又名"马牧山"。明时副使许东望曾抗倭于此。过去有民谣唱道"小小马目岛，三山九岗十八峁，四面环海浪滔滔，三天无雨苗发黄，一场大雨泥冲光"，形象地描绘了这里艰苦的自然环境。马目区块的河道有步枪湾河、太婆峁直河、北斗峁塘河、下湾河、大脚沟、西江嘴河、淡水坑河。区块内有长坑、龙眼和黄金湾 3 座水库，角山峁、大坑、蛤蚌湾等山塘，外圆山、韭菜、步枪湾、北斗峁、蛤蚌湾闸，以及马目三级增压泵站和西江咀等泵站。

步枪湾，根据 1999 年《舟山市定海区地名志》的解释，因该地有一座山形似步枪而得名。其实这名称是"埠厂湾"的谐音，原是渔船靠泊后渔民加工渔获的地方。这个老地名不太可能是在"步枪"这个概念引入后才取的。

北斗岙有保安庙,原址在长坑,因大陆引水工程于 2009 年迁至此地重建。相传该庙祀奉的是唐代名将薛仁贵。

黄金湾水库边有桃花渡遗址和桃花女山。桃花女山如今已与黄金湾水库坝体连接,成为舟山本岛西北边缘的一部分。

从黄金湾水库大坝往桃花女山的南麓走,此地以前有"马目北桃花仙姑庙"。所谓桃花女,其实是在一个潮声澎湃、回声訇然的海岬边竖立着的一尊大约两人高的人头形石崖。她优雅的姿态,被古人以同样优雅的语言记录在县志中;她动人的爱情故事也在民间以同样动人的传说流传成了传奇。清人卢坚在海上遥望桃花女石,心为秀石所动,写下了《桃花女山》。

册子岛又名鸟屙山,朱绪曾《昌国典咏》云:"帆飞鸟屙半洋腰,册子山形压巨潮。乱石浦开禾稻熟,钓船蜂簇泊桃夭。""其东南桃夭门,有桃花女山为档,鸟栖泊之所。"这也佐证了舟山本岛西头百鸟归巢、引航舟山之意境,鸟图腾所然,所言不妄也。

册子岛南岙、北岙两平畈一垄垄田畦像极了一本翻开平放的书册,而中间隔着的凤凰山如同书脊。此说多属清康熙舟山展复后上岛之人臆测杜撰而成,毕竟宋之前就已有小岛名,当时并无确切的记载,又有近 300 年的历史断层,谁能说得清呢。不过,这样的解释,有谁不乐意呢?蛮荒小岛沾着这么雅的书卷气,毕竟皆大欢喜。令人难以接受也没法理解的是,为何当年英国人要命名册子岛为 Black Wall(黑墙)?册子岛,北濒灰鳖洋,南临横水洋。有洋才有渔,那是渔民们施展生存技艺的空间。西南隔西堠门与金塘岛相对,东北到东,隔着菰茨航门、桃夭门、富翅门。

这些名字也颇具诗情画意，令人回味无穷。

在宋乾道《四明图经》和宝庆《四明志》中均有册子岛的记录。南宋的昌国县有 15 所酒坊，而在册子岛上就有 1 所；南宋的昌国县有 23 处寺院，其中册子岛上就有 1 座广福院。

册子海域曾捞起很多古代动物化石，经过中国科学院古脊椎动物与古人类研究所的鉴定，被确认为属于第四纪的德氏水牛、古菱齿象、麋鹿等哺乳动物。另外，专家们在若干碎骨上观察到了人工痕迹，尤其重要的是发现了一件木棒化石。这成为舟山在距今 4 万多年前有古人活动的可靠证据，也是中国首次被记录的旧石器时代的木质工具。

册子岛河道自东北向西南有长湾河和桃天门河。岛之东南有南岙东岙溪坑、外河头河、南岙河、十字河、门岙涂河。岛中北岙区块有北岙水库、外湾河、北岙河和卢家岙河，它们汇集成环形的北塘河。双螺水库以下是塘河和小晒网河，其西又有大晒网河，此外，册子岛上山塘和溪坑众多。

册子岛附近还有富翅岛和里钓山岛两座住人小岛。富翅岛有里厂河、外厂河和淡湖山水库。里钓山被列入第四批浙江省历史文化街区、名镇、名村名单，过去是海居人家，有着"梯山航海"的开拓精神和"视若户庭"的家园情怀，以盛产钓山石板闻名。岛上老庙山嘴有安澜庙，周围则有横街河、傅家塘河、陈家河和里钓南岙河。

4.历代海塘　护佑家园

海岛山低、河短、土薄，历来以筑海塘防潮汐，并建碶闸以蓄水灌溉。堤坝筑成后，塘外海潮夹泥沙继至，年久沉积成涂，复于塘外筑新塘，称"一线塘"。旧塘堤遂成二三线塘，或作道路，或为耕地。

宋代前，已有岛民堆泥围塘防海潮。元大德《昌国州图志》载：

> 涂田者，乃海滨涂泛之地。有力之家，累土石为堤，以捍潮水。月日滋久，涂泥遂干，始得为田。或遇风潮暴作，土石有一罅之决，咸水冲入，则田复涂矣。

所以历代均筑塘造堤，用来保护农田、扩大耕地。

宋代至元代岑港境内建海塘2条。一曰马墓塘，在马目岛；一曰椗次塘，长500丈，清康熙三十三年（1694）曾重修。

明《海防图注》中记载：沿海护塘，高厚如墙，有护塘港，阔四丈，深一丈五尺，明人用以御寇。又《海塘考》云：

> 海塘之制，高于城垣，内外塘沟相夹，汤和经略海防，引以为固，防海之外，兼以御侮，故规画特崇。

后来的史料还表明，早在明初，大将汤和就把海塘纳入其防御体系，作为海防的一个重要组成部分，并深受明人推崇。洪武年间，徙民内地，宋元时所筑塘堤大都毁圮。

清代建海塘 10 条。《舟山水利志》记载，清代以前的古海塘均以丈为长度计算单位，如双鸦塘 113 丈，里塘 235 丈，中塘 400 丈，西岙塘 130 丈，万安塘 870 丈，句和塘 256 丈，宫前塘 325 丈，岙前塘 64 丈，永绥塘 413 丈，花池塘 267 丈。

据《舟山水利志》截至 1987 年对一线海塘的统计，另有包括今岑港境内始建于清代、民国的海塘资料。清代的海塘有 13 条，其中包括：炮台塘，起于老塘山，讫于炮台山，长 272 米，受益农田 300 亩；永安海塘，北起沈家门口西侧毛湾山，南讫老塘山嘴，嘉庆年间建，全长 3280 米，高 2.6 米，受益农田 3000 亩；涨次海塘，北起小涨次，南止毛湾山，咸丰年间建，原名涨起塘，后随地名变更成现名，全长 1851 米，高 2.5 米，受益农田 350 亩；峧下海塘，起于烟墩外山头，讫于船厂，长 691 米，受益农田 200 亩，光绪年间建；富翅里厂塘，原名菰次里塘，起于众山嘴，讫于夏家山嘴，全长 302 米，受益农田 50 亩；富翅淡湖山海塘，起于米边山，讫于沙湾，长 240 米，塘内用于建水库；册子南岙塘，起于盘山嘴，讫于米箩山，长 580 米，受益农田 1270 亩；册子道头湾海塘，起于道头湾，讫于小道头湾，长 187 米，受益农田 10 亩；册子门岙涂塘，起于盘山嘴，讫于门头山嘴，长 300 米，受益农田 50 亩；册子小晒网塘，起于茅草碗，讫于开口岩中山嘴，长 333 米，受益农田 50 亩；册子椶次浦海塘，起于上山嘴，讫于下山嘴，长 175 米，受益农田 10 亩；册子桃天门海塘，起于风颈山嘴，讫于泥场山，长 403 米，受益农田 240 亩；册子长湾海塘，起于风颈山嘴，讫于长湾嘴，长 430 米，受益农田 90 亩。

民国年间有 4 条海塘的建筑资料，如南岙海塘，在里钓山岛钓山村南岸，北起顾家埠头，南止老庙山，长 1362 米，高 2.4 米，建于民国九年（1920），受益农田 320 亩；菰茨外厂海塘，在岑港富翅岛西南岸，西北起桃天门，东南止外山嘴，富翅岛原名菰茨，海塘以所在地得名，全长 1179 米，高 2.5 米，建于民国九年，受益农田 310 亩；大丰塘起于老鼠山，讫于炮台山，长 571 米；庙门口海塘，起于庙门口，讫于老庙山，长 127 米，受益农田 10 亩。

1950 年后，舟山修复旧塘和新筑海塘。

舟山最著名的是东海农场海塘，亦称马目大塘，位于舟山岛西北端，建塘前马目、舟山两岛间为马目港，涨潮可通航，落潮露滩涂。1958 年建西、东两塘，西塘东起烟墩马鞍山，西至马目西江嘴，长 1835 米，高 5 米，建闸 1 座 2 孔；东塘东起烟墩坞丘，西至马目淡水坑，长 1430 米，高 5 米。两塘均为陡墙式，投工 42 万工日，完成土石方 23 万立方米，围涂 4015 亩，国家投资 69 万元。1983 年，东塘外成新涂。1985 年筑新东塘，自烟墩长料尚山至马目马南山嘴沿藤坑，长 1570 米，高 5.5 米，塘面宽 4 米，折坡式，建闸 3 座 7 孔，投工 55 万工日，完成土石方 29 万立方米，围垦面积 1644 亩，其中 1200 亩用作海产品养殖，国家投资 80 万元。新塘建成后，原东塘遂成二线塘。其最大的成就是使马目岛与舟山岛相连。其余如下。

1958 年建成的烟墩丰盛塘，起于庙山嘴，讫于馒头山，长 314 米，受益面积 200 亩。

1960 年建成的烟墩中涂塘，起于里塞山，讫于外塞山，长 260 米，受益面积 20 亩。

1965 年建成 5 条海塘，包括：烟墩戴家塘，起于虎肚山嘴，讫于马鞍山，长 660 米，受益面积 345 亩；横街花塘，起于庄家村，讫于狗爬岑，长 991 米，受益面积 160 亩；张家塘，起于狗爬岑，讫于山后背，长 287 米，受益面积 20 亩；外钓围塘，起于钓门嘴，讫于南岸山嘴，长 181 米，受益面积 20 亩；傅家塘，起于傅家碶，讫于贺家山嘴，长 475 米，受益面积 70 亩。

1966 年建成的册子大晒网塘，起于茅草山嘴，讫于外山嘴，长 312 米，受益面积 100 亩。

1967 年建成的马目步枪湾塘，起于中山嘴，讫于永丰碶，长 390 米，受益面积 300 亩。

1968 年建成的马目蛤蚌湾塘，起于地文嘴头，讫于虎昌嘴头，长 600 米，受益面积 150 亩。

1971 年建成 3 条海塘，包括：烟墩长丰塘，起于镬脐山，讫于长料尚山，长 824 米，受益面积 400 亩；外钓黄泥坎海塘，起于黄泥坎，讫于南岸山嘴，长 250 米，受益面积 31 亩；册子北岙海塘，起于米箩山，讫于椅子山，长 772 米，受益面积 120 亩。

1972 年建成的马目北斗岙海塘，起于中山嘴，讫于长春山嘴，长 430 米，受益面积 450 亩。

1973 年建成的烟墩大涂面海塘，南起桩次长礁嘴，北止马鞍小鸡骨礁，与原戴家海塘相接，合并为一，全长 1400 米，高 5 米，围垦造地 1000 亩，受益农田 3000 亩。

1975 年建成 2 条海塘，包括：册子双螺海塘，起于碶虎山，讫于王家山嘴，长 400 米，受益农田 38 亩；册子米筛门海塘，起于泥中山，讫于毛头山，长 305 米，围垦造地 36 亩。

1978 年建成外钓新塘，北起龙眼山嘴，南讫蛤蟆礁，全长 1530 米，高 3.4 米，围垦面积 518 亩，建盐田 490 亩。

1979 年建成的马目韭菜塘，起于碶门头，讫于外沿山嘴，长 427 米，受益农田 300 亩。

1983 年建册子小马柱海塘，起于千马庄，讫于牛头山，长 480 米，受益农田 70 亩。

马目步枪湾小塘，起于大田山嘴，讫于步枪六队，长 88 米。

碶闸是水利工程中用以蓄泄水的闸门，为排涝蓄淡的重要工程，常与海塘同时建造，形成一个整体。据历代志书所记，清雍正十二年（1734），岑港等地的 13 座碶闸都设有碶夫 1 名。

毛湾碶，位于岑港街道永安海塘，以所在地得名，1987 年改建，3 孔，闸孔高 3.3 米，总孔径 6 米，木插板闸门，最大过水流量 24 立方米／秒，排涝面积 2000 亩。

明万历四十六年（1618），调任宁绍（驻舟山）的参将张可大（1850—1632，字观甫，南京人）在海西南隅（今岑港司前）筑塘堤，建碶闸，捍卤蓄淡，民称"张公碶""张公塘"，这是岑港境内第一条面海挡潮的石塘碶。还有清代定海知县、"筑塘老爷"缪燧于康熙四十六年（1707）在岑港筑起的 217 丈长的坞丘塘，为 250 年后东海农场的围垦打下了基础。岑港人不应忘记这两位古代好官。

5.临水得景　近水养心

"临水应知得月先"，此月，既指天上之实体月景，也指倒映于水中的虚体月景，更可指周边与水、与月融为一体的自然之景、人文之景。对岑港来说，这里不乏临水且充满历史遗痕的人文景观。

通过对滨水建筑与水的关系、滨水建筑与水边人的互动，以及各个建筑之间的总体布局关系和内部文化内涵的研究，人们能够找出其内在规律，并将其应用到新颖时尚、符合当代人审美需求的滨水景观设计之中，从而总结出既符合传统文化背景，又充分利用自然水利环境，同时满足人与水之间和谐关系的建筑布局特点。

在这些方面，岑港街道做过尝试，并且留下了经典之作。

岑港的白龙潭水系景观，已俨然成为村民休闲公园和绿道登山者的起讫集合点。白龙潭其实是一个山谷溪涧，泉水汩汩，峡谷幽幽，谷石奇硕，鸟啼蝉鸣，景色秀丽，内有龙王宫，有六角白龙亭，亭联：白老龙爱国风调雨顺，陆老龙为民国泰民安。亭内有龙潭碑记，穿凉亭而上，便是飞瀑从 10 余米高的悬壁急流而下形成的白龙潭，潭状如酒坛，潭底则如锅底，潭直径约 3 米，最深处达 16 米，潭水绿如碧玉、清亮如镜，潭中间还有一块沙发似的光滑石头，便是龙床。白龙潭分"洗面龙潭""洗身龙潭"和"洗脚龙潭"。潭边点缀以石龟，龙蛋石等，这些奇石都是从潭里清理出来的。潭崖壁一左一右塑有白、青两条 8 米多长的龙。龙身藏有水管，龙嘴里能喷出水珠，恰如传说中的白老龙化水。白龙潭景区呈梯级分布，沿瀑布逆流而上，顶端是龙潭水库大坝。沿着龙潭水库寻山而上，更可到达山麓之中的黑龙潭，清澈的水流从山上冲下，凹聚成潭，接着又如白练般跌落近百米，飞瀑流泉，倾泻而下，形成了舟山难得一见的黑龙潭瀑布，因瀑布周边山崖呈黑灰色，也为了与水库外的白龙潭呼应，故名黑龙潭。

2004 年 5 月，岑港村民抽干潭水，清理白龙潭，将潭内超过 10 立方米的小砾石清扫干净。据说，人们在清理白龙潭的时候，在潭内捕获了一条重约 600 克的花鲗鳗，它的头上有两根触角，在舟山实属罕见，于是有乡民说它是"白龙"的化身。

一方水土养育一方人，一方文化熏陶一方人。源远流长、内涵丰富的乡愁文化怎离得开一个"水"字？它融入村民们的"乡土文化基因"里，植根于山水田园，源自历史传承，立足于群众自发，契合于时代特征，无疑成为"弘扬乡土文化，助力乡村振兴"道路上的一道亮丽乡村文化风景线。在海洋文化、农耕文化、孝德文化、红色文化、渔俗文化等丰富多彩的文化氛围中，它如春风缕缕拂人面，让人们一遍遍地重温"看得见山、望得见水，记得住乡愁"的意境。

这种意境更需要文化意蕴的融入，河湖景观之美、水乡之美，需通过水文化相关活动，巧妙地将河湖水工程文化、治水文化与沿岸已有的古桥、古堰、古码头、古闸、古堤、古河道、古塘、古井、古建筑等历史文化古迹相融合，使它们相互穿插、协同对照。同时，结合与其相关联的民间传说、神话故事、民间民俗，包括新时代思想、人文精神、特色定位、资源禀赋、科普教育等，深入挖掘与提炼，才能营造出更为丰富的乡愁文化氛围。

与美邂逅，不期而遇。人们将岑港河库周边的文化古迹和水系景观，与周边环境协调融合，将人工景观与岑港的文化记忆、风土人情相结合，将河道沿线的驿站、平台、坐凳、栈道、公园等打造成与周边环境相融合且符合河湖安全及审美的一道道亮丽风景线。

一堵围墙就是一道风景，一个转角就是一种特色。司前老街、六国港口、白龙潭山谷、岑港木城之战旧址、王安石《题回峰寺》、里钓山石板、册子岛丁光训故居、东海农场、桃夭意境和桃花女石……巧妙利用这些文化节点，传播和展示河湖水文化、治水文化，将居民休闲娱乐与水利文化关联起来，引导群众养成知水、敬水、护水的理念。

扬水之德，兴水之利。通过在水系流域范围内实施截污纳管、禁养畜禽、控制面源污染、提升水质、改善生态、开展河道清淤工程以及普及节水护水知识等，人们重点保障水安全，并鼓励全社会积极参与节水与护水。唤醒人们对水的重要性的认识，进而促进节约用水，保护山川河流，减少污染。

文化融合，人水和谐。乡村振兴，农村换了新颜，乡村创客空间、乡村游客集散中心、民宿样板房等一系列设施如雨后春笋般出现。在岑港，河库水系饮用水源地达标创建，农田供水得到保障，河湖沿线村庄、城镇内水系与河湖的连通性良好，充分展现了与本地特色相契合的历史文化底蕴。滨水景观与水和人之间的关系，展现了"临水得景、近水养心"的文化内涵，这正是"水孕岑港"的精髓所在。

垂纶海上钓，挥笔菰茨册

　　古今中国人，渔耕、儒隐，皆被赋予
了浓厚的儒道文化。

——题记

以墨斗、砚瓦、笔架等命名的舟山岛屿不止一座，而以册子命名的唯此一岛。宋时，舟山崇尚文教，这个很书卷很文化的岛名大概也是那时的产物。册子岛南岙、北岙两平畈一垄垄田畦像极了一本翻开平放的书册，中间隔着的凤凰山则如同书脊。

人们眼前展开的是一幅菰茨的画卷，描绘着菱白水田上座座茅檐苇篷的古朴景象。《诗经·小雅》中的一句话仿佛随风而至："楚楚者茨，言抽其棘。"那是一个从菰茨到富翅的没有来龙去脉的睦邻岛故事。海的那头，还有一个涨次，一个椗次，它们俯卧在潮退后的海涂上，任一只鸟，大鸟或者小鸟，引航去一个安全的港湾。

刘安《淮南子》曰：

> 钓者静之，羸者扣舟，罩者抑之，罾者举之，为之异，得鱼一也。

《御定渊鉴类函》曰：

> 钓者谓以独茧丝为纶，芒针为钩，荆篠为竿，剖粒为饵，引盈车之鱼于百仞之川，汨流之中，纶不绝、竿不挠，因水势而施舍也。已上詹何钓，见《列子》。

《淮南子》颇受《庄子》《列子》影响，道家由以黄老为主转移到以老庄、庄列为主，《淮南子》是见证之一。

古今中国人，渔耕、儒隐，皆被赋予了浓厚的儒道文化。

"七尺青竿一丈丝，菰蒲叶里逐风吹。"文山意境拂舟岛，三钓金鳞春莫迟。

前两句是唐代湖南人李群玉（字文山）写的，后两句是我换的，挪到了定海岑港，挪到了千年之后的今天。

1.石宕开在浪花打得着的村落里

谁在垂纶挥竿？在汪洋大海中，它们是鱼吗？

10 年前啊，我如一苇渡江，踏上它们坚硬的骨盆，在它们触须所及的安澜庙边，是把竿子抛向外钓抑或中钓？而我的海钓情怀早已分明地嵌入了千锤百炼的里钓岛肌体内。

舟山是船，它们可曾是舟山的三把橹？敲凿硬朗的巨石，划击海洋，今天在锈迹斑驳的海岸上，它们是蕴含故事的船木。舟山是鱼，它们可曾是舟山的三尾鳍？以拜江猪跃起的节拍荡漾龙窟，今天在任公钓鳌的传说中，它们是泛起油光的鱼饵。

这是一条约 6 千米长、呈 S 形的避风内港——东起老塘山港、西至响礁门。里钓山之南、外钓山之南，各有一个钓礁相随，其实皆为飞鸟栖息之礁。

在光绪《定海厅志》中，里钓、中钓、外钓出现在《册子山图》中，里钓、中钓则出现在《岑桠庄图》中，外钓也在《金塘山图》中清晰可见。

俯瞰里钓山岛

在 1.64 平方千米的里钓山岛上，散落着
一座座充满海韵风情的原生态古村落。

王亨彦《定海乡土教科书》中写道：菰茨山折而南，距水程四里，曰里钓山，北距岑港老岸，水程仅半里。高十余丈，周广五里，地肥可耕，有石矿。业此者曰石宕，居民数百户。庙曰安澜，其南曰中钓，又南曰外钓，土地硗瘠。不及里钓之半，所产之石，亦逊于里钓。有山神庙，居民百数户，亦多业石宕者，并右营辖汛。

无论土地还是石材，皆以里钓为上品。老渔翁一钓竿，靠山崖，傍水湾，扁舟往来无牵绊。郑板桥式的意境终究只是一种心灵的自由向往：一树葱郁，一岛膏腴，半丘青流，半山白储。

不知道没有道家元素的岛是否还能被称为钓山？没有自由潇洒的挥竿是否还能成为真正的钓山？据传，从前一年四季有人在此岛及附近岛屿钓鱼，临时搭棚居住，遂称钓山，因距岑港最近，便名以"里钓山"。康熙《定海县志》卷三载，里钓山，离县约七十里。山高十余丈，周广五里，地颇肥可耕。英国殖民者曾称其为"夹梯岛"。里钓山南北走向，面积约 1.66 平方千米，岸线长约 5.93 千米。俯瞰岛形似葫芦，以"葫芦"颈部为最高，习称炮台山，海拔约 114.8 米。里钓山东西两侧大多为石砌海塘。南端、北端和中部靠岑港一侧均建有灯标。

在一个村落的入口，我们见到了一艘由砖瓦甑瓷和船木卵石组装成的景观创意船。这是一艘中型运输船，运输石板的船。

里钓山上曾设有钓山、里钓两个村委会，人口超过 1000 人。南岙，是钓山村的驻地，居民姓氏以李、刘、徐、童、赵、顾等为主；石塘里，旧称石宕里，是里钓村的驻地，居民姓氏涵盖丁、张、何、赵、庄、夏、秦、魏、闻、王、郑等。岛上还有夏家、傅家、张家塘、乐家、老庙山嘴等自然村落，而横界、潘家两村的住户数量仅为3—4户，皆于20世纪60年代迁出，两村成为废村。全岛以农为主，有耕地672亩，种稻、番薯、玉米，兼营饲养家禽及开山采石等副业，曾有石料厂、塑料厂、船厂等村办企业。岛南端石质优良，建有采石宕，宕中石质分红、白两种，尤其是红石板，美称"糯米红""里钓红层"，美名远扬。

涛声依旧，唱了200余年，然而钓鳌客没来，嘉庆年间，一个名叫闻日戌的采石匠来了。为了避难，闻石匠携妻儿老小，从慈溪漂洋过海，落户在这荒无人烟的小岛上。岛上，除了裸露的石头，再没其他了。有石头就够了，石头对石匠来说，是天然的财富，是天赋的缘分。

闻日戌就地取材，垒墙造房。他用牛角锤和开门锥、凿子和劈煞等最简陋的工具，把一块块巨石凿成平整的石板。石色肉红，石质坚韧，平滑无裂缝。一座石头房在里钓拔地而起，根就这样扎了下去，巧手匠工，锤钉石板，闻氏一族在石头的家园里垒砌起了丰富而坚实的精神支柱。风吹浪打，敝衣褴褛，那是海洋的气味，不同于内陆的气息；那是在岛石与风水交织的自然夹缝里，远离了世俗的贫富贵贱与人际纷扰。闻氏开怀地慢生活着，开怀地绕指柔情，恰如大荒山下横亘数百年的道，又如无稽岩上造就数万日的缘，更如青埂峰顶石头成精的传奇。想象火山喷出的那一刻，酸性的岩浆下，隐匿了多少地球规则之上、人类文明之外的维度，北纬30°4′、东经121°58′的坐标点，慢慢地变成弧线，边角之间开始圆润，优雅地似海上漂来的葫芦。"梯山航海"，

"视若户庭"。那是岛居人家的气派，然后继续沉淀，沉稳而安宁，有了花，有了叶，有了果，有了山清水秀，有了石头的口述情怀，有了匠心独运的精美格子花窗，有了质地考究的寿域墓圹板材，有了四合院、道地严丝合缝拼出来的方正明堂，有了河畔海岸结实的埠头道头，有了桥的脊梁、牌坊的梁架，有了巷子里不断蔓延的古朴，有了铭刻历史风云、纪念丰功伟绩的一块块碑文。

打开它，就像打开一本线装《定海县志》，在物产卷中寻找，见不到新鲜灵跃的海错，见到的是它的肌骨魂魄。光绪《定海厅志》载：

钓山石，岑港海口迤西南小岛三，为里钓、中钓、外钓。石质虽粗，颇资于用。其居民以采石为业，谓之石宕。

石宕开在浪花打得着的村落里，望潮花一样散发村落的芬芳；村落建在海腥闻得到的石宕边，女娲氏一般演绎石宕的经典。那是岛与海的对白，那是航海与贸易的结晶，从这里到甬绍杭温，从这里到沪闽台湾，从这里到韩日狮城，再到南洋诸岛诸国，一水一水，一波一波，皆是海上丝路的遗痕。山海不言，片石千秋。人心可枯，石头不朽。岛居海边讨生活的平民，在年复一年、日复一日的记忆里，反而消去了野性戾气，久久浸润于耕海牧渔之外的喜悦，采石、凿石、琢石，在石头的艺术创作中，淡忘悲喜，坐忘苦乐。

2.沉默笑看尘世，大隐隐于市

文化礼堂的门开了，六七十年前用钓山石建造的里钓礼堂，今天以图文解说的方式，把一幢幢清代或民国时期的民宅列入不可移动文物的名单。一字式排屋的里钓山 18 号，檐下龙首衔珠月梁、梁身雕以缠枝的 19 号、104 号，马头墙上隐逸彩绘的 16 号，以石板游廊和天井彰显个性的张家大院……里钓山并不富裕，只是在生活的艰辛中，居民以"吃苦耐劳"秉持生存的道义。同拙朴的石墙、石屋、石巷子一样，这些建筑总会在时光的催促下变得斑驳和落寞，铅华洗尽珠玑御，草木有意水石心，唯与人交融，自然之物方能成就其文化内涵。树枝斜影，在斑驳的石壁前偶尔这么招摇几下，是否以它们的肢体语言，表达对生命韶光的挽留与念想？苔丝缠壁，细细密密且萧瑟地描绘着二维码，是否以它们的青绿笔墨，守护前世来生的命运通道？做人与做石头，在哪一层次或者维度可以实现平等互鉴呢？

里钓山 45—47 号，是一座标杆式的石基石墙四檐屋。层层薄片一样的石板叠压成一座老宅的墙基，自下而上，展现出百年来夺人眼球的建筑风格。在这个维度上，人与石头同，也不同，石头是需要架势的，让人一看就印象深刻。对人而言，有时需要一个"戢鳞潜翼"的阶段，可抒"思属风云"之情怀，也为"再展鹏鲲"留下余地。但很多人在该寂寞的时候不甘寂寞，人们可以对石头的雄伟突兀来句赞叹，却很难对显山露水的人由衷佩服。石头有光，它自炫耀。人有光反而不可耀，流深之水反而静。在这个维度上，人可以感知石头；在另一个维度，石头却可警示人心。无论石板、石柱还是石柱础，无论石窗、石阶还是石磨盘，当石头融入人们的生活，成为布景或重要场景的一部分后，石宕和产自石宕的钓山板，便以文化符号的形式，为一群文化使者在地球上留下了个性、丰富的语言。

这是它的使命，我们知道。它的使命并未结束，有时我们的思绪会停留在所有和它一起承担过同一使命的石宕上。一个当代人的步履，几个镂刻在石头上的汉字，在惊叹于它的容颜后，发出一声呼吁，于是，邈遐的角落多了一丝绿意，污浊的宕水换了一池清净。

里钓石宕停采有多少年了？据说有 30 多年了。从嘉庆年间开始的 200 多个春秋里，里钓山石板到底被采走了多少？小小的里钓岛，有山也有田，除了几个留下的石宕，那些已为石头村居的地方最初会不会也是石宕呢？在石头的世界里，人们照样祈求五谷丰登。咸丰七年桂月（1857 年农历八月），安澜庙里的那块匾额已经留下了信息，海岛 160 余年的人生世相，承载着七八代祖孙的生生死死，在礁头跪拜安澜庙菩萨的信仰岁月中，只为坚守石宕坚守里钓岛！

菩萨沉默笑看尘世。采石匠的勤劳辛苦、安身立命也许换不来大富大贵，但谁都明白，中国智者、贤者的懵懂与愚钝，是在勤劳辛苦、安身立命中顿悟出来的，也是在大历史、大岁月的反复沉积中领会出来的。有时，人们看到的鳞次栉比的错落房屋，就是生命的一种状态，就是人类的一种情怀。你就这么存在着，许他人懂与不懂。就看你如何垂纶挥竿？如何钓获人生？

3.江爿式逍遥，隐尘式索居

中钓山，西南与外钓山岸距约 150 米，东北与里钓山岸距约 100 米，西北与册子岛相望，东与舟山岛岸距约 300 米。因处在里钓山和外钓山中间，故名"中钓山"。英国殖民者曾称其为"林岛"。民国《定海县志》册一载，中钓山，在舟山西，外钓山东北，长一里又九之一，阔五分里之三。

中钓山南北走向，陆域面积约 0.16 平方千米，岸线长约 1.99 千米。岛东部有一条带状平地，余均丘陵，最高点海拔约 69.1 米。表土瘠薄，长有松树及茅草。设中钓村，为独立生产队，背靠山，面临小门港，村西滩涂广阔。岛民姓氏多为邵，另有徐、赵、傅等姓。1999 年编《舟山市定海区地名志》记录的居民有 20 户，人口为 77 人。从事手工业、海上运输，以及种植和饲养羊、兔。口粮由国家供应，岛南龙眼门水道，水深约 2 米，可通较大船只，有渡船通岑港镇，岛南端设有灯标。中钓山是舟山唯一没有进行"土改"的角落。1950 年 10 月 21 日到 1952 年 4 月，这段日子海岛处处风云激荡、风雨如磐，唯此处平风息浪，静如处子。

外钓山，西与金塘岛、册子岛隔海相望，东邻舟山本岛，东南为老塘山港。英国殖民者曾称其为"花陀岛"。民国《定海县志》册一载，外钓山，在舟山西，长二里又六之五，阔一里又三之一。

南北走向，1978 年前后，岛屿神奇地由狭长形变为椭圆形，陆域面积约 0.99 平方千米，岸线长约 4.55 千米。岛南部较高，最高点海拔约 104.2 米。岛上仅有 1 个自然村。1999 年《舟山市定海区地名志》载，外钓山有居民 17 户，共 65 人。居有徐、陈、卢、王等姓，徐姓居多，为清道光年间从宁波迁来。

外钓山的耕地主要种植蔬菜、水稻。当地老人曾言，过去岛上有獐、狐、刺猬和鼠类。1965 年外钓围塘，起于钓门嘴，讫于南岸山嘴，长 181 米，受益面积 20 亩；西北部有大片海涂，部分已于 1977 年围垦，建为岑港镇属盐场，盐田面积 490 亩，近乎占了外钓山面积的一半。居民主要从事盐业及近海张网捕捞。每户置有小木帆船 1 艘，用于张网捕捞近海鱼虾及作为交通工具。

小舢板日摇夜摇。艰辛，或者不算艰辛。摇着安贫乐道的江丬式逍遥，也摇着不食烟火的隐尘式索居。

这个不起眼的小岛，曾给舟山人带来意外的惊喜。1978 年 8 月，外钓山岛民在海涂上捡海瓜子、泥螺时，发现了很多碎瓷片。文保意识颇强的生产队陈队长带着几块青花瓷片，来到当时舟山地区红太阳展览馆内的文物办公室。第二天，文物办同志就前往悬水小岛外钓山实地考察，结果不考察不要紧，一考察大吃一惊——出土了一艘明代指挥战船。船上有铁炮 3 门，名为九环龙小扛炮，其中一门炮身铸有铭文："敕封安国□□大将军崇祯七年造"，下铸"□□□定海知县，军门□□波府□□□推官□，都督□，参将张督造营部司□，□□□□""明崇祯七年孟春造"以及铸造监造官匠姓氏。此外，还出土了炮弹、铜质被中熏球、人物玉饰件、锡碗、锡夜壶、猴形锁和大量明中晚期青花瓷片，以及崇祯通宝、万历通宝铜钱和铜锣等。此处出土的100余件器物，是舟山1950年以来首次在滩涂中发现数量如此之多并具有一定文物价值的沉船遗物。

这些文物分别被中国人民革命军事博物馆、浙江省博物馆、舟山博物馆等收为藏品与展品。

2010年9月起，外钓山开始建设光汇石油储运（舟山）基地，成为一个"成品油岛"。原先海拔105米的大山已被移走。

4.蹈海穿云，从菰茨到富翅

一座岛，不断生长出翅膀，它即将飞腾，即将蹈海穿云而起。

被大桥横贯东西的富翅岛，悬海，敞开四门——

西隔桃夭门，与册子岛相望。桃夭门航道，狭长，南北走向，又称桃霞门。北上航船为避开西堠门的急流，常选择此航道。桃夭门航道属规则半日潮，涨潮流向北，落潮流向南。

东为响礁（叫）门，水道中多礁石，潮流湍急，冲击礁石，发出声响，故别称响门。岛民提醒道：驶船须谨慎。

南为富翅门，与里钓岛毗邻，并介于册子岛与外钓岛、里钓岛之间。富翅门东北—西南走向，北连响礁门，南接册子水道，是中小型船舶的常用航道。

北为菰茨航门。其北接灰鳖洋，南分两流，西接桃夭门，东接富翅门。富翅岛上设有灯桩以提供导航。

富翅岛居水道要冲，更是海上"长出翅膀"的地方，一座大桥便是一翼羽翅。今天，甬舟连岛、舟岱、东西快速3座大桥如三翼羽翅，富翅纳之并俨然成"翼之渊"。富翅岛是舟山半岛工程西线必经岛屿，建设中的甬舟高速公路复线设公铁合建桥直通富翅岛，设富翅枢纽与已建富翅大桥衔接，设富翅门公铁合建桥直通舟山本岛。几年后，高铁将如一羽新翼拍打富翅岛上的桃天门山、后门山、里厂，跨海登岸到舟山本岛。

何以富翅？富翅岛原名孤翅岛。从册子岛南望，岛形似蝙蝠。孤翅岛的前身还有菰茨、孤茨、孤次，曾一度被简写为古次。据传，200多年前，每当涨潮，岛上3座山均被海水隔开，形似蝙蝠的双翅与一只身躯分离的孤翅，故称孤翅岛。后人向往富裕，遂将其改名"富翅岛"。

翻阅志书，康熙《定海县志》中的《岑港岙图》标注为孤次，光绪《定海厅志》中的《岑椗庄图》和《册子山图》标注为菰茨山。王亨彦的《定海乡土教科书》中写作菰茨。

稍微科普一下——菰是禾本科菰属的一种多年生宿根水生草本植物，是一种较为常见的水生蔬菜，类似竹笋，被称为菰笋，舟山人叫茭白。舟山人吃的部分是菰的茎根，这部分在被真菌感染后，植物不能再开花结实，导致茎根渐渐增生并膨胀，长成了纺锤形的茭白。

茨，最直接的解释，用茅或苇盖屋顶。无论从菰的特性、内涵来讲，还是从以菰为茨（用菰草、茅苇等搭建的篷屋）的角度考量，都与古代富翅岛的自然环境和生活语境相契合。

所以，可以把菰茨和孤翅视为富翅的不同版本解读。其他的写法，可以视作谐音或简化所致。

岛上的张姓居民从镇海迁来，来时请来了老家的牌位，他们在土名为"棺材坑"的地方建了一个小小的香火祠，叫老庙基地。后来富翅岛人多了，便建了新庙，张家人把香火祠内的牌位请进了富翅庙内。

富翅岛村委会驻陈家村，原辖5个自然村，共有236户，742人。解放初，此地为岑册乡第七村。合作化时，建富翅合作社。1958年，改称富翅大队。1983年，改为村建制，为岑港镇司前村所辖。历史上，富翅岛以农业为主，兼营近海张网捕捞和海上运输，曾办有采石场、碾米厂、窑厂。有一艘机动渡船（24马力）往返于富翅、岑港和涨次。

富翅岛呈菱形，面积约1.1平方千米，岸线长约6千米。岛上有3座山，从东南向西北依次为面前山、后门山、桃夭门山。面前山最高，海拔约86.7米。3座山中间为平原地带，土层较厚，长有松林，间有杉、樟、李、毛竹等。

岛西北有一座水库，名弹湖山，岛民叫它弹湖馋。该水库建于1964年，属于小Ⅱ型水库。沙井水质最佳，曾为岛民酿酒用水。20世纪70年代，岛上集体打凿坑道井1口，坑洞10余米长，现出于安全起见，洞口被封堵，只剩井口在外。

陈家村，村民以陈姓居多。另有兰、张、沈、王等姓氏的居民。东临海，南为外厂，西北邻桃夭门村。

桃夭门不仅是航道的名称，还是个诗意浓浓的自然村名，册子岛有，富翅岛也有。桃夭门三面环山，西南靠海。聚落沿山脚呈环状分布。居有卢、曹、陈、兰、张等姓，卢姓居多，因建桥迁居舟山本岛岑港境内司前新村。桃夭门还是一座漂亮的桥，跨于富翅岛与册子岛之间。

小岙在富翅岛西偏北的一个较小的岙门内，村民皆姓曹，又称曹家小岙。南、北、西三面环山，东靠响礁门。一池一井一古树，是小岙的原生态村景。

里厂东临响礁门，西北傍山。据传，古时有兄弟俩来富翅岛落户，各搭一个草棚（习称厂）居住，在北边的叫里厂，在南边的叫外厂，以富翅庙为中心，后渐次形成村落。舟山土地名中的"厂"，一为渔民加工渔获兼短暂搭棚住宿的地方，二为冰厂（冷冻渔获之需）。聚落沿山脚呈块状分布，居有夏、陈、郑、孙、钱、兰、张、王诸姓，夏姓居多。外厂，又称南山头，在富翅岛中部，居陈、张、兰等姓。外厂陈氏老宅是全岛最具年代感的民居，从房屋两侧的改造痕迹可以看出，此宅原本可能是三檐屋或四檐屋，祖堂屋脊中宫的设计很别致，一面是福寿双仙桃，一面看似八卦图。

夏姓，最早从本岛烟墩迁入，其字辈排行自然与烟墩夏氏一致。陈姓字辈排行如下：一圣振启，美（志）善昭彰，聪明天檀，睿知渊量，黎伦克叙，大烈耿光，心同帝载，业普遐方，日新盛德，万事各扬，贻谋燕翼，福祚绵长。陈氏先人生五子。陈姓迁入时，曾向夏姓人买土地，夏姓人在买卖契约上写了一条：卖给陈姓人的山里允许给夏家人做二穴墓地。陈姓太公不识字，就这样吃了点小亏。岛小生存不易，好在民风淳朴，彼此相安无事。除了上述姓氏，岛上尚有鲁、李、柴三姓。

在1949年前，富翅岛有人经营一艘30吨的"大船"，运输柴爿到上海，供应给飞马牌卷烟厂。那时制烟还得靠熏，需要烧柴爿。富翅岛人还知道一个当时外人很少知道的秘密——飞马牌香烟为何又被称为兰运二。

据说，1901年，有个叫兰运二的华侨资本家，飞马牌香烟就是他的工厂生产的。巧合的是，富翅岛也有兰姓。兰运二把自己的名字隐藏在"飞马"烟商标里。1949年，兰运二跑了，飞马牌香烟依旧生产。1972年美国总统尼克松访华，同来的国务卿基辛格要抽中国0.28元一包的"飞马"烟。周恩来总理笑问基辛格为何，基辛格递给周恩来一支"飞马"烟说："您看一看吧，资本主义现象仍在中国。"周恩来左看右看，没看出什么问题，后来在中南海菊香书屋，通过放大镜看出了"飞马"烟商标里隐藏的"兰运二"三字，于是下令停止了"飞马"烟的生产。

1950年后，富翅岛人的"大船"改装了里钓石板，并运到上海。那时流行六拼船、十拼船，即6人、10人合拼一条船。到了20世纪50年代，富翅岛的船和大约20名劳动力加入了集体性质的宁波外海运输社（后改宁波外海航运公司）。

5.书卷气的册子有什么样的味道

册子山又名鸟扇山，典出朱绪曾《昌国典咏·册子山》。又说"其东南桃夭门，有桃花女山为樯，鸟栖泊之所"，佐证了舟山本岛西头百鸟归巢、引航舟山之意境，鸟图腾所然，所言不妄也。

册子岛的地名沾着这么雅的书卷气，毕竟皆大欢喜。人们难以接受也没法理解的是，为何当年英国人要命名册子岛为 Black Wall（黑墙）？什么意思呀？山形压潮，乱石铺开，难道就有了黑墙之嫌疑?

册子岛，北濒灰鳖洋，南临横水洋。古代，册子岛隶属金塘乡。元朝的册子渡，只是民间的一叶小舟，西通金塘，东航岑港，东南前往昌国县城。清宣统二年（1910），邑人严世高等设立册子埠。民国七年（1918）至民国八年，支毛毛、鲁阿晴等岛人置航船两艘，与定海三日往来一次，与金塘东堠日行一次。

南宋的昌国县是有味道的，册子岛也受其影响，酒味熏天、香火缭绕，乾道《四明图经》和宝庆《四明志》均载其名。

明朝的册子跟其他小岛一样，被主流社会所抛弃。到了清康熙年间，舟山展复，册子渡也复航。县志中的记载更为详细，说它土肥泉美，人多居焉，所以禾稻熟、钓船蜂簇。居山者以耕凿为主，濒海者以渔捞为业，很多人至老不知城市是啥样子。这里的钓船主要指钓带鱼船。这正是福建渔民"讨冬海"的日子。他们在风浪过后，踏进册子岛这间天然"栈房"。母子式钓船作业，母船船底涂抹着白色蛎粉，以防海虫侵蚀,过去叫"大白底"。从"大白底"放下几只小钓船，一人摇橹，三四个钓手放钓线。闽帮大钓船常在舟山作业并停泊在包括册子桃夭港在内的各个渔港。受此影响，舟山的渔民也开始仿造大钓船，而一部分怀揣钓技的福建人索性住进了舟山，住进了小岛。

在康熙《定海县志》的《册子图说》中，仅寥寥标有大岙浦、乱石浦、白云寺等地名。原来那座宋治平年间被赐额"寿圣"、淳祐中改名的广福院，在明朝海禁迁民之后改名换姓，成了诗意悠悠的白云寺。不过，庙碑里介绍，乾隆十八年（1753）后，粤闽两省渔民及册子岛的善士重建广福寺。这些记载至少说明，早在宋代或更早之前，册子岛已经有相当规模的群居岛民了。

灰鳖洋是有味道的。谚曰：宁可忘割甘亩稻，不可忘吃鮸鱼脑。生产队捕鮸鱼有近 70 年的历史。20 世纪 80 年代，岛上捕鮸鱼船只多达三四十艘，甚至连岛民吃鮸鱼也成了一种文化。

2001 年 9 月，册子岛渔民贺伟元等在册子附近海域流网作业时捕捞出多种古代动物化石。这些化石经张淼水教授等鉴定，确认为第四纪的德氏水牛、古菱齿象和麋鹿等动物遗骸。张淼水指出，在一些碎骨上发现了人工痕迹，并特别提到了一件木棒化石。这件化石为舟山地区 4 万多年前的古人类活动提供了可靠证据，同时也是中国首次记录的旧石器时代的木质工具。

我们闻到的是远古的气息，那是第二次海侵"假轮虫"留下的遗物的气味。舟山人使用过的那根木棒和成吨的古生物化石一同从册子海域打捞上来，天女散花一样，抖落出了第四纪冰期晚期动物的迁徙驿站。这册岛屿志书，注定要书写舟山最深厚的海洋历史文化，最顽强的生命迁徙、中继以及最原始的图腾的涌动。

册子岛的桃夭门是有味道的。传说在每个桃花盛开的早春，过往的航海者、泊岸的撑船人会驻足欣赏美丽的桃林，桃林里还有一位美丽善良的桃花女。不料，一群海盗冲上了册子岛，掠夺岛民的财物。混乱中，册子岛的一位武举人在与海盗的战斗中受伤。为救武举人，为救全体岛民，桃花女冲出了桃园，舍生取义，把海盗引上船，随后在海中央将船凿沉，勇敢地与海盗同归于尽。

故事就这么结束了，然而，漫山遍野的桃花一夜之间谢了，桃树枯了。为了纪念桃花女，册子岛村民就把这个村叫作桃夭门村，把岛东北的山岭叫作桃夭岭，把旁边的水道叫作桃夭门，沿水道至马目岛的北端，海上升起了一座桃花女山，桃之夭夭，灼灼其华。山上有一块桃花女石，翘首盼望灰鳖洋上归来的渔民。如今，天蓝色的桃夭门大桥连接了册子岛和舟山本岛，也让外地人带着蔚蓝心情进入舟山。

桃夭门村还有一本很有味道的《丁氏家谱》。黄毛边纸，线装。光绪八年（1882）壬午抄本。

据说，丁聚祯从镇海双峰丁家山迁至册子山桃夭门横浦，他有一个孙子叫丁成韬，为卖番薯，竟命丧汪洋，尸骨无回，家人招魂以稻草人入殓，可以想象丁氏在册子山创业初期的艰难。但丁成稻和妻子张氏的出生日都在农历二月十九日，丁成韬的卒日为农历九月十九日。这样的日子让人不由得联想到观音菩萨的出家、升天纪念日。虽然只是巧合，但丁家人却宁愿相信丁成韬被菩萨带走了。这样的想法给他们带来了一丝安慰。

迁居册子的丁家先祖，务农为本，巅峰时期，丁家田地达千亩。荒年不忘救济穷人，捐谷种给定海县衙，春耕应急。

丁家人亦耕亦读，从乾隆到光绪年间，先后出过9名国学生、邑庠生和宣讲生，成了册子岛第一望族。丁氏八代孙丁楚范，早年离开家乡，打拼上海，成为银行家。1915年9月，中国基督教三自爱国运动委员会原主席、中国基督教协会原会长、全国政协原副主席丁光训先生在上海出生，丁光训7岁时曾随父来过册子，记得院子天井旁有棵天竹。2002年中秋，他亲笔题写的"册子"两字刻进了所有思乡者的内心。月是故乡明，人是家乡亲，莘莘学子情，落叶总归根。2003年深秋，88岁的丁光训再次来到老宅，探望乡亲。他和乡亲的合影留在了院子里。

郁郁葱葱的天竹，结满乡愁，最有情味。丁家大院后墙下的古井，清澈依旧，最有乡味。

册子米箩山麓南乔有座红房子，遗世独立。整幢红房子用红砖砌成，砖面裸露，未曾粉刷，自然也是颇具风味的。红房子的主人姓贺，在外经商，民国二十四年（1935）回乡建了占地500多平方米的四合宅院。宅院坐东北朝西南，由正屋、厢房、台门和罩房组成，是典型的民国风格建筑。宅院大胆采用红色系，别出心裁，非没见过世面的人所敢想敢做的。外墙是红的，室内地砖也是红的。花瓣形、卍字形、摹刻双鹿等图案的大小方砖以及菱形砖体现出主人独特的建筑品位，大抵无非蕴含了吉祥、福禄、喜红、旺财等寓意。

各地叫月亮湾的景点很多，然以海以桥以礁石为观光点的月亮湾公园，是册子岛独有的。这里不仅有简单的诗情画意了，更有仙境般的韵味。沿海岸栈道，绕着汰横走一圈，将火山流纹岩、火山蛋、海蚀洞尽收眼底。据说这里的桥是舟山首座钢化波心涌动桥，亲水亲海亲礁石，婉约而玲珑；而山上的栈道，穿梭于绿色灌木丛，连着渔人码头。观海台上旭日涌波，游客眼里已是盈盈秋水了，一轮红日映满海上彩绸，流水如光……

第四纪冰川遗迹、两三百万前的海底火山岩浆，冷热冲蚀，凝固成形，积攒或爆发，我们原以为生命只属于一部分事物，现在看来，眼里的任何东西都是有生命的，都有一个生命骤变、演绎和循环的过程。今天为礁，明日或为水；昨日是沙，今日或为山巅之上的一缕春风。

西堠门大桥、桃夭门大桥，一黄娇艳，一蓝妩媚。它们是刚烈与柔情的搭配，是水与火的搭配，是阳光与大海的搭配，更是舟山人信仰与图腾的搭配。

神龟探海的传说来了，吕洞宾与猛虎的故事来了，一个海洋与神仙的故事，在民间流传，在月亮湾的风声水流中袅娜着，曼妙着，歌咏着。其余七仙也驾云而至，在聚仙台上把酒临风，天地大海，此处最宜神仙喧闹，仙亦由人来，修仙论道，又不忘民间沧桑、海岛风云。半山揽海兴不尽，流霞飞仙驾云去。念去去千里烟波，不妨来年再聚，年年欢聚。

月亮升起的时候，月亮湾的神仙依旧会来。在海与石的滋味中，我们品到了那股缱绻。

民间传说中的岑港意蕴

　　岑港的民间传说很多，故事流淌千年百
年，无疑对百姓的人文知识、民间思想产生
了深远的影响，并且这种影响持续至今。它
虽不具有高高在上的引领风尚的中心地位，
但由下而上、从内涵到形态，都展现出某种
难以替代、难以被忽视的标杆性。

——题记

民间传说是一个地域百姓的集体记忆，是由人民群众创作并传播的、具有虚构内容的口头文学作品。它从生活本身出发，并不局限于实际以及人们认为真实合理的范围，包含着超自然的、异想天开的成分。

以岑港为例，民间传说承载了海岛民众的文化心理、风俗习惯、道德准则、民族性格和宗教信仰等，在传承过程中凝聚着老百姓的向心力、认同力、凝聚力。

传说本身具有立足于现实生活的艺术特色，同时又富于幻想。其简洁精炼、诙谐有趣的表达方式和曲折生动的结构，带给后人很大的艺术欣赏价值、文化资料价值和道德教育价值，同时也给岑港这块地域染上了浓浓的经久不息的人文意蕴。

1.充满山野玄妙和人文气息的民间故事

从小沙穿过岑港隧道，或从岑港水库东侧进入狭长的山坳，都有公路抵达白茅山山谷下的岩头王和柴戴。若是喜欢踏着古道探寻，可以从光华小沙岭、狭门白茅岭、大沙鹅鼻岭、青林青岑岭东南西北4个方向进入白茅山山谷。

数十年的清寂之后，这些年白茅山山谷逐渐进入了外人的视野。由于岑港水库成为本岛居民的主要生活供水来源，故其上游的白茅山山谷及3个自然村落显得尤为重要。在这些村落中，不多的留守老人至今仍保留着原生态的生活方式。村里仍留存着原生态的石居、石溪、石弄堂。现在村子存在的方式就必须定格为生态两字了。

30年前，我们骑着单车第一次进入白茅山山谷，便惊艳于她的原生态了。那时水库没建，至小沙的隧道也还没影，这里完全是一个被遗落于大山环抱之中的荒凉寂寞的山谷。居民姓氏以王、柴、戴为主，其中岩头王村全为王姓，柴戴村则以柴姓和戴姓为主，也有李、董、任、张、施等少数姓氏。

尤其值得一提的是，我们被那里的几个土生土长的地名吸引住了。王古岙，过去又称王虎岙，据说此地古时曾有老虎出没，因此得名；林步数，古称领婆孙，讲述的是岩头王村一户人家的故事——因家庭不睦，祖母领着孙子来此定居，从而得名；花盆里，俗称花坟，因为这里有一座由大理石砌成的富家坟墓；四石坑，是稀石坑的讹称，其实是位于大小金山之间的一条山溪坑。

我们记得在一个铺满鹅卵石的院子里，一位黑衣老太独坐在竹椅上晒太阳，她眯着一双如丝线般的眼睛，阳光如金子般洒在她打满皱纹的脸上。我们怯怯地想上去打听，又怕惊扰了她满满的惬意，迟疑间，她居然主动开口问我们是何方来的客人。我们说很想跟她聊聊这里的老故事，她跟我们讲了鹅鼻岭和大仙留下的脚印，说这只天鹅吃喝在大沙，拉撒在岑港，所以吃穷了大沙，拉富了岑港；她跟我们讲了光绪朝进士王修植回乡奔丧夜宿梅园并题匾古峰庵，然后过郑思岭回到了皋泄老家；她跟我们讲了李家老宅里的凤鸣岐山图绘和李家人发迹上海的故事，还有一座洪将军古坟，说不定就是洪秀全家族里的人……

迎面扑来的，是一个个充满山野玄妙和人文气息的民间故事。从此，我们记住了白茅山。

第二次进入白茅山山谷，是在 2014 年的 3 月。我们在从岩头王到柴戴的自然村落里行走，所见除了几位老人外，再也没有年轻的面孔。《舟山市定海区地名志》和《定海县志》里认定这一带的王姓人皆来自小沙，其实，我们了解到的是，除了王古岙的王姓来自小沙光华社区的西头王以外，其余王姓到底是不是来自小沙的西头王、王家村就难说了，虽然有人认为柴戴、晶星、岩头王村的王姓就是那位为展复舟山立下功劳的明代王国祚的后人，但有一点令人生疑：他们的字辈排行是完全不同的。

岩头王有自己的宗祠，从俗名松坍乌弍的口子进入，穿过一条长 200 余米的两旁屋子错落有致的石蛋巷子（印象中的石蛋巷子如今成了水泥地巷子）就能看见。宗祠被黑色的栅门拦着，我们几次想进去一探究竟，却因铁将军把门而无果。也许里面有堂号或者点滴文字能让我们分辨岩头王村人的来龙去脉。我们唯一知道的，这是岩头王最经典的卵石主干道，巷子中间还有一个不到百米的长弄条，连接村东头的溪坑，古朴的黄褐色石头，吸引了被钢筋水泥包围已久的城里人的眼球，无论是偶尔走过路过，还是休假日特意赶来，越来越多的人选择在此拍照留念。

沙黄塘庙是岩头王村人的信仰点，庙里供着一位姓傅的小沙人。此人的来历，一说是先生。岩头王村曾遭洪水袭击，村民苦不堪言。一天，一位傅姓六旬老人路过，指点修建一条梯形沙黄塘以防洪水。村民依言修塘，果然再无洪灾。为了感恩，后人建起沙黄塘庙，以纪念傅先生的恩德。光绪《定海厅志》、民国《定海县志》均有沙黄塘庙的记载。庙堂为木结构建筑，庙殿三间坐北朝南，中间供奉的是傅姓侍贤菩萨，他的祭祀日是每年农历十月十六日。二说是郎中。郎中是个红脸汉，姓傅，定海小沙庄人，行医在岑棭庄沙黄塘。经常到宁波药王街药行进药。有一次因药价上涨，郎中所带钱不够，为此欠款10块银圆。药行老板派伙计来岑棭庄打听郎中行医情况，顺便收回赊账。有一老者说，这个傅郎中倒蛮像沙黄塘庙菩萨的。伙计进庙一看，果然与去药行配药的郎中一模一样，大家下跪感谢菩萨舍药救民。当跪拜起立后，便见到供桌上放着10块银圆。从此，沙黄塘庙菩萨是小沙傅郎中，且其求药看病非常灵验的故事就这样传开了。

无论岩头王村人与小沙王氏是否有渊源，岩头王村人世代以民间信仰铭记小沙人的恩德。山里人彼此尊重，同一座山岭，岑港的居民称之为小沙岭，而小沙的人则称之为岑港岭，体现了海岛居民和谐共处的精神。祖辈传授的低调谦卑处世原则，成为后人的宝贵精神财产。

许多民间叙说脱离不了民间信仰，其实质并非通过宗教义理来解脱人世苦难，而是从这些宗教形象身上寻求解决现实问题的智慧。他们在故事中所扮演的是"智者仁者"的角色。老百姓在智者仁者的启示下，找到了治病奇方，以此帮人帮己，获得好报。

《墨子·尚贤下》有3句话："有力者疾以助人，有财者勉以分人，有道者劝以教人。"沙黄塘傅姓老者是以力助人，以道教人，受惠者则奉之以菩萨感恩回报。这个故事一直激励着人们珍视并践行知恩图报的道德情怀。

2.鸟凤图腾和龙蛇图腾

白茅山下，我们遇到了当地村民王赛军，并陪同他前往山竹坑畔猢狲洞。山道沿山竹坑而上，是通往紫微狭门的山道，山竹坑内山溪水量不大，但仍有叮咚之声不绝于耳，怪石垒叠，仿佛山神发怒后留下的残局。山道两侧有早些年留下的人工梯田，山顶称为烂田岗，有旧时生产队的茶场。

王赛军说，白茅山其实叫白猫山，除了猢狲洞，附近还有红蛇洞、白蛇洞、野猫洞等。相传，白茅山上有3棵金松，在山下明明见着密林之中闪着金光，进山后却谁都没找到过。我们笑笑，民间传说蕴含着丰富的人生哲理，金松、金笋、金小鸡、金饼之类，承载着自然赋予的精神启迪，因而在很多地方都有类似的说法。不到半小时，我们的眼前出现了一面数十米长、五六米高的白色石壁，看上去像是人工采石后的遗存，其实是一块完整的天然遗存的大石头，石壁顶上有几个相对平整的区块，可以建小亭以稍作休憩并环观四周景致。

只是，我们找这块石壁，是冲着猢狲洞去的。果然，在石壁的顶部，有一个石洞口。进入洞中，洞内可以同时容纳六七人。曾经，猢狲洞是农民在山上干活后纳凉避暑的宝洞，洞旁原来还有石床、石箱子，是农家小孩游戏的地方。只是后来石床和石箱子被拆除，拿去建烂田岗茶场的管理房了。在猢狲洞的上山道上，尚存一把石椅，刚好容一个人坐下，民间称之为猴王座。

为何叫猢狲洞？有村民戏称这是齐天大圣孙悟空和他的猴子猴孙们戏耍的地方，也有一些村民说此洞曾经出现过猢狲，当然这样的说法只不过是博得我们一笑的趣谈。但猢狲洞绝对不是空穴来风，而是传统文化以民间智慧的方式加以展现。周边还有红、白蛇洞，那么，按照中国古人"红蛇白猴满堂红，合婚相配古来兴。大婚相对子孙有，福寿双全多康宁"的说法，取用天干地支，红蛇是"丁巳"（年），白猴是"庚申"（年），相差 3 岁，配偶吉利。猴与蛇的婚姻结合，乃天作之合。或许，这正是白茅山先人在为诸多山洞取名时所寄托的吉祥愿望，图的是人与自然界万物的和谐与平安。

但最吸引我们的还是红蛇洞。在舟山民间，蛇就是小龙。在舟山所有关于蛇的民间传说中，几乎都是庇佑百姓的好蛇善蛇。这一情结源自古越民对蛇的图腾崇拜。

在周公解梦中，红蛇是吉祥的象征。梦见红蛇，便会有喜事。红蛇洞位于白茅山上峰的一个坑中。很早以前，红蛇洞洞口呈椭圆形，直径约 16 米，深约 20 米，悬生在峭壁上。后来，偶尔上山的百姓回来说，红蛇洞洞口已被山石填塞，目前只剩下深二三米的洞穴了。

尽管如此，百姓们都相信红蛇洞里住着一条红蛇。传说中，红蛇盘踞在此修道，食草药，练功夫，尽管很少有人看见过红蛇。

我们决心再赴白茅山，寻找红蛇洞，再邀向导王赛军，上山劈棘寻路。

还是沿着山竹坑左侧山道上山，在猢狲洞不到之处，翻越至山坑右侧，继续向上，在低低的灌木林和荆棘刺蓬中穿行，山上本无路，由王向导辟路攀登。

在岑港关于红蛇洞传说的非遗资料里，有人套用了 1961 年越剧电影《云中落绣鞋》的故事情节，甚至连石义、王恩、高小姐、白兔仙等主要角色的名字也一模一样。其实，《云中落绣鞋》里作怪的是黑妖蟒，而非红蛇。

红蛇洞到底在哪？除了 70 岁上下的老者曾经出入过，如今其他人却鲜少涉足。进去的人少了，流传的故事也逐渐消失，红蛇洞渐渐成了白茅山山野的一道影子。但王赛军的父亲告诉过他，红蛇洞就在坑里。

经过 2 个多小时在草莽刺蓬间的潜伏式攀爬，我们抵达一块在山冲和山坑之际的可见天日的大裸岩。眺望山下为南北两山所夹的白茅山山谷以及祖辈们留下的古朴村庄，感慨蓝天白云绿水青山之下的那份美丽与乡愁。

我此行的目的是寻找红蛇洞，顺便采几朵兰花。只是此刻，莽莽山林，不知红蛇洞能否找到？攀爬的艰难程度又有多少？安全才是第一位的，有了体验也便有了收获。接下来，我和向导继续前行探摸，同伴们在此歇息后返回山下。

我和向导小心翼翼地沿着峭壁走至坑底，随后又爬上对面的山冲，直至山顶。歇息片刻后，我们再返回至山竹坑，坑两旁多奇岩怪石，杂木老藤，我们不得不与巨石交缠，与碎石撕扯。向导带我走入一个更大面积的山坑，然后又试着再向上，朝着一个被峭壁所夹围的小坑走去。"就是这里了！红蛇洞！"向导兴奋地说。

红蛇洞夹在两块峭壁之间，顶部有石盖，峭壁下有半人工石阶，记录着过去农民的出入痕迹。洞内有一高一低两个天然滴水潭，其中一个为心形。水从巨岩缝隙渗出，湿润着石岩，苔藓依附其上，形成独特的生态循环。踮起脚尖，似乎能窥见另一个神秘的世界。老人们传言，扔石头进去会发出悠长的回声，民间更是传说红蛇洞能通往海龙宫，红蛇与海龙合为一体。

在石洞的右侧另有一个洞穴，洞口宽而不高，于洞口张望，黑咕隆咚。待爬行以入，洞内则可站立起一个人，可见洞中有洞并非讹传。

岩头王村的一位老者曾经说，当年他们劳作时入洞喝水，顺便扔块石子进去，试探洞内是否有蛇，其实传说中的红蛇是不会轻易被看见的，偶尔见到一条眼镜蛇，应该是临时路过的。而奇怪的是，洞内的鸟影时常惊飞而出，却从未有人见过鸟的真身，因而无人知晓那是什么鸟。待他们喝完水退出洞，鸟又拍打着翅膀窝在洞内了。

鸟和蛇怎么会被传说安排进一个山洞里？我们试图寻找答案。在这个天然形成的山洞里，确实有一些碎石被挤压后挡住了外来者的视线，没有人会去堆放这些碎石，应该是洞穴内山石风化崩裂所致。所以，它堵住了一个原本畅通、深可及底的传说，堵住了悠长隽永的民间智慧。舟山先民的图腾崇拜来自东夷部落的鸟凤图腾，也来自古越民部落的龙蛇图腾，源自中国远古交汇在舟山群岛的两大海洋族群，两大图腾早已深入且融进舟山先民的情感与血液之中，只是后世的年轻人不热衷于追根溯源，看不到也看不懂这一点。有多少人会想到小小舟山群岛先民的两大海洋图腾，竟演绎成了整个中华民族共同的龙凤图腾。

说到了鸟，自然也想起了鸡。白茅山贪婪的货郎与金小鸡的故事，滥觞于舟山各地，故事大同小异，货郎因心生贪念抓捏小鸡成金饼又被母鸡啄伤，最后医疗费抵过了金饼才算伤愈。这个故事告诉后人财源也讲因缘，有缘者自然遇之，无缘强求者最终也只能落个散尽千金的结局。

中国的精神往往隐藏在民间，中国的智慧往往藏在一个个不经意的传说中。传说是文学的先河，看似是质朴单纯、情节夸张、充满幻想的叙说，却蕴含着富有象征性的丰厚文化意蕴。民间故事的文化根脉其实大多从中华传统文化宝库深处探求而得。甚至一位耄耋老人不着边际的话，只要是口口相传、代代相袭的，也会让我们明白，我们的根在远古，我们的本在祖先。

这恐怕就是白茅山红蛇洞带给我们的海洋时代最悠远的乡愁。这种乡愁源自道德本初的人文意蕴。

3.桃花女故事：民间意蕴在情境中的生动演绎

册子岛和富翅岛有桃夭门，而马目黄金湾桃花女山的峭壁有尊桃花女石像。那位身裹白纱、缥缈多姿、亭亭玉立的少女，正是传说中的桃花女，被人们誉为"桃花仙子"。千百年以来，前来马目岛或坐船从海上瞻仰"桃花仙子"尊容的不乏其人。清代诗人卢坚作《桃花女诗》赞曰：

> 拳石洞天婉，芳名美渥丹。
> 状奇真欲拜，色秀竟堪餐。
> 牛渚乘槎易，洛神解佩难。
> 莫须怜弱质，也解障狂澜。

清诗人、秀山人厉得鹏也赋有一诗《舟次桃花女山》：

> 轩然波起长白江，虎颡马目两翼张。
> 桃花亭亭开中央，中有石妇顾而长。
> 朝朝暮暮水云凉，松钗萝带从风飏。
> 刘阮归去仙子僵，落花满谷沈幽香。
> 筹添海屋几沧桑，险遭破冢几存亡。
> 翁山寇警丛舻艎，几见六国远来王。
> 默塞无语空断肠，招之不来遥相望。
> 安期墨渍沾淋浪，枉教洒遍云衣裳。

如何不去嫁彭郎，桃夭门外鸦鬟双。

桃花女或许是一个深情的渔家女子，因所爱男子——一位抗倭将军，如刘阮一般一去不返，便天天伫立海边等候。不知等了多少年，海屋添筹，高山崩塌，历尽人间沧桑，她仍痴心不改。桃花女也许是来自天庭的仙女，在马目岛演绎了一个类似"七仙女与董永"的故事，仙女化作石头守候在马目岛情郎的身边。

不管什么版本，这就是一位叫石头的仙女，一块叫仙女的石头。女人与石头之间到底流传了多少故事？从女娲与补天石开始，望夫崖、神女峰、仙女桥、大地之母……出现在华夏5000多年文明每一个充满母性的角落。每一块石头都是从混沌生命中脱颖而出的一抹灵光。在海岛西隅漫长的休眠与绵延的守望中，桃花女石会因海潮的陪伴而苏醒，会因海鸟的栖息而呼吸，会因海霞的映照而歌鸣。生命是生动的，石头也拥有生动的生命，尽管少有人听得懂。当如水的清辉慢慢地倾泻她的传奇，当繁星的眼眸轻柔地抚摸她的身影，一年四季，白昼黑夜里的烦与忧轻轻地化散，天上人间中的美与乐悠悠地荡漾，继而弥散开来。

在桃花女山行走，眼前是嶙峋的沉积岩，夹杂着斑驳的酸性火山岩，一处渡口遗址，首先吸引了我们。可以猜测那是桃花女山与马目黄金湾未连接时，村民们划船观看桃花女石的古朴渡口，我们且称之为桃花古渡。一切因桃花而变得诗意，一个最简单却又最唯美的汉字可以撩动几代文人的心旌，一位女性的爱情可以在沧海桑田的演绎中化为一块不烂的石头。黄金湾桃花女的传说，凄婉、美丽、烂漫，宛如盛开的桃花。这个古渡，载着桃花一样的心情，在爱情的波涌中，把相思摆渡为撮土为香、拜月为媒的盟誓，一个云游东海的仙子与一个隐居孤岛的少年，就这样开始了浪漫而多舛的桃源生活。

桃花女石近在咫尺。这是一块怎样的石头啊？在一个潮声澎湃、回声訇然的海岬之侧，屹立着一尊约两人高的人形石头。她优雅的姿态，就这么被古人以同样优雅的语言记载进了县志；她动人的爱情，就这么在民间以同样动人的传说流淌成了传奇。"桃花女仙"，民间文化流播在海岛的唯美典故。

桃花仙子，东海少年的新娘子，羡煞云裳仙子百合花无数。采石矶畔，欸乃而来的槎舟，桃源问渡，烟霞绕处，风云如画。桃花女仙踏着薄雾而来，巧笑嫣然。凌波微步更生尘，水香露影空清处。洛神有知，当知当年解佩人，留亦难。千百次梦回海岛，千百次做着同一个梦，一回眸，仙女含笑，沧海无限风情。

桃花之美，最让人陶醉的，莫过于"桃之夭夭，灼灼其华"。这是中国文学史上第一部诗歌总集与舟山群岛的一次美丽邀约。从先秦开始演绎，无论是祝贺新娘出嫁，还是沾染了儒家教化含义的桃，皆由心而生，返归于心，那神仙境界，一览无余地在舟山诸海岛留下影子。桃花女山往南，过海道便是桃夭门，再继续往南，穿梭于岛与海之间，还有一座道教文化浓郁的桃花岛。这或许就是文化国粹《诗经》在海上舟山的一个雅致铺陈。

千年前，那场桃花的姻缘，一定是舟山群岛最美的风景。仙女的清香与桃花的艳香混糅为馥郁的芳馨，仙女的脱俗之美与桃花的绚烂之美合璧为绝世的娉婷风韵。古乐喧，新人笑，起兴于满树桃花，那是舟山人的一种原始向往与自在奔放情感的寄托。歌曲《隔世桃夭》曰：

> 携秋风陪嫁作风雅，
>
> 拜东荒举案寄生涯。
>
> ············
>
> 一世姻缘差，十里旧桃花，
>
> 镜里温柔唤不起明眸旧无瑕。

哼几句，再哼几句。那份"之子于归"的期待，那份"宜其室家"的美满，在中国人爱情婚姻画卷中从不曾褪色。桃花色最艳，桃花女最美啊。

桃花瓣般的海潮翩翩而至，一位款款而行的水墨仙子凌波前行……

4.《岑港遗韵文化之光》

说到民间传说，有必要提一下岑港本地乡土秀才、民间故事编撰者夏良光先生。他有一本名为《岑港遗韵文化之光》的民间故事作品集。

在岑港民间传说篇中，他编过岑港"白老龙"传说、红蛇洞传说、白茅山金小鸡传说、马目山的传说、马目五峙山与"坍东京涨崇明"的传说、马目"桃花女"传说、马目长坑乌龟石的传说、岑港"木城"传说、涨次五磊岗"活地"传说，以及夏言阁老故事的传说。

在这些故事中，岑港民间最具民意基础的故事，恐怕当属五条蛟和五龙桥的传说。岑港民间人士积极收集和整理这些传说，并将其纳入非遗资料。定海地区龙文化丰富，流传着许多传奇，例如小岙白老龙、响礁门海龙王、狭门锦线龙、干碶灌门龙、小沙韭菜龙……此外，还有一个奉旨查看并不断破坏各地风水的沈国公。某一天，岑椗山冈之上，定海 5 条龙正在议论风水，讨论龙宫地基的选择，却遭气势汹汹的沈国公挥剑追赶。在混乱中，某龙因修炼不够被拦腰斩断，另一条龙逃跑之中龙尾乱摇，把岑椗山脉甩弯成了五蛟。

岑椗山路难走，岑椗乡何家族长将此事告知了来舟山巡查旱情的王阳明。王阳明上奏，皇帝拨出万两金银用于在岑椗建造一座铜桩铁攀的桥梁。然而，皇银在层层流转中被贪赃卡挪，到建造桥梁主管手中时，只剩下 600 两金银。600 两金银如何建铜桩铁攀之桥？建桥主管只好叫百姓垒墙伐木，勉强造了一座简易粗糙的木结构桥梁，称五条蛟桥，后来又被称为五龙桥。这个故事与千柱落地的干碶灌门的龙王宫的建造有着相似的情节。

白老龙化身渔民帮助福建寡妇捕鱼的故事，在展茅翁家岙、洞岙郎家洋等地的传说中也是大同小异。

灰鳖洋上有五峙山列岛，海上零星分布有 5 座大山，3 个小山，还有 6 块礁石。每个山头四面环海，与马目桃花女石隔海相望。

在坍东京涨崇明的传说中，五峙山所在地曾是非常繁华的古东京城。后来，由于民不聊生、世风日下，玉帝决意要坍毁东京城。于是，他先派吕洞宾下凡装扮成一个老者来试探东京城人的人心。由此有了一个关于打油又还油、孝敬父母的年轻后生葛仙翁的故事。

定海人一直把这个喜闻乐见的坍东京涨崇明的传说当作定海的人文来源之初，之后有了望娘尖（黄杨尖）、定海地名的由来，有了大唐翁山县的由来。而在岑港版本里，东京城坍毁后出现了 5 个悬水小岛：五峙大山、龙洞山、馒头山、丫鹊山、老鼠山。这就是今天所谓的五峙山列岛。据说，5 座岛是东京城国王的 5 个王子。其中 3 个王子为航海船夫指明航行道路，为渔民带来许多鱼货。在台风季节，他们打开龙洞让渔夫们避风浪。而馒头山是一座无毛山，此山不长一草一木，人们称它为无毛山，也称胡剥皮山。丫鹊山相传是由一个胡作非为、搜刮民财的王子化身而成，故百姓称它为乌鸦子，后人又称它为丫鹊山。

位于岑港最西北端的马目山，原本是一个悬水孤岛，1958年之后，这里慢慢围塘造田成为东海农场，最终与舟山本岛相连。

相传在很早以前，有个在朝廷做大官的烟墩人，家里有个痴呆儿子。有一次回乡探亲，他看到儿子既傻又蠢，觉得脸上无光，就想给儿子另觅去处。这个儿子非常顽皮，也非常喜欢玩父亲骑的马。

他发现烟墩坞丘对面有一悬水小岛，草木茂盛，是个放牧的好地方。于是，他挑了 10 个牧童，买来一群壮马，带着痴呆儿子来到岛上。从此以后，这 10 个牧童就陪着痴呆少爷，在荒无人烟的岛上安营扎寨、放牧，后人也就把这无名小岛取名为"马牧山"。由于他们饲养不足、管理不当，又无兽医技术，壮马逐渐变成瘦马，天长日久，马瘦弱病死，于是他们将马埋葬在此山上，形成众多的马穴（墓），这里因此被人们称为"马墓山"。

元大德《昌国州图志》载，金塘乡，岙有马墓。明《筹海图编》载，嘉靖三十五年（1556）八月，"官兵败贼于夏盖山、三江海洋，既而又战于金塘、马墓之间，复大败之，俘斩二百三十余人"，副使许东望在马墓的福山洋败贼，"贼酋二啰表及从贼七十余皆就擒"。清《昌国典咏·三姑山》载："贼若犯中界，则沈家门、马墓兵船北截，长涂、三姑与浙西兵船相为犄角。"1994年版《定海县志》载："相传古有马死葬此，名马墓，谐音马目。"种种记载说明，马目山既是一个战略要地，又跟马有关。

民间更有传说，一位福建富翁海游路过五峙山，看见对面一小岛，认为是个宝岛。上岛后，他在此岛凿地作业，居住下来，并经常去五峙山游玩，当时人们就把马墓山称为"福山"，并且把马墓山至五峙山一带的海洋称为"福山洋"。

孕育民间传说的母体是一方山水与人文，这需要眼光向下。民间传说之所以能够代代口口相传，原因在于它保留着先人的思维方式和道德审美标准。人们依据熟悉的方式生活，追求各自不同的利益，并彼此结成这样或那样的社会组织，如宗族、行会、村社等。民间传说的叙事正是发生在这样一种性质空间里的民众活动。很多时候，民间传说更是一种社会舆论，一种民间的意识形态，一种民间化政治生态的表征。它以非严肃的形式，寄寓了民众严肃的政治思考。

而文人，尤其是热衷于地方文化的人士，视民间传说为艺术生命的营养源泉。民间传说为他们的叙事创作提供了永不枯竭的素材，就连他们的人格修养、知识储备也都和民间叙事结有不解之缘。当然，民间传说与叙事也有长期以来形成的不容违抗的"话语权"，民间也有壁垒森严的规矩和套路，民间也有自己君临众生的权威，这些在客观上并不逊色于官方叙事或学院叙事。

岑港的民间传说很多，故事流淌千年百年，无疑对百姓的人文知识、民间思想产生了深远的影响，并且这种影响持续至今。它虽不具有高高在上的引领风尚的中心地位，但由下而上、从内涵到形态，都展现出某种难以替代、难以被忽视的标杆性。

民间传说影响了过去，仍将活跃在今天和未来的岑港。

·卷四·

附 录

岑港古诗词

岑港古诗词

题回峰寺

[宋] 王安石

山势欲压海，禅扃向此开。
鱼龙腥不到，日月影先来。
树色秋擎出，钟声浪答回。
何期乘吏役，暂此拂尘埃。

作者简介

元大德《昌国州图志》云，该诗作者是王安石，而元延祐《四明志》云，作者为"王曙"。

注　释

诗歌中所谓回峰寺，实有两处。一处为宁波镇海回峰寺；另一处为定海回峰寺，位于岑港街道涨次村，称外回峰寺。前几年，外回峰寺在扩建殿宇、清理地基时，发现了一批罕见的文物。经初步鉴定，这批文物涵盖了从晋代、南北朝、唐、五代、宋，直至明清两代及民国时期的陶片和瓷片、瓷碗、瓷碟、瓷钵，还有有"昌国县"字样的古砖。

重登秦港天妃宫

[明] 张苍水

群山依旧枕翁洲，风雨萧然杂暮愁。

梅蕊经寒香更远，松枝带烧节还留。

荒祠古瓦兴亡殿，绝壁回潮曲折流。

身世已经飘泊甚，如何海外有浮鸥。

作者简介

张苍水，即张煌言，明末抗清英烈。

注　释

该诗据《张苍水全集·奇零草》补入。据方牧先生所写《张苍水全集》之代序《东海何处吊沧水》："'秦'与'岑'谐音。""秦港"即"岑港"。且岑港确有天妃宫，康熙《定海县志》载："龙王堂、天妃宫俱岑港岙。"

岑港岙

［清］朱绪曾

岑江碇齿凿巉巉，六国舟航尾并衔。
欲指木城谈往事，白龙拖雨带腥咸。

作者简介

朱绪曾（1805—1860），上元（今南京）人。道光举人，官至知
府。藏书十数万卷，甲于江浙。著作甚富，其中《昌国典咏》为其
在舟山期间，参与处理鸦片战争后事而作。

注　释

岑港，自古称六国港口，明代时是抗倭重地。戚继光等取得岑
港大捷，建木城，纪破倭之功。

响礁门

[清] 朱绪曾

鼍击鲸铿雪浪冲，广张金奏宴蛟龙。
髯苏文笔雄如海，但校桑经辨石钟。

注　释

　　响礁门水域,在里钓岛与富翅岛之间。今有大桥。明《筹海图编》载:"公（胡宗宪）策此贼与岑港之寇相距不远,陆路必由碇碴（齿）,水路必由向（响）礁门,乃檄诸将设伏以待。"康熙《定海县志》载:"响礁门县东北。礁石玲珑,海潮相触,其声洪洪然,故名。"

册子山

[清] 朱绪曾

帆飞鸟屝半洋腰，册子山形压巨潮。
乱石浦开禾稻熟，钓船蜂簇泊桃夭。

注　释

　　定海、金塘相为对峙，中隔水大洋，册子居中，以塞北洋之水。其东岑港，近内地。其西为西堠门，当大洋。其东南桃夭门，有桃花女山为樯，鸟栖泊之所。这首诗歌所说的"桃花女山"，似乎在桃夭门册子岛附近。而今马目黄金湾村也有桃花女山。存疑。

回峰寺

[清] 朱绪曾

却疑两地叩禅扃，一样鱼龙水气腥。
树色钟声谁领略，可怜宦海不曾醒。

注　释

回峰寺，一处在宁波镇海，另一处在定海岑港，故云"却疑两
地叩禅扃"。

马墓山

[清]朱绪曾

马目山高水土肥，白云逢客几时归。
棕鞋桐帽无名姓，王谢堂前海燕飞。

注　释

马目山，康熙《定海县志》载：马目山离县六十里。山高三十余丈，周围二十余里，泉甘土肥，巨公多隐居于此。上有天妃宫。一名马墓。

桃花女山

［清］卢坚

拳石洞天婉，芳名羡渥丹。

状奇真欲拜，色秀竟堪餐。

牛渚乘槎易，洛神解佩难。

莫须怜弱质，也解障狂澜。

作者简介

卢坚，待考。

注　释

桃花女山，在县西北海中。详见清朱绪曾《册子山》。

舟次桃花女山

[清] 厉得鹏

轩然波起长白江，虎颡马目两翼张。
桃花亭亭开中央，中有石妇顾而长。
朝朝暮暮水云凉，松钗萝带从风飏。
刘阮归去仙子僵，落花满谷沈幽香。
筹添海屋几沧桑，险遭破冢几存亡。
翁山寇警丛艅艎，几见六国远来王。
默塞无语空断肠，招之不来遥相望。
安期墨渍沾淋浪，枉教洒遍云衣裳。
如何不去嫁彭郎，桃夭门外鸦鬟双。

作者简介

厉得鹏，字图南，号四庵，浙江舟山秀山人。清定海廪生。精考据之学，尤长于诗。一生著作颇丰，有《鸳鸯藤舍诗钞》等10余种，详见光绪《定海厅志·艺文》。惜无刊本，散失殆尽。

注　释

　　桃花女山，有桃花女石，在舟山本岛西北马目黄金湾村。厉得鹏的这首七言古诗写了桃花女山的传说。桃花女原是一个深情的渔家女子，因所爱男子如刘阮一去不返，她伫立海边等候，不知等了多少年，海屋添筹，高山崩塌，人间历劫沧桑，但她仍痴心不改。诗中塑造了一位美丽而坚贞的古代劳动妇女形象，富有传奇色彩。

　　该诗主题涉及马目桃花女山传说、岑港六国港口等。